W0048090

Steinbachs Biotopführer
Leben und Überleben

JOSEF REICHHOLF

Leben
und Überleben

Ökologische Zusammenhänge

Illustriert von Fritz Wendler
Herausgegeben von Gunter Steinbach

Mosaik Verlag

Der Mosaik Verlag ist ein Unternehmen
der Verlagsgruppe Bertelsmann

© 1988 Mosaik Verlag GmbH, München / 5 4 3 2 1
Satz: Filmsatz Schröter GmbH, München
Druck und Bindung: Mohndruck Graphische Betriebe, Gütersloh
Printed in Germany · ISBN 3-570-08035-8

Inhalt

Zum Buch

Der Begriff Ökologie ist schon über hundert Jahre alt. Aber den Umweltereignissen der jüngsten Vergangenheit blieb es vorbehalten, ihn der Allgemeinheit mit Nachdruck einzuprägen. Noch vor dreißig Jahren konnte ein Wort wie Umweltminister allenfalls in scheinbar weltfremden Visionen der Naturschützer vorkommen. Heute befassen sich die Regierungen aller Industrienationen in schnell wachsenden Größenordnungen mit Umweltproblemen und damit auch mit der Ökologie. Nicht aus Liebe zur Natur, sondern weil es gilt, drohendes Unheil abzuwenden. Leben wird bezeichnenderweise zum Überleben, ohne daß sich die Naturbedingungen der Biosphäre von sich aus grundlegend geändert hätten.

Der Mensch setzt in unserem Jahrhundert neue, nie dagewesene Rahmenbedingungen für die Lebensgemeinschaft Erde. Ohne die Frage nach der Umweltverträglichkeit regionaler oder globaler Vorhaben kann heute überhaupt nicht mehr ernsthaft geplant werden. Nur die »Dinosaurier der Rüstung« leisten sich diese aberwitzige Scheinfreiheit.

Wer immer sich mit dem Zusammenspiel der Lebewesen und ihrer Umwelt (Ökologie) beschäftigt, tut sich schwer in diesem multidisziplinären, grenzenlosen Wissensgebiet. Zunächst überschaubare Zusammenhänge vernetzen sich unabsehbar ins Kleine wie ins Große. Die Ökologie beschreibt eine dynamische, ungemein fein ineinander verworbene Welt der Beziehungen. Alles hängt von allem ab. Und doch kommen wir heute, selbst für unsere täglichen Entscheidungen, an einem ökologischen Grundwissen nicht mehr vorbei. Gewollt oder ungewollt wirken wir in diesem Spiel der Lebenden mit, sind gleichzeitig Verursacher und Betroffene. Jeder Atemzug verbindet uns mit den Stoffkreisläufen der Biosphäre, beweist unsere ebenso enge wie unentrinnbare Abhängigkeit von den sauerstofferzeugenden Pflanzen.

Was immer wir tun, setzt das Zusammenspiel vieler Lebewesen, setzt funktionierende ökologische Systeme voraus. Es wird Zeit, daß wir uns auf allen Ebenen von der Illusion isolierter Machbarkeit befreien. Machbar aus Menschenmacht ist nur der Untergang. Jede weiterführende Gestaltung irdischer Verhältnisse setzt substantiell auf das Zusammenspiel der Lebewesen vom Plankton der Meere bis zur Darmflora in unserem Inneren. Wer enger denkt, denkt unzureichend.

Kann jeder Interessierte, auch der, dem das geistige Handwerkszeug der Naturwissenschaft nicht zur Verfügung steht,

Schwarzstorch

in die Wissensgebiete der Ökologie eindringen, ohne im Dilettantischen stekkenzubleiben?

Josef Reichholf, einer der wenigen deutschsprachigen Hochschullehrer für Ökologie, unternimmt im vorliegenden Band diesen Versuch und führt ihn zu einem, wie ich meine, bemerkenswerten Erfolg. Anhand einfacher, jedem nachvollziehbarer Beispiele läßt er den Leser erstaunliche Zusammenhänge wahrnehmen. Wir begreifen, wie sich die unbelebte Welt mit der belebten zur Einheit der Biosphäre verknüpft. Dem Autor gelingt das pädagogisch-ökologische Kunststück, anhand eines in mehreren Zusammenhängen wiederholten Beispiels von Schwänen und Bläßhühnern, Allerweltstieren unserer Kulturlandschaft, grundlegende Begriffe der Ökologie einsichtig zu machen; auch für den Leser, der sich noch nie mit biologischen Fragen beschäftigt hat.

Der vorliegende Band eröffnet eine Reihe von Führern durch die wichtigsten europäischen Lebensräume. Er steht aber durchaus selbständig und in sich geschlossen als Basisinformation für alle, die an Lebensfragen im biologisch-naturwissenschaftlichen Sinne interessiert sind. Für den Leser, der gern mehr über die genannten Tier- und Pflanzenarten wissen möchte, schließt die Reihe der Biotopführer nahtlos an die jetzt in über 20 Bänden vorliegende Reihe unserer Naturführer an. Gilt dieses Bestimmungs- und Nachschlagewerk den Arten der europäischen Flora und Fauna, so beschäftigen sich die Biotopführer mit den ökologischen Verhältnissen vor Ort, also mit den Zusammenhängen zwischen Lebensraum und Lebensgemeinschaft.

Nachschlagen können Sie, lieber Leser, auch im vorliegenden Band: Fachbegriffe der Ökologie werden in lexikalischer Anordnung ab Seite 213 erläutert.

Naturschutz und sein Teilbereich Artenschutz müssen heute weitgehend als Biotopschutz verstanden werden. Lebensräume zu bewahren und gegebenenfalls zu verbessern oder neu einzurichten, ist eine Aufgabe der Gegenwart und der Zukunft. Denn die Natur mit ihren Lebewesen schließt den Menschen und seine Lebensinteressen ein. Die mit diesem Band eingeleitete Darstellung der Lebensräume und ihrer Ökologie will dafür einen ebenso fachkundigen wie allgemeinverständlichen Beitrag leisten.

Mein Dank gilt auch dem Freund Fritz Wendler für seine brillante zeichnerische Ausstattung des Buches und dem Verlag, dessen Weitblick die sorgfältige Planung einer mehrbändigen Reihe von Lebensraumführern ermöglichte.   G. S.

7

1. Die Umwelt mischt mit

*Vom Niedergang des
Weißstorchs . . .*

Unsere Umwelt ist in eine Krise geraten. Wälder werden in großem Umfang gerodet oder sterben, die Gewässer sind verschmutzt und auf den Fluren schwindet die Blütenpracht. Zahlreiche Arten freilebender Pflanzen und Tiere sind gefährdet. Zum Beispiel der Weißstorch. Jahrhundertelang lebte er mit dem Menschen in enger Gemeinschaft. Die Störche errichteten ihre Horste auf Dächern und Schornsteinen. Wo sie nicht genügend Halt fanden, half der Mensch nach. Vertraut schritten sie bei ihrer Nahrungssuche durch die Wiesen, fingen Mäuse auf den Äckern und segelten über die Höfe zurück zu ihren Jungen. Man schätzte den Storch und versuchte ihn zu schützen.

Doch was jahrhundertelang währte, nahm in den vergangenen drei Jahrzehnten ein jähes Ende. Die Storchenbestände nahmen plötzlich kräftig ab. Unaufhaltsam sanken die Zahlen immer weiter. Brüteten im Jahre 1948 allein in Baden-Württemberg noch 252 Paare, so waren es dreißig Jahre danach nur noch siebzehn. Ähnlich schlimm erging es den Storchenbeständen in Bayern und in Niedersachsen. Auch das storchenreiche Schleswig-Holstein blieb vom Rückgang nicht verschont. Dabei war dem Weißstorch noch nie so viel Aufmerksamkeit gewidmet worden wie gerade in dieser Zeit. Tausende von Jungstörchen wurden in ihren Nestern beringt, damit man ihren Lebensweg verfolgen konnte. Der Weißstorch war die erste Vogelart, deren Bestand man europaweit zählte.

Vogelkundler studierten das Brutverhalten gründlich und untersuchten die Zusammensetzung der Storchennahrung. Die Öffentlichkeit verfolgte jedes Jahr im Frühling die Rückkehr der Störche mit gespannter Aufmerksamkeit. Doch es kamen immer weniger zu den angestammten Brutplätzen. Der Rückgang erfaßte sogar die »Storchenstädte«, wie etwa Rust am Neusiedler See, wo sich die Störche einst kolonieweise zum Brüten eingefunden hatten. Heute sind Störche, die auf frisch gepflügten Äckern ihre Nahrung suchen, ein höchst seltener Anblick geworden. Und wenn sich im Frühjahr oder im Spätsommer, zur Zugzeit, ein paar Störche irgendwo zu einer kurzen Rast niederlassen, kann man fast sicher sein, daß die örtlichen Zeitungen davon berichten.

Die Störche teilen dieses Schicksal mit einer ganzen Reihe anderer, weniger gut bekannter Vogelarten. Als

Was spielt sich hier ab? Warum greifen die vielfältigen Bemühungen des Naturschutzes nicht? Man legt Futterteiche eigens für die Störche an, damit sie bei Nahrungsknappheit ihre Jungen gut versorgen können. Nachzügler im Herbst werden gefüttert und vielleicht sogar den

Die Dränage von Feuchtwiesen entzieht vielen Arten Lebensraum.

in den letzten Jahren Bilanz gemacht wurde, kam Erschreckendes zutage: Rund die Hälfte der heimischen Vogelarten ist in mehr oder minder großem Umfang bedroht. Den allermeisten von ihnen stellt niemand nach, denn sie stehen seit langem unter Naturschutz. Es ist bei uns verboten, sie zu fangen und zu töten oder sie an ihren Brutplätzen zu stören. Trotzdem geht ihre Häufigkeit zurück.

Die Störche sind ein Symbol für diesen Artenschwund: Von jedermann geschätzt und von Gesetzen geschützt, schmilzt ihr Bestand dennoch dahin. In absehbarer Zeit wird es in Mitteleuropa keine Storchenbruten mehr geben.

Winter über betreut. Die Horste werden absturzsicher befestigt. Befindet sich in den Nestmulden Plastikmaterial, das bei Starkregen Staunässe verursachen könnte, wird es entfernt. Manche Vogelschützer holen sogar geschwächte Jungstörche aus ihren Nestern und betreuen sie so lange, bis sie gekräftigt sind. Dann setzen sie die Pfleglinge wieder zu den anderen Jungen zurück. Man hat sogar versucht, Störche in Großvolieren zu züchten, um den Nachwuchs freizulassen, damit er die geschrumpften freilebenden Bestände verstärkt. Doch all diese Bemühungen scheinen nicht den gewünschten Erfolg zu bringen. Sie ändern nichts an den grundlegenden Schwierigkeiten, die dem Überleben des Weißstorches in unserer Kulturlandschaft entgegenstehen. Die Verdrahtung der Landschaft fordert zahlreiche Opfer, weil sich die Störche bei ihrem Segelflug an Stromleitungen verletzen. Der lange Zugweg ins afrikanische Winterquartier bringt viele Gefahren. Hierzulande wurden die Feuchtwiesen trockengelegt, die Moore entwässert und die Landbewirtschaftung intensiviert. Für einen wirkungsvollen Schutz müssen wir wissen, welche Umweltbedingungen am meisten zum Rückgang der Störche geführt haben. *Farbbilder S. 65 und 66.*

... und vom Aufstieg des Höckerschwans

Um die Jahrhundertwende, als es überall in Mitteleuropa noch Weißstörche gab, gehörte der größte Schwimmvogel, der Höckerschwan, zu den Raritäten. Die »königlichen Schwäne« wurden zwar schon seit Jahrhunderten auf hochherrschaftlichen Parkgewässern zahm gehalten und galten von jeher als besondere Zierde des Schloßteiches, aber ihre wilden Vettern kamen nur höchst selten mit den Winterstürmen aus ihren nordischen Brutgebieten oder von den masurischen Seen in das gewässerreiche Alpenvorland, wo sie heutzutage nicht mehr wegzudenken sind. In England erfreuten sich die Schwäne sogar so großer Wertschätzung, daß sie direkt dem Königshaus unterstellt wurden und bis heute im Eigentum der Krone blieben. Sie be-

siedeln auf den Britischen Inseln keineswegs nur die Parkgewässer, sondern sind auf Flüssen und Seen sowie an den flachen Küsten zu finden.

Zu solcher Verbreitung kam es in Mitteleuropa erst im Verlauf der letzten 50 Jahre. Verwilderte Parkschwäne siedelten sich auf Seen und Stauseen im Alpenvorland an und vermehrten sich rasch. Innerhalb weniger Jahren wurden sie zu regelrechten Wildvögeln, die sich in jeder Hinsicht natürlich verhalten; mit nur einer »Ausnahme«: sie fürchten den Menschen nicht. Stellenweise lassen sie sich füttern, vor allem, wenn im Winter die Nahrung knapp wird. Aber sonst führen sie ein freies Leben. Mit größtem Erfolg offensichtlich, denn es dauerte keine 20 Jahre, da hatten sie praktisch alle geeigneten Gewässer in ganz Mitteleuropa besiedelt. Ihr Erfolg war so überzeugend, daß er Argwohn hervorrief. War es denn richtig, daß diese Abkömmlinge von Parkschwänen die Freiheit eroberten? Wurden sie nicht zu Konkurrenten für andere Wasservögel? Oder verdrängten sie sogar die seltenen? Diese Möglichkeit schien besonders nahe zu liegen, weil der Höckerschwan mit Abstand der größte und kräftigste heimische Wasservogel ist, dem höchstens in extremen Notzeiten der Seeadler gefährlich werden könnte. Sonst hat er außer dem Menschen keine Feinde zu fürchten.

Und daß er sich gerade in einer Zeit so breit machte, in der eine Schreckensmeldung nach der anderen den Niedergang vieler Arten draußen in der freilebenden Tierwelt jagte, erschien höchst verdächtig. So wurde

Kämpfende Höckerschwäne zwischen Bläßhühnern und Enten (Farbbilder S. 67)

dem Höckerschwan in den 70er Jahren eine Jagdzeit verpaßt, nachdem er lange Zeit als unantastbar gegolten hatte. Man vergaß dabei gleich die altehrwürdige Tradition, den Höckerschwan als Art der »Hohen Jagd« zu führen, die wie der »edle« Hirsch nur mit der Kugel erlegt werden durfte. Heute tut's auch Schrot, wenngleich nur unter großen Schwierigkeiten, denn der Höckerschwan ist damit nicht leicht zu erlegen.

Der eigentliche Grund für die Zuteilung einer Jagdzeit war die Annahme, daß der Schwanenbestand reguliert werden müsse, um nicht überhand zu nehmen. Daß die Schwäne diese Bestandsregulation gar nicht brauchen, sondern selbst in der Lage sind, stabile Bestände aufzubauen und zu erhalten, weiß man inzwischen. Ein Eingriff seitens des Menschen ist in aller Regel nicht nur unnötig, sondern für die Regulation nachteilig. Doch dazu muß man wissen, wie ein Schwanenbestand aufgebaut ist, wie er das Gleichgewicht zwischen der Nachwuchs- und der Sterberate einstellt und wie er seinen Lebensraum nutzt. Kurz: Die Beziehungen zur Umwelt sind es, die man kennen muß, um die Entwicklung beurteilen zu können. Erst dann wird man verstehen, warum der Weißstorch so stark abnimmt, während gleichzeitig der Höckerschwan außerordentlich zugenommen hat. Erst dann wird sich die Rolle, die der Mensch in diesem Geschehen spielt, besser durchschauen lassen.

2. Der Naturhaushalt

Lebewesen und Umwelt bilden eine Einheit

Der große deutsche Biologe und Naturforscher Ernst Haeckel nannte im Jahre 1866 »die gesamte Wissenschaft von den Beziehungen des Organismus zur umgebenden Außenwelt« erstmals »Ökologie«. Vier Jahre später, 1870, sprach er von der »Oeconomie«, vom »Haushalt« der Natur und begründete damit eine Wissenschaft, die nach jahrhundertelangem Studium der Teile endlich den Blick wieder aufs Ganze richtete. In genialer Weitsicht hatte Ernst Haeckel erkannt, daß die Lebewesen mit ihrer Umwelt eine Einheit bilden; eine Ganzheit, die mehr ist als ihre einzelnen Teile. Die Organismen lassen sich in ihren Funktionen und in ihrer Gestalt nur verstehen, wenn man ihre Lebensweise kennt. Sie verrät, in welcher Weise sich die Lebewesen an ihre Umwelt anpassen und sich mit ihr auseinandersetzen. Die Umwelt ist der strenge Kontrolleur, der überleben läßt, was geeignet, und verwirft, was nicht tauglich ist. Die Auslese, die dabei getroffen wird, bestimmt den Fortgang der Entwicklung, der Evolution. Charles Darwin hatte diesen Zusammenhang bereits um die Mitte des 19. Jahrhunderts erkannt und in seinem epochalen Werk über die »Entstehung der Arten durch natürliche Zuchtwahl« umfassend ausgearbeitet. Sein Werk war und ist das Fundament der modernen Biologie. Aber auch die Geburt der Ökologie steckte in Darwins Werk, weil es den Mechanismus aufzeigte, der die Entwicklung antreibt und lenkt, nämlich die Selektion. Diese Auswahl der »Geeignetsten«, oft auch als »Überleben der Tüchtigsten« bezeichnet, besorgt die Umwelt. Wie und warum, war zur Zeit Darwins noch nicht so recht klar. Seine neue Sicht des Lebens brachte ihm viel Kritik und Ablehnung ein, weil man nicht verstehen konnte, wie die blinden Kräfte der Natur so wundervolle Strukturen an den Lebewesen hervorbringen konnten. Die biologische Forschung war noch weitestgehend analytisch, d. h., zerlegend ausgerichtet. Sie interessierte sich für die Teile und drang immer tiefer in die Einzelheiten vor. Der Blick auf das Ganze ging darüber verloren. Erst Jahre später, als sich der größte Sturm der Entrüstung über Darwins Werk etwas gelegt hatte, begannen die Naturforscher verstärkt darüber nachzudenken, wieso die Auslese so mächtig und wichtig ist. Warum hängen Erfolg und Mißerfolg der Lebewesen so sehr von der Umwelt ab?

Als Ernst Haeckel den Blick auf das Naturganze lenkte und erstmals vom »Naturhaushalt« sprach, konnte man sich darunter noch nicht viel vorstellen. Haushalt klang so ordentlich und geregelt, während doch Darwin den »Kampf ums Dasein« als die Triebkraft des Lebens entdeckt hatte – so zumindest wurde er (miß)verstanden. Kampf und Haushalt paßten nicht zusammen, denn es hätte sich um einen ziemlich chaotischen Haushalt handeln müssen. Der Augenschein

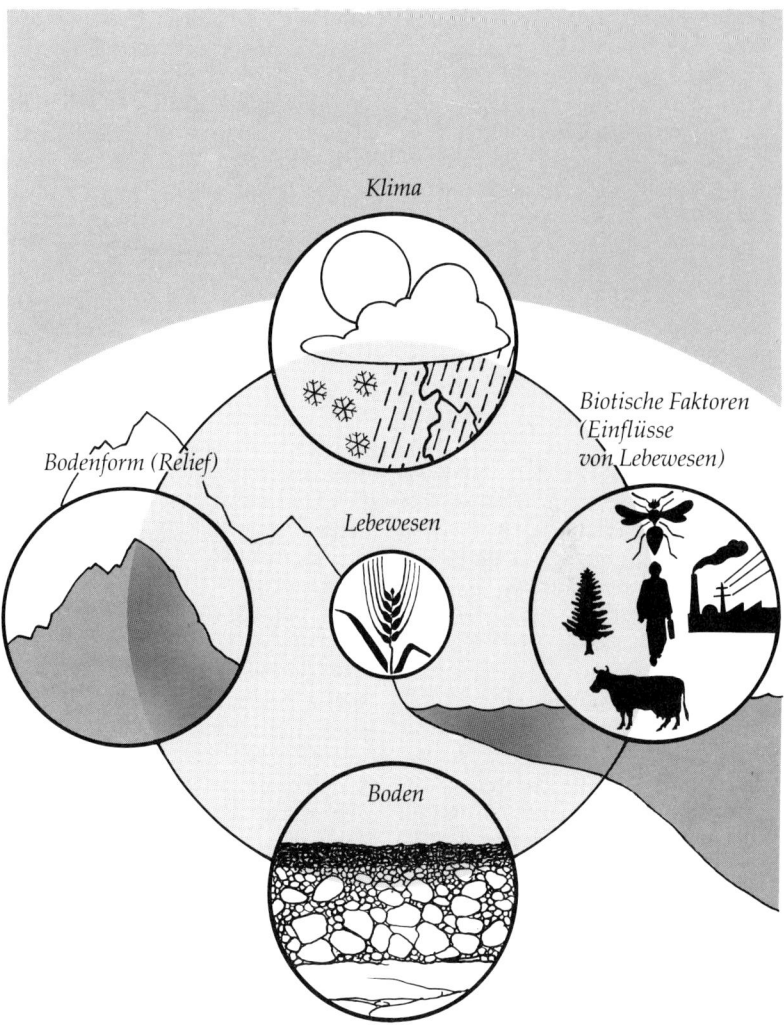

Das Lebewesen in seiner Umwelt

sprach dagegen: In der Natur herrscht nicht Chaos, sondern Ordnung trotz immenser Vielfalt. Die Jahreszeiten kommen und gehen, die Bäume wachsen, die Organismen leben und sterben; alles hat seinen Platz und seine Richtigkeit.

Je tiefer die Forscher in die Geheimnisse des Lebens eindrangen, desto erstaunlichere Anpassungen fanden sie. Jetzt wurde die Vorstellung vom Haushalt der Natur begeistert aufgegriffen. Funktionierte in diesem Haushalt nicht alles in faszinierender Weise? Tiere und Pflanzen lebten in feinster Abstimmung miteinander. Und hatte der Mensch nicht einst auch seinen Platz in diesem »paradiesischen« Gefüge, bevor er wegen seines Erkenntnisdranges aus dem Paradies vertrieben worden war? Lebewesen und Umwelt in vollendeter Harmonie – das war die Sicht der Jahrhundertwende, und sie findet auch heute noch viele Anhänger.

Daß diese Sicht zu idealistisch war, wurde immer deutlicher, je tiefer die Forschung in diese Zusammenhänge eindrang. Das Zusammenwirken der Organismen mit ihrer Umwelt verläuft ganz anders: Die Lebewesen nutzen die Natur! Sie entnehmen ihr Stoffe, setzen sie um und bauen sich daraus körpereigene Substanzen auf. Was sie nicht brauchen können, geben sie ab. Die Natur stellt die Bühne dar, auf der das Spiel des Lebens abläuft. Die Spieler werden beständig ausgetauscht und erneuert. Das Spiel paßt sich den Veränderungen auf der Bühne an und es verändert selbst die Bühne des Lebens. Die Organismen sind die Spieler. Sie versuchen, und das seit Anbeginn, von der Umwelt unabhängig zu werden und sich ihre Welt selbst zu gestalten.

Sie greifen in den Naturhaushalt ein und bestimmen, wie dieser Haushalt abläuft. Derartige Eingriffe sind keine neue Erfindung des Menschen, sondern bilden ein Urprinzip des Lebens. Die ersten Lebewesen existierten in einer Welt ohne freien Sauerstoff. Die Lufthülle der Erde enthielt nur Stickstoff, Kohlendioxid, Methan und andere Gase, aber keinen Sauerstoff. Dieses für uns absolut lebenswichtige Gas entstand als Stoffwechselprodukt der ersten Pflanzen, als sie die Photosynthese »erfunden« hatten. Mit ihrer Hilfe gelang es ihnen, aus dem allgegenwärtigen Kohlendioxid und Wasser mit Hilfe des Sonnenlichtes Zucker herzustellen. Damit hatten sie ihr »Energieproblem« gelöst, aber ein »Umweltproblem« ersten Ranges geschaffen. Denn der höchst reaktionsfreudige Sauerstoff wandelte so ziemlich alles um, was es damals, vor mehr als 2 Milliarden Jahren, auf der Erde gab: Die Gesteine wurden oxydiert (die Erde begann zu »verrosten«, weil sie in ihrer Kruste sehr viel Eisen aufweist), alle Lebewesen, die keinen Schutzmantel gegen den Sauerstoff besaßen, wurden »verbrannt« und das Meer »vergiftet«, weil es sich mit Sauerstoff sättigte. Mächtige Kalkriffe entstanden, weil durch die Photosynthese das im Meerwasser gelöste Kalzium ausgeschieden wurde und Kalkstein bildete. Es dauerte viele Jahrmillionen, bis sich so viel Sauerstoff im Meer angesammelt hatte, daß es gesättigt war. Nun entwich der Sauerstoff in die Lufthülle und veränderte sie nachhaltig. Inzwischen hatten manche Lebewesen im Meer das Sauerstoff-Problem in den Griff bekommen. Sie benutzten das gefährliche Element einfach dazu, die Photosynthese umzudrehen. Die von den Pflanzen gefertigten Zucker wurden verbrannt und die dabei freiwerdende Energie in chemischen Bindungen »eingefangen«.

Mit dieser fundamentalen Leistung begann der Aufstieg der Tiere und damit der eigentliche Entwicklungsschub, den das Leben in der grauen Vorzeit des Urozeans erfuhr. Das

Die Kreisläufe des Wassers und des Sauerstoffs hängen miteinander zusammen.

»Überschußproblem« wurde gleich mitgelöst. Denn ohne die Tätigkeit der Tiere sammelte sich das von den Pflanzen erzeugte organische Material in riesigen Mengen an. Die Nährstoffe, die zum Aufbau der Pflanzen notwendig waren, wurden immer knapper und irgendwann hätten sich die Pflanzen regelrecht »totgelaufen«, wenn nicht Nutzer auf den Plan getreten wären. Der Sauerstoff-Überschuß schuf mittlerweile einen ganz besonderen Schutzschild, das Ozon. Diese Form des Sauerstoffs hält die lebenszerstörende Ultraviolettstrahlung aus dem Weltall von der Erde ab. Nur geringe und weitgehend unschädliche Mengen kommen durch die Ozonschicht durch. Dadurch wurde die Erdoberfläche, wurden die Kontinente überhaupt erst besiedelbar. Immer stürmischer entfaltete sich das Leben. Die umfangreichen Lager von Kohle und Erdöl, die wir gegenwärtig als fossile Energiequellen nutzen, entstanden im Erdaltertum als Folge der damaligen Unausgewogenheit zwischen den Organismen und ihrer Umwelt. Es bedurfte vieler Jahrmillionen, bis sich nach und nach jenes Gleichgewicht im Naturhaushalt einstellte, das wir heute kennen und bis in die jüngste Zeit für selbstverständlich genommen hatten.

Der Naturhaushalt ist also etwas im Verlaufe äonenlanger Zeiträume Entstandenes und Gewordenes, kein naturgegebener Dauerzustand. Die Lebewesen haben sich in unvorstellbar langen Zeitspannen diesen Zustand aufgebaut, der das Leben und seinen Fortbestand ermöglicht. Wie sich dieser Naturhaushalt im Gleichgewicht hält und wie wir Menschen darin wirksam geworden sind, das zu erfahren ist heute eines der größten Anliegen der Wissenschaft und eine Herausforderung für die Menschheit.

3. Faktoren der Umwelt

Licht – gibt die Energie

Es gibt in den Tiefen des Ozeans Spalten, aus denen heißes, mineralstoffreiches Wasser entströmt. Dort bildeten sich Lebensformen aus, die ganz anders funktionieren als die »gewöhnlichen«. Sie beziehen ihre Energie, die sie zum Leben brauchen, aus ganz bestimmten chemischen Reaktionen, ohne daß sie dazu Licht benötigen. Grüne Pflanzen fehlen in dieser merkwürdigen Welt.

Von diesen Ausnahmebedingungen abgesehen, die vielleicht eine Vorstellung davon vermitteln, wie das Leben seinen Anfang nahm, als es noch keine grünen Pflanzen und keinen Ozon-Schutzschild gab, hängt das Leben auf unserer Erde von den grünen Pflanzen ab. Sie liefern den Grundstock an Nahrung für die gesamte Tierwelt und natürlich auch für uns Menschen. Ihre überragende Bedeutung verdanken sie einer »Erfindung«, die wahrlich eine Revolution darstellte, nämlich einem Farbstoff. Es handelt sich um das Blattgrün oder Chlorophyll.

Dieser Farbstoff ist recht kompliziert gebaut, aber seine Struktur wurde

Zur Photosynthese

Sonnenenergie
⇩

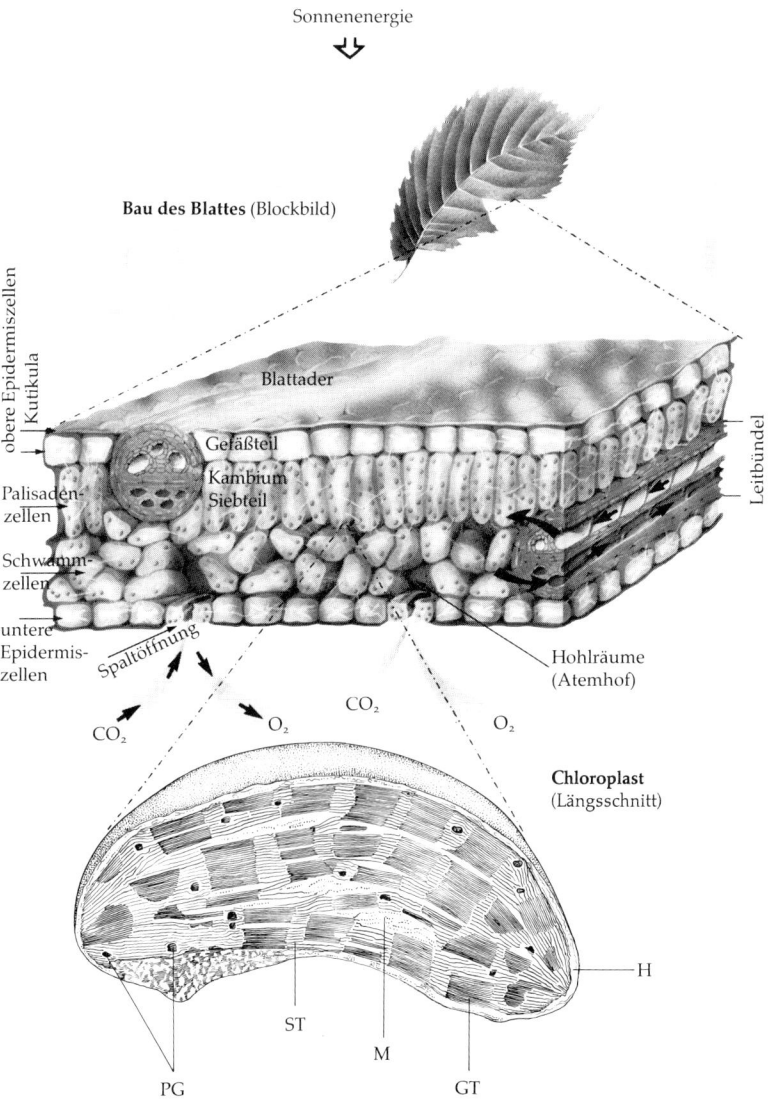

Bau des Blattes (Blockbild)

obere Epidermiszellen
Kutikula

Blattader

Gefäßteil
Kambium
Siebteil

Palisaden-zellen

Schwamm-zellen

untere Epidermis-zellen

Spaltöffnung

CO_2

O_2

CO_2

O_2

Leitbündel

Hohlräume (Atemhof)

Chloroplast (Längsschnitt)

H

ST

M

GT

PG

Ultrastruktur eines granulären Chloroplasten (43 300 : 1)

H	= Doppelmembran der Chloroplastenhülle	GT	= Granathylakoide
		M	= Chloroplastenmatrix
ST	= Stromathylakoide	PG	= Plastoglobuli

in jüngster Zeit entschlüsselt. Wir wissen nun, daß er in seiner Feinstruktur wie eine extrem empfindliche Antenne aussieht. Trifft ein Lichtstrahl bestimmter Wellenlänge auf diese Antenne, löst er einen elektrischen Impuls aus. Dieser Impuls schaltet eine chemische Reaktionskette ein, die mittlerweile auch in fast allen Einzelheiten erforscht ist. Ihr Ergebnis schmeckt süß: Traubenzucker.

Aus Kohlendioxid und Wasser baut die grüne Pflanze mit Hilfe der vom Blattgrün eingefangenen Lichtenergie den Zucker auf und gibt dabei Sauerstoff ab. Das ist die Photosynthese, die »Grundgleichung« des Lebens:

$$6\,H_2O + 6\,CO_2 \rightarrow C_6H_{12}O_6 + 6\,O_2$$

Diese Reaktion läuft nur mit Licht ab. Es kommt von der Sonne. Ohne die Sonne gäbe es folglich kein höheres Leben auf der Erde. Der Vorgang ist so großartig, so fantastisch, daß es sich lohnt, genauer darüber nachzudenken. Da fällt ein Lichtstrahl von der Sonne mit der unvorstellbaren Geschwindigkeit von 300 000 km je Sekunde auf die Erde, durchschlägt in winzigsten Bruchteilen einer Sekunde die irdische Lufthülle und geht einem zarten Farbstoffkügelchen in die Falle. Die Energie, die der Sonnenstrahl mitgebracht hatte, schlummert kurze Zeit später wohlverpackt in einem zu Stärke zusammengeschnürten Bündel von Zuckermolekülen. Und wann immer die Lebewesen sie brauchen, holen sie sich diese eingefangene Energie hervor und bestreiten damit ihre Lebenstätigkeiten. Nicht nur das: Wir Menschen treiben mit ihr sogar unsere Autos und viele Maschinen an! Denn wenn wir

Erdöl verbrennen, setzen wir – auch unter kontrollierten, nur ganz andersartigen Bedingungen – die Energie des Sonnenlichtes wieder frei, das vor Hunderten von Jahrmillionen grüne Pflanzen eingefangen hatten. Von den heute extrem seltenen Fällen rein chemischer Energieumsetzungen, die sich noch bei manchen ganz einfachen und urtümlichen Mikroorganismen finden, treibt die Energie des Sonnenlichtes also alle Lebensvorgänge an. Der großartige Trick der grünen Pflanzen besteht darin, die mit Lichtgeschwindigkeit dahineilenden Energiebündel der Sonne in eine speicherfähige Form zu bringen, so daß sie die Pflanzen selbst bei Bedarf wieder hervorholen können; sie werden aber auch von Organismen genutzt, die selbst nicht über diese Organe zum »Fangen von Licht« verfügen. Dazu gehören alle übrigen Lebewesen außer den grünen Pflanzen und einigen Bakterien.

So wunderbar die Fähigkeit des Blattgrüns zunächst anmuten mag, so stellt sie doch nichts grundlegend Neues dar. Denn alle Strukturen, die das Leben aufbaut, sind in mehr oder minder großem Umfang lichtempfindlich. Licht ist Energie, ist eine Kraft, die auf alles wirkt. Je fester die Stoffe und je starrer die Strukturen, um so weniger richtet das Licht aus. Empfindliche Stoffe hingegen reagieren auf die Energiezufuhr durch das Licht. Wir kennen das: Papier vergilbt, Farben verblassen und die Haut bekommt Sonnenbrand, wenn wir uns zu sehr der Sonnenstrahlung aussetzen. Das

▷ *Grüne Pflanzen: die Basis des Lebens*

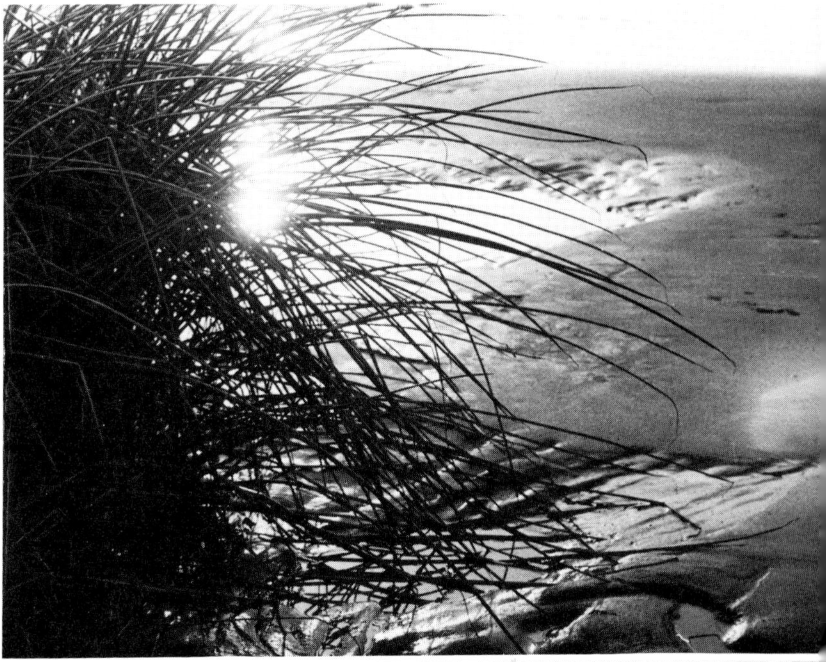

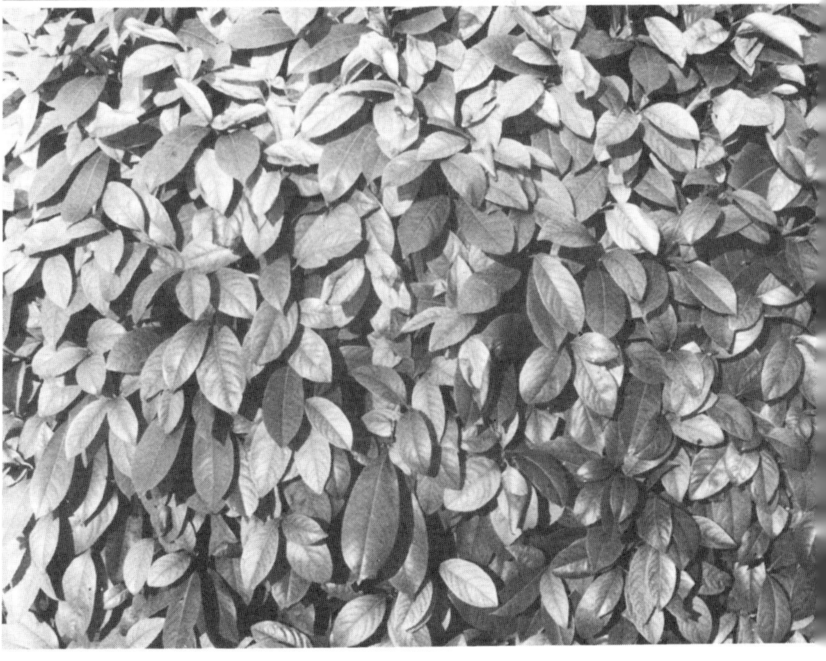

für uns sichtbare Licht bildet nur einen Teil der Sonnenstrahlung. Andere Strahlungsarten, wie die Wärmestrahlung, können wir nicht sehen, aber fühlen. Die Röntgenstrahlung, viel kurzwelliger und energiereicher als das sichtbare Licht, sehen und fühlen wir nicht. Daß wir sehen, liegt am gleichen Prinzip, wie es die Pflanzen mit dem Blattgrün vorführen. Die Lichtstrahlung löst eine chemische Kettenreaktion in einem Farbstoff aus. Diesmal ist es der Sehpurpur in unserem Auge; ein Farbstoff, der in gleicher oder sehr ähnlicher Form auch bei vielen anderen Lebewesen vorkommt. Durch ihn wird das Licht nicht zur Energiequelle für späteren Bedarf, sondern als Signal, als Träger von Information über die Außenwelt verwertet.

Photosynthese und Sehen sind also zwei Formen der Lichtnutzung. In beiden Fällen wird nur ein schmales »Fenster« im Gesamtspektrum der Strahlung verwendet, das von der Sonne kommt. Dieses Spektrum ist für die empfindlichen Strukturen der Lebewesen gerade richtig. Es enthält genügend Energie, um etwas einzubringen, aber es ist auch schwach genug, um die Feinstrukturen nicht zu zerstören. Die harte Strahlung muß abgeschirmt werden. Sie würde zu viel schaden. Den Großteil dieser Abschirmung besorgt der Ozonschild. Aber trotzdem gelangt noch zuviel von der energiereichen Strahlung auf die Erde. Die Organismen bilden gegen sie eine dritte Gruppe von Farbstoffen aus. Wie etwa das dunkle Melanin, das in unserer Haut gebildet wird, wenn sie zu intensiver Sonnenstrahlung ausgesetzt ist, schluk-

ken diese Farbstoffe die Strahlungsenergie und machen sie unwirksam. Melanin sieht schwärzlich aus, weil es kein sichtbares Licht zurückstrahlt oder durchläßt. Chlorophyll ist grün, weil es die grünen Wellenlängen im Spektrum des sichtbaren Lichtes passieren läßt. Beim roten Blutfarbstoff, beim Hämoglobin, sind es die roten Anteile und bei blauen Blütenfarbstoffen (Anthocyan) die blauen.

Das Sonnenlicht steuert den Ablauf des Lebens in vielfältiger Weise. Ein ganz wichtiger Teil ergibt sich aus dem Tagesgang von Helligkeit und Dunkelheit. Je nach geographischer Breitenlage und Jahreszeit verschiebt sich die Dauer der Hell- bzw. der Dunkelphase vom tropischen »Normaltag« mit 12 Stunden Tag und 12 Stunden Nacht zu »Langtagen« oder »Kurztagen«. Kurztage bedeuten Winter, Sonnenferne und geringe Lichtmengen, die eingestrahlt werden; Langtage entsprechen Sommer, Sonnennähe und viel Licht. Die Organismen, allen voran die grünen Pflanzen, richten sich auf diesen Jahresgang der Lichtverteilung ein. Unabhängig von den Wetterbedingungen bestimmt die Tageslänge mit absoluter Sicherheit den Gang der Jahreszeiten. Die Tageslänge wird damit zum Kalender, zum Zeitgeber für viele Lebensabläufe. Nach ihr richten sich die Lebewesen ungleich stärker als nach der Temperatur oder den Niederschlägen. Die Wirkung ist so stark, daß viele Arten den Tagesgang und den jahreszeitlichen Ablauf gewissermaßen verinnerlicht haben. Als Tages- bzw. Jahresrhythmus läuft dieser Vorgang wie eine Uhr. Er wird daher als »innere Uhr« bezeichnet. Sie sagt den nächtlichen Schläfern schon vor Anbruch des Tages, daß es Zeit zum Wachwerden ist. Sie vermittelt den Zugvögeln präzise Angaben über den Abflugtermin vom Winterquartier ins Brutgebiet und umgekehrt, ganz gleich, ob die eben herrschende Witterung scheinbar anderes verheißt. Sie löst bei den Pflanzen das Blühen und Fruchten, bei vielen Tieren die Aktivität der Fortpflanzungsdrüsen, den Winterschlaf oder Schübe im Wachstum aus. Die Zeit wird am Licht gemessen; das gilt für den Menschen wie für die Natur, auch wenn wir uns in jüngster Zeit mit »Atomuhren« ein nie gekanntes Maß an Genauigkeit verschafft haben. Es ist fraglich, ob diese Superuhren mehr für uns bedeuten als der natürliche Ablauf von Tag und Nacht oder der Rhythmus der Jahre.

Wärme – weckt die Lebensgeister

Das sichtbare Spektrum des Lichtes geht an seinem kurzwelligen Ende in den Ultraviolettbereich über; jenes gefährliche »schwarze Licht«, das unkontrolliertes Zellwachstum auslösen und damit zur Entstehung von Krebs führen kann. Am anderen Ende, am langwelligen, geht das gerade noch sichtbare Rotlicht in das Infra-Rot über, das wir als Wärme empfinden. An dieser Wärmestrahlung liegt es vornehmlich, daß wir das Sonnenlicht warm oder bei hoher Intensität heiß empfinden. Die Wärmestrahlung schmilzt Schnee und Eis, erwärmt das Wasser, die Luft und den Boden – und natürlich auch alle Lebewesen. Diese Wärme brauchen sie aus zwei

Gründen: Erstens gefriert Wasser bei Null Grad. Da alle Lebensprozesse irgendwie mit Wasser zusammenhängen, können sie nur ablaufen, wenn das lebenswichtige Wasser nicht gefroren ist. Das heißt nicht, daß mit dem Erreichen des Null-Grad-Punktes alles Leben erstarren würde. Die Zellen der Pflanzen und Tiere enthalten verschiedene Salze und andere lösliche Stoffe, die den Gefrierpunkt wie Frostschutzmittel herabsetzen. Es bleibt somit ein Spielraum, der um so größer wird, je konzentrierter der Zellsaft ist. Auf jeden Fall muß verhindert werden, daß sich Eisnadeln bilden. Sie würden die empfindlichen Feinstrukturen der Zellen zerstören und damit deren Tod herbeiführen. Frostbeständige Organismen müssen daher zeitweise das Zellwasser weitgehend entfernen. Sie gehen damit in einen Zustand »schlafenden« oder latenten Lebens über, in dem sie nicht mehr schnell und unmittelbar reagieren können. Erst wenn sie entsprechend aufgewärmt worden sind, kehren mit vermehrter Wasseraufnahme wieder die normalen Lebensfunktionen zurück. Sie bestehen zu einem großen Teil aus chemischen Reaktionen. Wie alle chemischen Vorgänge hängen sie von der Temperatur ab. Eine Erhöhung um $10\,°C$ beschleunigt die biologisch-chemischen Reaktionen im allgemeinen um das Doppelte. Rein chemische Reaktionen laufen sogar bis zu dreimal schneller ab. Für einen Organismus bedeutet dies, daß er bei einer Temperatur von $30\,°C$ rund viermal so aktiv sein kann wie bei $10\,°C$. Bei $40\,°C$ wäre die Reaktionsgeschwindigkeit das 8fache. Hier wird es aber gefährlich, denn bei wenig über 40°C zerstört die Wärme die meisten Eiweißverbindungen, insbesondere die hochempfindlichen. Dem aktiven Leben sind daher enge Temperaturgrenzen gesetzt, die im wesentlichen zwischen 10° und 40°C liegen. Bei niedrigeren Temperaturen verläuft das Leben bei den meisten Arten zu langsam, bei höheren droht dem Organismus der Hitzetod.

Um in dieser engen Spanne zurechtkommen zu können, haben die Organismen vielfältige Anpassungen entwickelt, die vor zu großer Wärmezufuhr schützen oder Körperwärme halten. Der bedeutendste Fortschritt war die Entwicklung einer hohen, geregelten Innentemperatur, gewissermaßen eine innere »Zentralheizung«, die beständig günstig hohe Temperaturen aufrecht erhält. Sie liegen zumeist zwischen 36 und 42°C. Die Träger dieser Fähigkeit gehören heute ausnahmslos den beiden höchstentwickelten Wirbeltierklassen, den Säugetieren und den Vögeln an. Vielleicht waren auch schon bestimmte Dinosaurier in der Lage, ihre Körpertemperatur unabhängig von der Außentemperatur zu regeln. In den übrigen Gruppen hingegen herrscht eine weitgehende Abhängigkeit von der Außentemperatur. Dazu gehören alle Pflanzen und die sogenannten wechselwarmen Tiere, deren Aktivität von der Wärme abhängt, die ihre Umwelt bietet. In den Tropen gibt es jahraus jahrein überwiegend günstige Temperaturbedingungen. Auch deshalb ist dort der Anteil der wechselwarmen Tiere größer als in den gemäßigten und kalten Breiten.

Die fortschrittlichen Gleichwarmen, bei denen aber durchaus die Körpertemperatur in erheblichem Umfang schwanken kann, zahlen einen hohen Preis für diesen Vorteil. Sie müssen bis über 80% ihrer Nahrung im Körper nur zu Heizzwecken verbrennen. Die Wechselwarmen sparen sich diese Ausgaben. Sie stecken alles Verfügbare in Wachstum, Fortpflanzung oder Reserven und Bewegung. Dafür hängt ihr Leben aber in viel stärkerem Maße von den Temperaturverhältnissen der Außenwelt ab. Wenn die Sonne unsere Eidechsen nicht stark genug erwärmt hat und ihre Körpertemperatur unter 30°C bleibt, sind sie träge und müssen sich versteckt halten. Schlangen lassen sich in abgekühltem Zustand wehrlos in die Hand nehmen und einem schaudernden Publikum vorführen. Der Gesang von Grillen, Heuschrecken und Zikaden verstummt, wenn die Temperatur zu weit absinkt, und die Frösche stellen ihr Rufen ein.

Die Temperatur steuert die Aktivität wechselwarmer Tiere; die Gleichwarmen steuern sie selbst. Bei sinkenden Temperaturen sträuben die Vögel ihre Federn und schließen damit mehr isolierende Luft zwischen den Federn ein. Eine ähnliche Wirkung erzielen die Säugetiere mit ihrem Haarkleid. Bei niedrigen Außentemperaturen »heizen« sie kräftig und behalten dadurch trotzdem ihre volle Leistungsfähigkeit. Das macht sie den Wechselwarmen so überlegen. Die beständige und gleichmäßige Erwärmung spielt auch in der Keimesentwicklung eine wichtige Rolle. Bei den Säugetieren sind die entscheidenden ersten Stadien ganz in den Mutterkörper hin-

Fell und Federn tragen bei den beiden höchstentwickelten Wirbeltierklassen, den Säugern und den Vögeln dazu bei, ihre Körpertemperatur konstant zu halten.

einverlagert. Die Vögel bebrüten ihre Gelege so, daß die Temperatur der sich entwickelnden Eier nur innerhalb weniger Grade schwankt. Bestimmte Riesenschlangen, wie die Pythons, versuchen schon, dem Gelege aktiv Wärme zuzuführen. Durch beständige Muskelzuckungen steigern sie die Temperatur um ein paar Grad.Die große Mehrzahl der Wechselwarmen muß aber ihre Fortpflanzungsstadien den Wechselfällen der Umwelt anvertrauen. In kritischen Grenzbereichen, wie in den kühl-gemäßigten Zonen, sind manche Kriechtiere dazu übergegangen, die Eientwicklung im Körper ablaufen zu lassen. Die trächtigen Weibchen suchen dann günstige Stellen zum Sonnen auf. Bei der Geburt platzen die Eihüllen, so daß lebende Junge zur Welt kommen. Der große Vorteil der inneren Entwicklung deutet sich in diesem Verhalten bereits an.

Nun liegen die günstigsten Temperaturen keineswegs bei allen Organismen im gleichen Bereich. Nicht einmal die Gleichwarmen weisen gleiche Körperinnentemperaturen auf. Was für den Menschen leichtes Fieber bedeutete, ist für die Hauskatze normal, während eine Spitzmaus oder ein kleiner Singvogel bei 38 bis 39 °C schon frieren würden. Ihre Körpertemperatur liegt normalerweise knapp über 40 bis 42 °C. Bei größeren Säugetieren und beim Menschen liegt der günstigste Außentemperaturbereich etwa zwischen 30 und 35 °C. Bei diesen Temperaturen verlieren sie gerade so viel Wärme über die natürliche Wärmeabgabe, wie vom Körper nachgeliefert wird, ohne daß eine besondere »Zusatzheizung« not-

wendig wäre. In dieser thermoneutralen Zone muß der gleichwarme Organismus den geringsten Aufwand betreiben, um die Körpertemperatur aufrecht zu erhalten. Liegt die Außentemperatur niedriger, bedarf es größeren Heizungsaufwandes. Liegt sie höher, muß der Organismus kühlen, um sich nicht zu überhitzen. Arten mit niedrigem Grundumsatz, also verhältnismäßig geringer Wärmeproduktion, finden sich vornehmlich in den dauerwarmen Regionen, Arten mit hohem Grundumsatz dagegen in kühlen und kalten, wo die Wärmeabfuhr bei Überschuß rasch und problemlos vonstatten gehen kann. Auf die Verteilung der wechselwarmen Organismen nimmt die Temperatur noch größeren Einfluß. Die Tiere weisen oft recht enge Vorzugsbereiche der Außentemperatur auf. Wärmeliebende Arten meiden zu kühle, kältetolerante zu warme Lebensräume. Manche Arten sind so weit spezialisiert, daß sie nur mit ganz engen Temperaturbereichen zurecht kommen. Man nennt sie *stenotherme* Organismen und fügt *kalt-* oder *warm-* dazu, je nachdem, ob sie sich niedrigen oder hohen Temperaturbereichen angepaßt haben. Arten dagegen, die an die Temperaturbedingungen keine besonderen Ansprüche stellen und eine weite Spanne ertragen können, heißen *eurytherm.* So lebt ein Strudelwurm, die Alpenplanarie *(Dugesia alpina)*, im Bereich der Mittelgebirge und nördlich von ihnen nur in kalten Bächen; hier ist sie ein kaltstenothermer Organismus – in den Alpen dagegen zeigt sie hinsichtlich der Wassertemperaturen mehr Toleranz. Ihr Verwandter, der Strudelwurm *(Dugesia lugub-*

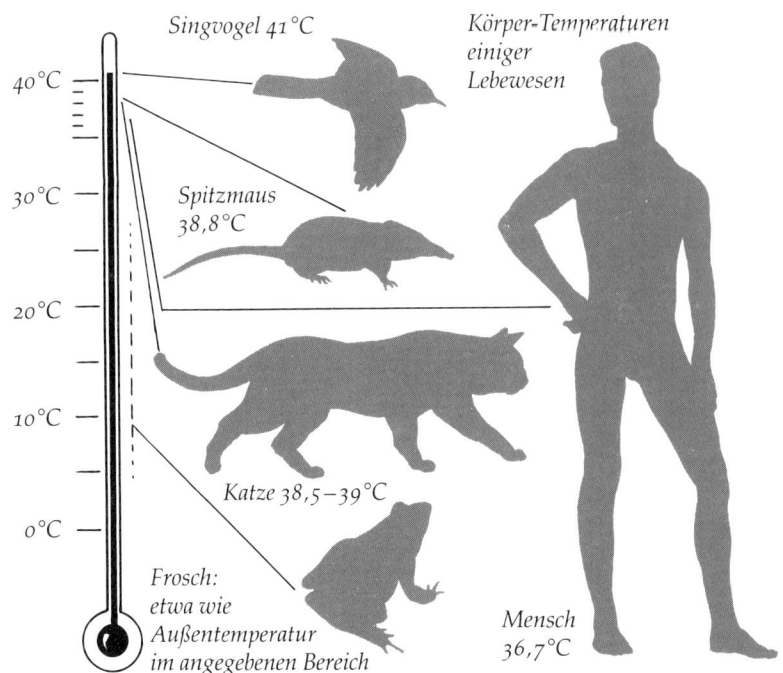

Singvogel 41 °C

Körper-Temperaturen
einiger
Lebewesen

40 °C

30 °C

Spitzmaus
38,8 °C

20 °C

10 °C

Katze 38,5 – 39 °C

0 °C

Frosch:
etwa wie
Außentemperatur
im angegebenen Bereich

Mensch
36,7 °C

ris) stellt keine besonderen Ansprüche an die Wassertemperatur, er verhält sich also eurytherm.

Doch nicht nur für einzelne Arten, sondern auch für ganze Gruppen von Organismen entscheiden die Temperaturverhältnisse, ob und wie häufig sie vorkommen. So folgen die Artenzahl und die Häufigkeit der Tagfalter in England recht genau den mittleren Sommertemperaturen. In Nordbayern hängt das Vorkommen der Feldgrillen von warmen Sommern ab. Folgen sie nicht regelmäßig genug alle paar Jahre aufeinander, sterben die Grillen in vielen Gebieten aus und es dauert lange, bis es wieder zu Ansiedlungen kommt. Viele Großinsekten sind heutzutage sehr selten in Mitteleuropa geworden, weil der Masseneinsatz von Düngemit-

teln die Pflanzen so dicht wachsen und wuchern läßt, daß das Kleinklima auf Wiesen und Fluren zu kalt und zu naß für sie wird.

Wasser – bewegt alles Lebendige

Daß die Temperatur so maßgeblich Einfluß auf die Lebewesen nimmt, liegt am Wasser. Es stellt das bedeutendste Transportmittel für die Lebewesen dar. Ohne Wasser kein Leben: Diese Kurzformel hebt die unvergleichliche Bedeutung des Wassers als Lebenselement hervor. Der Grund dafür ist, daß das Leben im Wasser entstand. Alle wesentlichen chemischen Reaktionen, die in den lebendigen Zellen ablaufen, brauchen Wasser als Lösungs- oder

Transportmittel. Diese herausragende Bedeutung hängt mit einer einzigartigen Eigenschaft des Wassers zusammen: Es hat bei 4 °C seine größte Dichte. Anders als die übrigen Stoffe, die sich bei weiterer Abkühlung weiter zusammenziehen, dehnt sich das Wasser mit sinkender Temperatur wieder aus, wenn die 4°-Schwelle unterschritten ist. Beim Gefrieren erfolgt sogar ein massiver Ausdehnungsschub. Das Eis wird dadurch leichter als Wasser und schwimmt an der Oberfläche. Diese Eigenschaft sorgt dafür, daß die Gewässer an Land und das Meer während der Eiszeiten nicht bis zum Grund ausfrieren und alles Leben zum Erstarren bringen würde. Im Gegenteil, die Eisdecke schützt vor weiterem Zugriff der Kälte. Das gilt auch für den Schnee, der aus kleinen Eiskristallen gebildet wird. Durch Einschluß von Luft, welche die Wärme schlecht leitet, isoliert der Schnee den darunter liegenden Boden sogar noch besser als das Eis. Beim Gefrieren wird zudem eine ungewöhnlich große Wärmemenge frei, die recht wirkungsvoll die weitere Abkühlung bremst. Umgekehrt muß dem Eis beim Schmelzen eine entsprechend große Wärmemenge zugeführt werden. Insgesamt ist das Wasser in der Lage, in großem Umfang Wärme zu speichern. Auf diese Weise werden Gewässer zu Ausgleichszonen für Temperaturgegensätze. In weltweitem Maßstab ist das ozeanische Klima mild, das kontinentale von Gegensätzen geprägt (im Sommer heiß und im Winter kalt). In kleinerem Rahmen gilt dies auch für die Seen. Sie mildern die Witterungsextreme und puffern Temperaturgegensätze ab.

Vergleichbares spielt sich in den Lebewesen selbst ab. Das Wasser in den Körper- und Zellflüssigkeiten dämpft die Temperaturschwankungen, die von außen kommen und ermöglicht einen gleichmäßigeren Ablauf der chemischen Reaktionen. Es kühlt den Körper, wenn es verdampft und steigert seine Wärmehaltekapazitäten. Besonders die Kühlung ist außerordentlich wichtig, weil es durch Sonneneinstrahlung leicht zur Überhitzung kommen kann. Das gilt für Mensch, Tier und Pflanze gleichermaßen. Besonders die Pflanzen brauchen die Kühlung, da sie ihre Blätter dem Sonnenlicht entgegenhalten. Daß sie nicht in kurzer Zeit zu heiß werden, liegt am beständigen Wasserstrom, der von der Pflanze aus dem Boden hochgesogen wird und über die Spaltöffnungen der Blätter verdunstet. Der Sog, der dabei entsteht, kann Wassersäulen bis über hundert Meter in den Leitungsgefäßen der Bäume hochziehen. Eine Buche mittlerer Größe verdunstet über 400 Liter Wasser an einem einzigen Sommertag. Mit dem Wasserstrom werden aus dem Aufnahmebereich im Wurzelraum zudem lösliche Nährstoffe (Nährsalze) zu den Blättern oder Nadeln in die Kronen gehoben. Ohne diese Nährstoffe könnte die Photosynthese nicht ablaufen oder theoretisch nichts anderes als Zucker erzeugen.

Eine vergleichbare Funktion übt das Wasser des Blutes aus. Es trägt die Blutkörperchen und die Nährstoffe bis in die entferntesten Bereiche des Körpers, ohne sich dabei selbst zu verbrauchen. Abfallstoffe, die der Körper nicht mehr verwenden kann, werden, soweit sie wasserlöslich sind, mit dem Harn abgegeben. Die Organismen benutzen das Wasser gleichsam als Spülmittel.

Grasfrosch: unzureichender Verdunstungsschutz bindet ihn an eine feuchte Umwelt.

Die Zusammenhänge reichen noch weiter. Da das Leben im Wasser entstand, richtete sich auch das Fortpflanzungsgeschehen auf das Wasser als Transportmittel der Geschlechtszellen ein. Insbesondere die kleinen beweglichen Samenzellen schwimmen auf die zu befruchtende Eizelle zu. Dieser grundlegende Vorgang blieb – trotz mannigfacher Abwandlungen – auch bei den Lebewesen erhalten, die das Wasser verließen und das Land als Lebensraum eroberten. Ein »Miniatur-Aquarium« ist für den Befruchtungsvorgang immer notwendig, und wenn es sich nur um einen Zellenschlauch handelt, durch den sich bei den Blütenpflanzen die Kerne der Pollenkörner zur Eizelle hinbewegen.

Viele Arten richten sich auf das Wasserangebot in ihrem Lebensraum ein. Sie paßten sich in ihrer Entwicklung den Versorgungsverhältnissen mit Wasser an. Bei Tieren, die Wasserstellen aufsuchen und trinken können, spielt der genaue Ort des Wassers keine so herausragende Rolle wie bei den festgewurzelten Pflanzen. Die Konkurrenz um das lebensspendende Naß ist bei ihnen besonders groß, und die Wuchsform der Pflanzen sagt auf den ersten Blick, wie es um das Wasser bestellt ist. *Xeromorph,* d. h., auf Trockenheit eingestellt sind all jene Pflanzen, die mit dem Wasser besonders haushälterisch umgehen müssen, wie die Kakteen, die Dickblattgewächse, Flaschenbäume und andere, die in Trockengebieten leben. Auch die Nadel der Nadelbäume ist eine solche Trockenheitsanpassung, weil sie im Winter, wenn der Boden tief gefroren ist und nur noch ganz wenig Verdunstung erlaubt, den Wasserverbrauch drastisch einschränkt.

Organ- und Körperhüllen als Verdunstungsschutz

Querschnitte: *Wespe*
Tannennadel   *(Hinterleibssegment)*

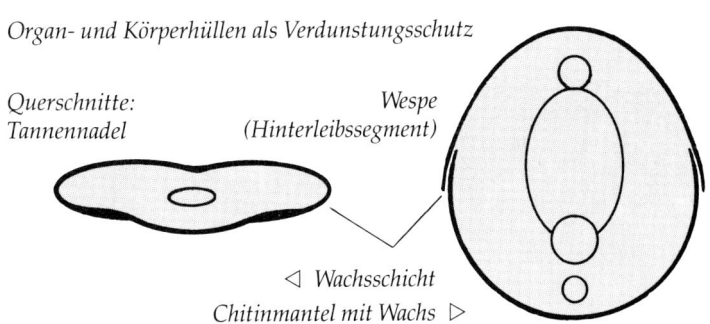

◁ *Wachsschicht*
Chitinmantel mit Wachs ▷

Wachsüberzüge verbessern oft noch zusätzlich die ohnehin schon durch die geringe Oberfläche gegebene Minderung der Wasserabgabe. Die breitflächig angelegten Blätter der Laubbäume hingegen verdunsten so viel, daß sie unter den Bedingungen des Winters nicht am Leben gehalten werden könnten. Die Laubbäume werfen daher ihre Blätter im Herbst ab. Immergrünes Laub setzt gute Wasserversorgung voraus – auch im Winter.

Bei den Standortansprüchen der Pflanzen findet man lückenlose Serien mit allen Übergängen von trockenen über mäßig feuchte bis zu nassen und ins Wasser hineinreichenden Standorten. Die ökologische Kennzeichnung der Arten richtet sich nach diesen Ansprüchen. Sie bedeutet aber nicht, daß die betreffenden Arten nur dort vorkommen können, wo ganz bestimmte Feuchtigkeitsverhältnisse gegeben sind. Oft entscheiden das Miteinander verschiedener Arten und die Konkurrenz, wie eng oder weit die Grenzen ihres Vorkommens verlaufen.

Eine besondere Fähigkeit mancher Tiere verdient im Zusammenhang mit dem Wasser noch Beachtung: das vom Körper benötigte Wasser aus dem Stoffwechsel, also der Nahrung, zu entnehmen. Solche Arten müssen nicht trinken, weil sie ihrer Nahrung genügend Wasser entziehen und selbst sehr sparsam damit umgehen. Zwei »Quellen« in der Nahrung stehen zur Verfügung: Das freie Wasser, das jeder Organismus enthält und das Wasser, welches sich bildet, wenn Fette und Zucker im inneren Stoffwechsel verbrannt werden. Dabei entsteht, in

Umkehrung der Assimilationsgleichung (im Falle von Zucker), genauso viel Wasser wie Kohlendioxid ausgeatmet wird.

Als Organe zum Schutz vor zu großem Wasserverlust entwickelten die landlebenden Tier- und Pflanzenarten vor allem feste, wasserundurchlässige Körperbedeckungen (Schildkröten-/Insektenpanzer) oder verdunstungshemmende, pelzartige Haare (Pflanzen) und eine stärkere Anreicherung der Abfallstoffe in Harn und Exkrementen. Vor allem die feste Harnsäure spart Wasser. Die Vögel scheiden sie anstelle des Harnstoffes ab, der gelöst werden müßte, und den die meisten Säugetiere benutzen, um ihren Stickstoffüberschuß loszuwerden.

Wasserprobleme entstehen auch durch zu hohe Salzkonzentrationen, die das Wasser binden und die Stoffwechselvorgänge stören. Die meisten Landtiere und -pflanzen können daher nicht mit dem Meerwasser zurechtkommen, weil seine Salzkonzentration zu hoch ist. Vogelarten der Hochsee haben als »Gegenmaßnahme« Salzdrüsen entwickelt, mit deren Hilfe sie das überschüssige Salz abscheiden.

Schnabel mit Röhrennase des Eissturmvogels

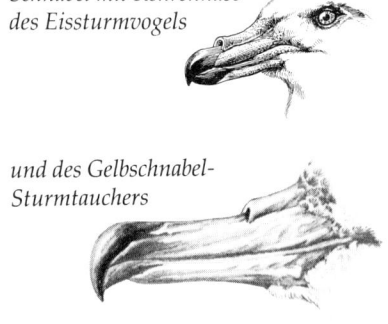

und des Gelbschnabel-Sturmtauchers

Nährstoffe –
alles lebt von irgendwas

Was heute von den Lebewesen in größter Masse hergestellt wird, dient nicht unmittelbar der Erhaltung des Lebens. Die Hauptmenge stellen Reserve- und Schutzstoffe dar, die das eigentlich Empfindliche, die Erbinformation und ihre Zuträger, die Phosphorsäureverbindungen, versorgen. So können die grünen Pflanzen bei optimalem Angebot von Wärme, Wasser, Kohlendioxid und Licht das Kohlenhydrat Traubenzucker in nahezu beliebiger Menge herstellen, so viel, daß es zum Überschuß wird. Diese ganze Produktion nützt aber nichts, wenn es an Stickstoff für die Eiweißverbindungen und Phosphorsäure für die Energieträger mangelt. Kalium und Magnesium sind weitere Grundstoffe, die unbedingt benötigt werden. Eine ganze Reihe chemischer Elemente kommt hinzu, die als sogenannte »Mikronährstoffe« und »Spurenelemente« entscheidend an der Gesamtleistung mitwirken. Schon vor mehr als 100 Jahren erkannte der deutsche Chemiker Justus von Liebig, daß ein ausgewogenes Verhältnis der Nährstoffe die Grundlage für die Produktionsleistung der Pflanzen bildet. Er formulierte es als Gesetzmäßigkeit: Jener Nährstoff, der im Verhältnis zu den anderen im Minimum ist, bestimmt die Höhe der Produktionsleistung. Die moderne Pflanzendüngung baut auf dieser Erkenntnis auf und schaffte innerhalb weniger Jahrzehnte eine früher für unmöglich gehaltene Steigerung der Lebensmittelerzeugung.

Heute weiß man, daß das, was für die (mineralischen) Nährstoffe gilt, eine allgemeine Gültigkeit besitzt. Die Verbindung von Wärme, Wasser und Nährstoffen legt weltweit die Leistung des Naturhaushaltes fest. Beste Nährstoffversorgung reicht nicht aus, wenn Wasser oder Wärme fehlen, wie in den Wüsten und Kältesteppen. Die warmen tropischen Ozeane können nicht viel produzieren, weil dort dem unbegrenzt verfügbaren Wasser und den günstigen Temperaturen keine produktiven Nährstoffverhältnisse entsprechen. Auch im üppig erscheinenden tropischen Regenwald mangelt es in weiten Gebieten an Nährstoffen, so daß die nutzbare Produktion schwach ausfällt, ob-

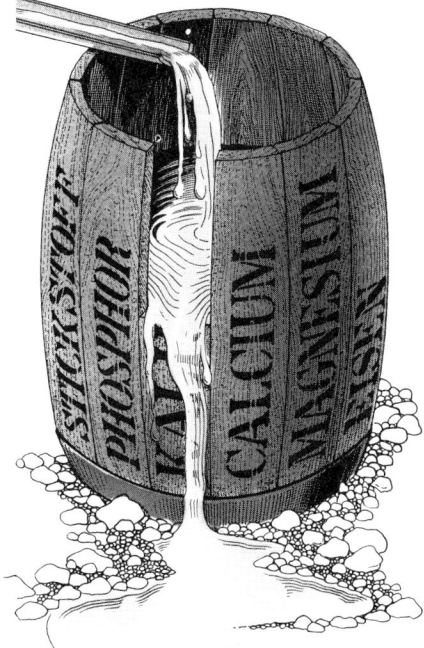

Wirkungsweise des Minimumgesetzes nach Justus von Liebig

wohl der Wald an Fülle überzuquellen scheint. Es sind in der Tat die gemäßigten Breiten, die mit guter Nährstoffversorgung in den Böden, reichlichen Niederschlägen und ausreichender Sonneneinstrahlung die höchste Produktion hervorbringen. Dies zeigt, wie wichtig die Nährstoffe für den Naturhaushalt sind. In den gemäßigten Breiten gibt es von Natur aus ein hervorragendes Nährstoffreservoir in den Böden: den Humus. Er speichert und regeneriert durch seine Mikrobenarbeit eine Fülle von Pflanzennährstoffen, die im nächsten Jahr das neue Wachstum fördern. Durch die Düngung kamen weitere hinzu, so daß vielfach die Witterung alleine als Unsicherheitsfaktor bleibt.

Das war nicht immer und überall so. Von Natur aus waren die meisten Lebensräume eher arm an Nährstoffen; bei manchen hatten lange anhaltende Nährstoffverluste zu diesem Zustand geführt. Die Natur hatte sich darauf eingestellt und aus der Not eine Tugend gemacht. Zahlreiche Arten spezialisierten sich auf Nährstoffmangel und es gelang ihnen, auch auf mineralstoffarmen Standorten zu wachsen und zu leben. Diese Standorte oder Lebensräume nennt man *oligotroph*. Ihr Gegenstück sind die nährstoffreichen, die *eutrophen* Lebensräume. Die dazwischenliegenden Verhältnisse lassen sich als *mesotroph* charakterisieren. Ursprünglich waren eigentlich nur Flußmündungen und -auen *eutroph*. Dort hatten die Flüsse, die wie ein Adernetz die Landschaft durchziehen, einen Teil der Nährstoffe bei Hochwasser abgelagert, die sie aus ihrem Einzugsgebiet zusammengetragen hatten.

Je steiler die Berge, je älter die anstehenden Gesteine und je wasserdurchlässiger und sandiger die Böden, um so stärker konnten Niederschläge die Nährstoffe auswaschen und in die Flüsse schwemmen, die sie schließlich den Meeren zuführen. Dort finden sich deshalb die nährstoffreichsten Gebiete in Küstennähe. Sie profitieren von der Düngung, die vom Land über die Flüsse eingetragen wird.

Die Arten der an Nährstoffen armen Lebensräume hingegen mußten besonders haushälterisch mit ihnen umgehen. Sie entwickelten besondere Organe und Fähigkeiten, um an die Nährstoffe zu kommen oder sie gingen Lebensgemeinschaften (Symbiosen) ein, wie etwa die enge Verbindung von Baumwurzeln mit Pilzen (siehe auch Seite 36).

Auch vom Wind eingewehte und mit dem Niederschlagswasser eingewaschene Nährstoffe filtern manche Pflanzen so wirksam heraus, daß das Wasser, das ins Grundwasser eindringt, mitunter reiner als Regenwasser ist. In den tropischen Regenwäldern Amazoniens kommt es destilliertem Wasser gleich, so vollkommen entziehen ihm Pflanzen seine Nährstoffe.

Die Pflanzen bauen die mineralischen Nährsalze des Bodens und des Wassers in organische Verbindungen ein, die sie mit Hilfe der Photosynthese gewinnen: Kohlenhydrate, Fette und Eiweißstoffe. Sie schaffen damit die Nahrungsgrundlage für die Tiere und Menschen. Diese können verwerten, was die Pflanzen aufgebaut haben, ohne selbst das langwierige »Einfangen« der fein verteilten mineralischen Nährstoffe oder die Photosynthese

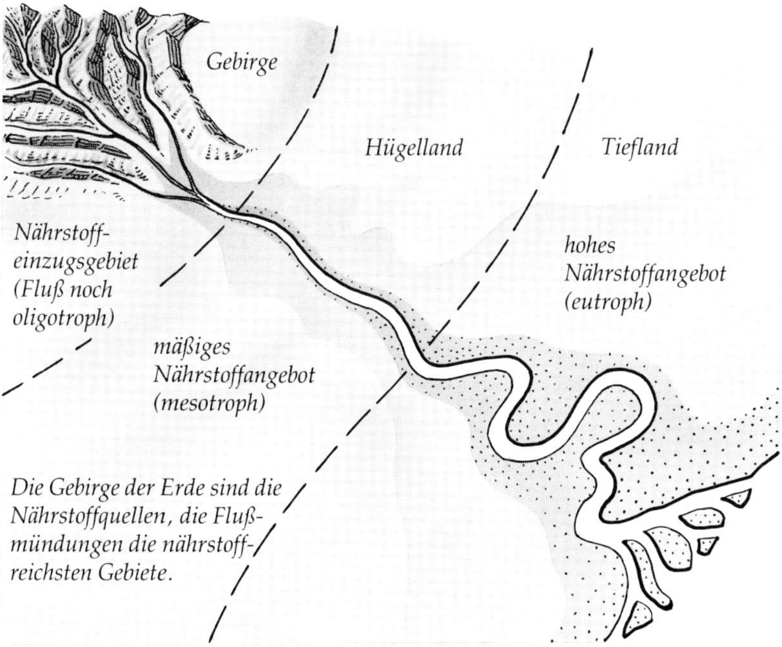

Gebirge

Hügelland

Tiefland

Nährstoff-
einzugsgebiet
(Fluß noch
oligotroph)

hohes
Nährstoffangebot
(eutroph)

mäßiges
Nährstoffangebot
(mesotroph)

Die Gebirge der Erde sind die
Nährstoffquellen, die Flußmündungen die nährstoff-
reichsten Gebiete.

durchzuführen. »Konsum« kennzeichnet die ökologische Rolle der Tiere. Für sie sind die Pflanzen um so wertvoller, je mehr Eiweiß und Mineralstoffe sie enthalten, und um so weniger diese durch Schutzstoffe wie Harze, Gerbsäuren oder Gifte abgeschirmt sind. Eine Fülle von Möglichkeiten tut sich auf, an die Nährstoffe heranzukommen, sie zu nutzen und in körpereigene Substanzen umzusetzen. Tiere werden auch selbst zur Nahrung: für andere, die sie erbeuten. Bis schließlich alle, Pflanzenverwerter, Jäger und Gejagte, den »Rückweg« antreten und die eingeheimsten Nährstoffe mit ihrem Tod dem Kreislauf zurückgeben müssen.

Umweltgrenzen – Freiräume des Lebens

Die Einschränkungen, die sich aus den Umweltfaktoren Licht, Wärme, Wasser und Nährstoffe ergeben, bedingen ein komplexes Mosaik von Möglichkeiten und Grenzen des Lebens. Die Temperatur setzt Grenzen beim Vordringen der Arten im Gebirge oder in Richtung Pole, der Wassermangel in den Dürregebieten und die Nährstoffversorgung verbindet sich in vielfältiger Weise günstig oder ungünstig mit den unbelebten Bedingungen von Klima und geografischer Lage. Die Arten können nur dort vorkommen, wo ihre Lebensansprüche in hinreichendem Umfang erfüllt sind. Dabei lassen sich durchaus unterschiedliche Zonen feststellen. Im *Optimum*, der günstigsten Zone, finden sich alle Umweltgegebenheiten in günstiger Kombination. Die Art kann hier ihre Lebensmöglichkeiten

voll ausschöpfen. Je mehr sie sich vom Optimum entfernt, um so ungünstiger entwickeln sich einzelne oder mehrere Umweltfaktoren. Es beginnt die Zone des *Pejus*, die »Verschleißzone«. In ihr gelingt es der Art manchmal ganz gut zu leben und Nachwuchs durchzubringen, manchmal aber nur durch Zuschuß aus dem Optimum der Bedingungen. Im *Pessimum* schließlich liegen die Grenzzonen der Existenz einer Art. Ab hier wird es unmöglich, auf Dauer zu überleben. Die Art hat ihre Umweltgrenzen erreicht.

Betrachtet man nun nicht nur den derzeitigen Zustand, sondern die langfristige Entwicklung, die zu diesem Zustand geführt hat, so wird deutlich, daß die Tendenz des Lebens dahin geht, sich immer weitere Räume und Möglichkeiten zu erschließen und immer unabhängiger von den Außenbedingungen zu werden. Am deutlichsten zeigt sich dieser Trend bei den Vögeln und den Säugetieren. Durch die Schaffung eines weitgehend konstanten Innenmilieus, das vom Körper selbst unter Kontrolle gehalten wird, gelang es diesen beiden Tiergruppen, die einstigen Grenzen zu sprengen, welche die Temperaturverteilung auf der Erde setzte. Sie konnten bis in die Eiswüsten der Pole, tief hinab in die Meere, hinein

Blauwal

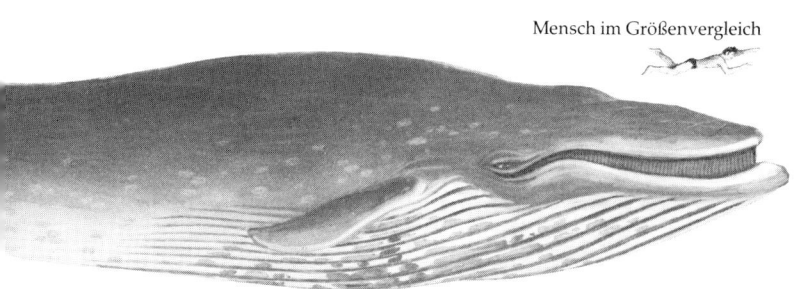

Löffler

in die Wüsten und hinauf auf die Berge vordringen. Mit zielgerichteten Hochleistungsflügen wandern die Vögel dank ihrer Flugfähigkeit über Erdteile und Ozeane, um sich die jeweils günstigsten Lebensbedingungen zu suchen. Die größten aller Organismen, die jemals gelebt haben, die riesenhaften Wale, schwimmen durch die Weiten der Ozeane. Eine Art schaffte noch mehr; sie hat die Grenzen ihres Daseins unvergleichlich erweitert: der Mensch. Für ihn und seine Technik gilt das Prinzip der Anpassung an die Faktoren der Umwelt nicht mehr. Er hat das Prinzip umgedreht und paßt die Umwelt seinen Bedürfnissen und Zielen an. Das ist der größte Freiraum, den das Leben erobern konnte, die größte Gefahr – und die größte Verpflichtung!

Mensch im Größenvergleich

4. Lebensgemeinschaften

Braucht die Natur die Artenvielfalt?

Allein in Mitteleuropa leben mehr als 50000 verschiedene Arten von Tieren und Pflanzen. Niemand kennt sie alle, und für manche Gruppen braucht man viele Jahre, bis man sie gut genug kennt, um ihre Arten sicher bestimmen zu können. So groß diese Vielfalt auf den ersten Blick auch erscheinen mag, sie ist gering, wenn wir größere Maßstäbe anlegen. Mitteleuropa ist ein eher artenarmes Gebiet, verglichen etwa mit den entsprechenden Breiten in Nordamerika oder gar in Ostasien. Und wenn wir uns in Richtung Äquator bewegen, steigt die Artenfülle steil an.

Gegenwärtig weiß man nicht einmal abzuschätzen, wieviele Arten es weltweit überhaupt gibt. Bis vor wenigen Jahren wurden noch 2–3 Millionen als Obergrenze angenommen; also rund das doppelte der derzeit bekannten und wissenschaftlich beschriebenen Artenzahl. Neueste Untersuchungen in den bislang nur schwer zugänglichen Kronenbereichen der Bäume im tropischen Regenwald ergaben jedoch eine solche Fülle neuer Arten, insbesondere bei den Insekten, daß wir das zehnfache des bisherigen Wertes oder mehr annehmen müssen. Es kann durchaus sein, daß die Tropenwälder allein 20 bis 30 Millionen Arten beinhalten. All dies stellt nur einen Bruchteil der Artenfülle dar, die das Leben seit Anbeginn hervorgebracht hat. Die große Mehrzahl (manche Wissenschaftler rechnen mit 99%) der Arten, die je gelebt haben, ist ausgestorben.

Wie kommt es, daß die Natur eine so unfaßlich erscheinende Vielfalt hervorbringt? Welche Bedeutung hat die Fülle? Ihr Zustandekommen erklärte schon Charles Darwin im letzten Jahrhundert: Die Ströme des Lebens verzweigen sich immer weiter und immer feiner. Sie dringen in alle Regionen der Erde vor, erobern alle irgend möglichen Lebensräume zu Wasser und zu Lande, gestalten und verändern die Erde. Warum sie sich aber in so viele Einzellinien aufspalten, daß der große Zusammenhang für den Betrachter fast verschwindet und nur mit großer Mühe und Sorgfalt wiederentdeckt werden kann, das erklärt die Darwinsche Sicht der Evolution nicht.

Zur Zeit Darwins war die Struktur des Erbgutes, des Genoms, noch nicht bekannt. Er konnte daher nicht wissen, wie viel von der Variabilität und Vielgestaltigkeit der Organismen im Erbgut verankert und wie viel nur Modifikation war, also Einwirkung der Umwelt, wie Nahrungsmangel, starke Sonnenbestrahlung oder Wirkung eines anderen Umweltfaktors. Züchtungsversuche, die dies klären könnten, sind aufwendig und langwierig. Bei langlebigen Arten lassen sie sich von einer Forschergeneration gar nicht durchführen, wenn ihr mittleres Lebensalter unser eigenes erheblich übersteigt. So bedeuten 10000 Jahre für Eichen gerade 10 Generationen. Während eines Menschenalters nehmen sie vielleicht 5 bis 10% ihrer Lebensspanne in Anspruch. Hingegen leben am Ende eines Sommers schon die Urenkel oder die Ur-Urenkel des Mäusepärchens, das sich im Frühjahr fortpflanzte.

Bei vielen Kleinlebewesen vollzieht sich die Entwicklung noch schneller. Ein paar Wochen, oft sogar nur ein paar Tage genügen, um eine neue Generation hervorzubringen. Betrachtet man die Artenvielfalt in einem Lebensraum, so beruht ein ganz wesentlicher Teil davon auf dem zeitlichen Nebeneinander von kurzlebigen und langlebigen Arten. Eine Eiche erlebt sehr viele Generationen von Eichenwicklern, die an ihren frischen Trieben fressen, aber für die Eichenwicklerraupe ist die Eiche etwas sehr Dauerhaftes. Die Raupen verpuppen sich und die geschlüpften Falter legen ihre Eier wieder am gleichen Baum ab, denn er wird in aller Regel den nächsten Generationen von Eichenwicklern als Futterquelle dienen. Die Vielfalt bedeutet daher ein zeitliches Miteinander und ein räumliches Nebeneinander unterschiedlicher Arten. Das räumliche Nebeneinander ist zumeist der wichtigere Teil. Denn es sorgt dafür, daß die Lebensgrundlagen umfassend ausgenutzt werden; nicht einseitig, was zu ihrer schnellen Erschöpfung führen würde, sondern genauso vielfältig, wie sich die unbelebte Natur selbst darstellt. Hier liegt der entscheidende Punkt: Die Vielfalt der Arten spiegelt die Vielfalt der Lebensbedingungen. Keine einzelne Art könnte sich umfassend an alle möglichen Bedingungen anpassen. Entwickelt sie eine breite Toleranz gegenüber der Temperatur, kann sie nicht gleichzeitig höchste Leistungen bei der Nährstoff-Aufnahme entfalten oder unempfindlich für Schutzstoffe oder die Einwirkung von Feinden sein. Die Umweltfaktoren, wie Licht, Wasser, Wärme oder Nährstoffe, weisen ja durchwegs hinsichtlich ihres Vorkommens und ihrer Intensität in der Natur mehr oder minder große Bandbreiten auf. Viele weitere Faktoren kommen hinzu, die für das Überleben bedeutend sein können. So etwa der Wind oder der Wellenschlag, Hagelschlag und Nebel, Widerstand des Bodens für grabende Arten und Härte der Nahrung oder ihr Nährstoffgehalt. Eine Kombination von nur zehn verschiedenen Faktoren der Umwelt ergibt schon astronomische Zahlen an Möglichkeiten.

Keine Pflanzenart und kein Tier könnte sich auf diese ungeheure Vielfalt so einstellen, daß alle Möglichkeiten optimal genutzt würden. Die Vielfalt der Arten ist, anders ausgedrückt, eine Strategie, um mit der Natur zurechtzukommen; sie ist das Ergebnis der jahrmillionenlangen Anpassung an die Lebensbedingungen.

Diese Anpassung stellt, genauer betrachtet, das Einfügen unterschiedlicher Arten in eine Gemeinschaft dar. Je größer die Artenzahl in einem Lebensraum, um so feiner muß diese Einpassung werden. Das bedeutet, daß sich die Arten hier stärker spezialisieren als in artenarmen Lebensräumen. Bezogen auf die Umweltfaktoren sieht die Einpassung der Spezialisten folgendermaßen aus: Sie nutzen in enger Bandbreite ihren Lebensraum mit großer Effizienz. Effizienz heißt Wirksamkeit, Qualität und Erfolg der Nutzung. Im Gegensatz dazu nutzen die nicht besonders spezialisierten Arten, die »Generalisten«, das Angebot ihrer Umgebung mit geringerem Wirkungsgrad. Sie brauchen deshalb mehr und können sich unter Umständen nicht mehr behaupten, wenn die wirkungsvolleren Spezialisten kommen, weil zu wenig übrig bleibt. Beide Strategien der Anpassung haben ihre Vor- und Nachteile: Der Spezialist ist zwar wegen seiner besseren Anpassung überlegen, aber auch gefährdeter, wenn sich die Lebensbedingungen ändern. Der Generalist dagegen stellt sich – dank seiner großen Bandbreite in den Lebensmöglichkeiten – leichter auf Änderungen ein.

So steckt in der Artenvielfalt als zweite Komponente die Anpassungsstrategie, die sich im unterschiedlichen Verhältnis von Spezialisten und Generalisten äußert. Lebensräume, die sich wenig verändern und die jahraus, jahrein weitestgehend gleiche Bedingungen bieten, enthalten einen viel höheren Anteil an Spezialisten als solche, die sich rasch verändern.

Den dritten Anteil stellen nun all die Arten, die in den Lebensräumen dauerhaft miteinander leben und voneinander abhängen. Sie bilden die eigentliche Gemeinschaft, die, weil sie mehr ist als die bloße Summe einzelner Arten, als Lebensgemeinschaft oder *Biozönose* bezeichnet wird. In einer solchen Gemeinschaft sind die Mitglieder aufeinander eingestellt und abgestimmt. Sie haben gemeinsam ihren Platz gefunden und können zusammen existieren, ohne sich gegensei-

tig zu behindern, zu verdrängen oder zu schädigen.

Betrachten wir eine solche Artengemeinschaft etwas genauer. Beispielsweise die Arten, die an Eichen leben. *Bilder S. 68–71.* Die Eiche selbst ist als Baum eine Art, aber von dieser einen Art, etwa von der Steineiche, lebt eine Vielzahl anderer Lebewesen. Pilze wachsen im Wurzelbereich, Algen und Flechten sitzen auf der Borke, darunter verbergen sich Larven von Käfern, Spinnen oder Asseln, denen Spechte und Kleiber nachstellen. Oben im Blattwerk leben die Raupen von Eichenwicklern und anderen Schmetterlingen, von Blattwespen oder die Larven von Käfern. Gallmücken bauen ihre merkwürdigen Gehäuse. Kohlmeisen turnen geschickt an den Ästen und größeren Zweigen, Blaumeisen außen an den dünnen Zweigen und Schwanzmeisen hängen an den Zweigspitzen oder picken im Schwirrflug von den Eichenblüten kleinste Insekten ab. Ein einziger Baum kann Hunderte von Arten beherbergen; von den Mikroben ganz zu schweigen, die im Mulm leben, die in Astlöchern oder Spechthöhlen das Holz zersetzen und wieder Nährstoffe freilegen – für eine erneute Nutzung. Jede dieser Arten hat ihren festen Platz, und was sie an und von der Eiche nutzt, beeinträchtigt normalerweise das Leben der anderen Arten nicht. Nur wenn eine Art aus der Gemeinschaft »ausbricht«, kann es zur nachhaltigen Störung des Miteinanders kommen, etwa wenn die Witterungsumstände so günstig geworden sind, daß die Eichenwickler eine Massenvermehrung durchmachen können und die Eiche im Mai entlauben.

Dann fehlt auch vielen anderen Arten die Nahrung oder Deckung und die Lebensgemeinschaft kommt durcheinander. Auch wenn dies selten eintritt, geschieht es doch häufig genug, um eine allzu enge Abstimmung der Arten aufeinander zu verhindern. Die Biozönose bildet daher mehr eine lose Gemeinschaft, die durchaus in gewissem Maße offen bleibt für Neuankömmlinge. Die Lebensgemeinschaften lassen sich aus diesem Grund auch nicht streng abgrenzen und auch nicht mit einer Art »Superorganismus« vergleichen. Denn in den Organismen erfolgt die Abstimmung der einzelnen Teile, der Organe, ganz präzise und geregelt. Sie besitzen, so könnte man es in der Sprache der modernen Regeltechnik ausdrücken, eine »zentrale Funktionssteuerung«. Eine solche Steuerung fehlt den Lebensgemeinschaften. Sie können sich auch nicht als Ganzes fortpflanzen und sie zeigen keine Grenze zwischen innen und außen. Diese grundlegenden Unterschiede machen klar, weshalb die Lebensgemeinschaften nicht wie die Organismen selbst funktionieren können, sondern eigenen Gesetzmäßigkeiten unterworfen sein müssen.

Die Vielfalt der Arten wird von der Natur ganz offensichtlich »gebraucht«. Nur durch die Vielfalt ist es möglich, daß sich unter den örtlichen Bedingungen die zueinander passenden Arten zusammenfinden und Nutzungseinheit bilden. Sie mildert die Extreme etwa so, wie der Wald die Extreme der Witterung dämpft, und sie stabilisiert die Lebensmöglichkeiten. Die Vielfalt der Arten ist, so könnte man es auch ausdrücken, die Antwort des Lebens auf die Schwankungen der Lebensbedingungen. Sie macht das Leben für die nächste Zukunft gewissermaßen kalkulierbarer. Eine Betrachtung, wie die Organismen die Artenvielfalt steuern, führt eine Stufe tiefer hinein in den Naturhaushalt. Zunächst gilt es aber zu klären, wie das Miteinander überhaupt zustande kommt.

Geregeltes Miteinander oder »Kampf ums Dasein«?

Alle Arten, die wir heute in der Natur vorfinden, haben sich in Jahrmillionen entwickelt. Sie sind daher alle mehr oder minder stark miteinander verwandt. Diese Erkenntnis bildet die Grundlage nicht nur der modernen Biologie, sondern auch der Medizin. Denn ohne die verwandschaftlichen Zusammenhänge könnten keine allgemeingültigen Lebensfunktionen erforscht werden, die für Tiere und Menschen gleichermaßen zutreffen. Die Artengemeinschaften setzen sich aus Organismen zusammen, die je nach ihrem Platz in der Stammesgeschichte des Lebens einander näher oder ferner stehen. Es wäre allein schon aus diesem Grund höchst merkwürdig, käme es in den Lebensgemeinschaften zu einem »Kampf aller gegen alle«, wie Darwins Schlüssel für die Evolution, das »Überleben der besser Angepaßten« häufig in absichtlicher Verdrehung dargestellt worden ist.

In der Tat ist die Vermeidung des »Kampfes ums Dasein« die Regel und die wirkliche Auseinandersetzung die Ausnahme. Das trifft sogar, wie im Abschnitt über die Feinde gezeigt werden kann, für die

»Freßfeinde« zum Teil zu. Die Entwicklung der Artenvielfalt war die geniale Lösung des Problems ohne die es zu Schwierigkeiten kommen müßte, wenn sich nur einige wenige Arten die Lebensgrundlagen teilen (müssen) und diese Grundlagen, die »Ressourcen« knapp werden. Anpassung und Erschließung neuer Lebensmöglichkeiten war die Strategie, die zum Erfolg führte, zu einem geregelten Mit- und Nebeneinander der Arten, und nicht zu einem chaotischen »Alle gegen Alle«. Diese Ordnung in der Natur erweist sich aber keineswegs als starr, sondern als dynamisch genug, um mit den unvermeidbaren Schwankungen der Lebensbedingungen fertig zu werden, ohne daß das Chaos eintritt.

Die Rollen der einzelnen Arten sind sehr verschieden. Es gibt Arten, die sehr wichtige Positionen einnehmen, und die man daher als *Schlüsselarten* bezeichnet. Andere sind zwar da, aber sie können fehlen, ohne daß es zu nennenswerten Störungen kommt. Sie bilden gleichsam die Reserven, die einspringen, wenn eine wichtige Art ausfällt. Wenn wir Artenspektren näher betrachten, etwa die heimischen Singvögel- oder Tagfalter-Arten eines Gebietes, so werden wir einen Grundstock häufiger und regelmäßig auftretender Arten von einem zweiten Teil seltener und unregelmäßig vorhandener unterscheiden können.

Bei kurzfristigen Untersuchungen läßt sich allerdings nicht klären, wer wohin gehört. Erst langfristige, über viele Jahre oder Jahrzehnte verlaufende Studien zeigen, wie das Artenspektrum tatsächlich strukturiert ist. Die Seltenheit allein besagt noch nichts; entscheidender ist die Regelmäßigkeit des Auftretens. Die *Artenkonstanz* in einer Lebensgemeinschaft gibt daher ein Maß für ihre Struktur. Sie zeigt, wo der Übergang von den Kernarten zu den Randarten sich vollzieht und

---

Brutvögel des Dachauer Mooses (75 qkm) im Durchschnitt der Jahre 1967–1971 (nach Josef Koller, Vogelwelt im Dachauer Moos, 1978)

Gruppe I: Grundbestand

Höckerschwan, Stockente, Mäusebussard, Sperber, Turmfalke, Rebhuhn, Fasan, Teichhuhn, Bläßhuhn, Kiebitz, Ringeltaube, Türkentaube, Kuckuck, Waldkauz, Waldohreule, Grünspecht, Grauspecht, Buntspecht, Feldlerche, Rauchschwalbe, Mehlschwalbe, Schafstelze, Bachstelze, Baumpieper, Zaunkönig, Heckenbraunelle, Feldschwirl, Sumpfrohrsänger, Teichrohrsänger, Gelbspötter, Gartengrasmücke, Mönchsgrasmücke, Klappergrasmücke, Dorngrasmücke, Zilpzalp, Fitis, Waldlaubsänger, Wintergoldhähnchen, Sommergoldhähnchen, Grauschnäpper, Hausrotschwanz, Rotkehlchen, Misteldrossel, Wacholderdrossel, Singdrossel, Amsel, Haubenmeise, Blaumeise, Kohlmeise, Tannenmeise, Kleiber, Gartenbaumläufer, Goldammer, Rohrammer, Buchfink, Girlitz, Grünling, Stieglitz, Hänfling, Gimpel, Haussperling, Feldsperling, Star, Eichelhäher, Elster, Rabenkrähe.

Gruppe II: Unregelmäßige und seltene Arten

Zwergtaucher, Zwergrohrdommel, Wespenbussard, Baumfalke, Wachtel, Wasserralle, Tüpfelsumpfhuhn, Flußregenpfeifer, Brachvogel, Schleiereule, Eisvogel, Wiedehopf, Kleinspecht, Wendehals, Uferschwalbe, Gebirgsstelze, Wiesenpieper, Neuntöter, Raubwürger, Wasseramsel, Trauerschnäpper, Braunkehlchen, Gartenrotschwanz, Schwanzmeise, Sumpfmeise, Weidenmeise, Waldbaumläufer, Grauammer, Kernbeißer, Pirol.

welche Arten für die Gemeinschaft wirklich typisch (und vielleicht auch wirklich wichtig) sind. Es wäre falsch, ein einmal gefundenes Artenspektrum als Maß für das zu erwartende oder als Kennzeichnung für die Lebensgemeinschaft heranziehen zu wollen.

Ein Platz zum Überleben – die ökologische Nische

Das geregelte Miteinander der Arten in den Lebensgemeinschaften zeigt, daß die Arten eines Gebietes keine zufällige Ansammlung darstellen. Vielmehr haben sie sich im Laufe ihrer Entstehung und Entwicklung auf die anderen Arten eingestellt und den Lebensbedingungen angepaßt. Zu diesen Bedingungen zählen nicht nur die unbelebten Umweltfaktoren, sondern auch die anderen Arten in der Gemeinschaft. Sie schränken unter Umständen die Lebensmöglichkeiten untereinander stark ein, vor allem, wenn es sich um Spezialisten handelt. Es ist daher nicht leicht, den Platz, den eine Art in der Gemeinschaft einnimmt, zu charakterisieren. Am verständlichsten läßt sich die Einordnung mit dem Begriff der *ökologischen Nische* zum Ausdruck bringen. Denn man kann sich leicht vorstellen, wie eine Art ihr Plätzchen, ihre Nische, findet und es sich darin bequem macht. Allerdings gibt die ökologische Nische nicht nur den Platz an, wo die betreffende Art zu finden ist. Auch andere Arten können sich dort einfinden, recht ähnlich aussehen, sich aber ganz anders ernähren. Neben dem Ort der Nahrungssuche spielt auch die Art der Nahrung eine Rolle – und natürlich

auch, wann die Nahrung aufgenommen wird, also die Zeit. Die ökologische Nische weist verschiedene *Dimensionen* auf, nicht nur solche, die mit der Nahrung zusammenhängen. Auch Toleranz gegenüber Bedingungen der teilweise unbelebten Faktoren, wie Klima, Wasser und Boden, ist von Bedeutung – und natürlich die belebte Umwelt selbst. Die ökologische Nische einer Art muß man daher als den Platz verstehen, den sie in einem komplexen Gefüge einnimmt (im ökologischen Fachausdruck *multidimensionale Nische*). Die unbelebten (abiotischen) Bedingungen stecken dabei den großen Rahmen ab. Sie bestimmen die sogenannte Grundnische *(Fundamentalnische)*, die von den Konkurrenten, wenn solche vorhanden sind, weiter auf die tatsächliche Nische *(Realnische)* eingeengt wird. Sie fällt naturgemäß kleiner (enger) aus als die Grundnische. Das bedeutet, daß beim Ausfall von Konkurrenten viele Arten dazu neigen, ihre Nische zu erweitern. Wir kennen das an zahlreichen Beispielen von Arten, die in eine vom Menschen gestaltete, an Arten verarmte Landschaft eingedrungen sind und sich hier breit machten. Wie erfolgreich ist beispielsweise die Amsel in den Gärten der Dörfer und Städte

Die Amsel war einst ein Waldvogel.

– und mit welch ungewöhnlichen Umständen kommt sie zurecht! Wie eng ist ihre Nische dagegen im ursprünglichen Lebensraum des Waldes!

Die ökologische Nische sagt aber noch mehr aus, denn sie ist ja nicht einfach von Natur aus vorhanden. Vielmehr wird sie von den »sich einnischenden« Organismen selbst mit gestaltet. Ihre Grundlage bildet in jedem Fall ein bestimmter Lebensraum. In Anlehnung an die Biozönose, die Lebensgemeinschaft, wird der Raum, den diese Gemeinschaft bewohnt, als *Biotop* oder Lebensstätte bezeichnet. Der Biotop enthält also immer eine mehr oder minder umfangreiche Gemeinschaft von Arten. Handelt es sich um besonders auffallende und kennzeichnende Arten, so läßt sich anhand des Biotopes leicht voraussagen, welche Arten dort zu erwarten sind oder nicht. So werden am Biotop des Meeresstrandes Wat- und Wasservögel oder Krabben und Tange zu finden sein, während auf Steppenheiden wärmeliebende Insekten und bunte Blumen kennzeichnend sind.

Für die einzelne Art, die gesucht werden soll, eignet sich die Angabe des Biotops nicht so gut. Sie entspricht einer allgemeinen Angabe, etwa einer Region oder einer Stadt, wenn ein bestimmter Mensch gesucht wird. Die genaue Angabe liefert die ökologische Nische. Sie sagt für die gesuchte Art alles wesentliche aus: Wo sie zu finden ist und wie sie lebt. Der Lebensbereich einer Art wird daher anders bezeichnet als der einer ganzen Gemeinschaft, nämlich als *Habitat*. Damit meint man die »Adresse«, unter der eine Art zu finden ist, während die Nische den »Beruf« angibt, den sie ausübt.

So wäre der »Beruf« der Haubenmeise die Jagd nach Kleininsekten in den äußeren Zweigen von Nadelbäumen und der Fichten- oder Kiefernwald ihr *Habitat*, also ihre »Adresse«. Solche feine Unterscheidungen klingen vielleicht zunächst unnötig, aber sie sind, wie sich zeigen wird, für das Verständnis der Zusammenhänge ganz wesentlich. Zumindest läßt sich jetzt die Frage stellen, wie diese ökologischen Nischen denn zustande kommen und was sie für das Zusammenleben der Arten wirklich bedeuten.

Konkurrenz – die gestaltende Kraft

Auf den Zusammenhang mit der Artenvielfalt wurde bereits hingewiesen. Auch die Funktion der Nischenbildung ist eigentlich ebenso klar: Sie regelt das Miteinander der Arten, die von ähnlichen oder gleichen Ressourcen leben und bewirkt dadurch eine bessere Ausnutzung des Angebotes. Vielleicht verursacht die Vielfalt auch eine Stabilisierung im Naturhaushalt. Darüber wissen wir noch nicht genug. Was sich abspielt, wenn sich eine Art einnischt, hängt eng mit dem Phänomen der Konkurrenz zusammen.

Sie ist die gestaltende Kraft, die ganz entscheidend auf den Gang des Lebens einwirkt. Denn in der Natur herrscht in aller Regel Mangel und nicht Überfluß. Zeiten oder Phasen, in denen lebenswichtige Ressourcen im Übermaß vorhanden (gewesen) sind, gab und gibt es

Ausschnitt einer Pflanzengemeinschaft auf einer Weißdüne (Sylt)

höchst selten. Der Normalzustand ist der Mangel: Knappe Nahrung, knappe Rohstoffe, knappe Zeit.

Für die Arten bedeutet das Grenzen, welche die Umwelt setzt, Vorräte, die nicht beliebig aufgebracht werden können. Es bedeutet auch, daß jeder, der von diesen Vorräten lebt, in dem Maße zum Konkurrenten wird, in dem die Vorräte schwinden. Wären die Vorräte unbegrenzt, könnten praktisch beliebig viele Arten und Individuen davon leben; so viele, wie die Evolution hervorzubringen imstande ist. Mit der Begrenzung kommen die Einschränkungen.

Sie betreffen zunächst die Art selbst, die sich vermehrt. Je mehr Individuen von ihr im zur Verfügung stehenden Raum vorhanden sind, um so knapper wird der Anteil, der für jeden einzelnen übrig bleibt. Der Bestandszunahme sind daher Grenzen gesetzt, die treffend als *Umweltkapazität* bezeichnet werden. Sie bestimmt, wieviele Vertreter einer Art dauerhaft von den gleichen Lebensgrundlagen existieren können. Je mehr sich der wachsende Bestand dieser Grenze nähert, um so massiver wird der »Gegendruck« der Verknappung und um so geringer sind die Chancen zum Überleben für die Nachkommen, wenn sie nicht in andere, geeignete Gebiete abwandern können.

Das Wachstum des Bestandes flacht daher immer mehr ab, bis die Zunahme aufhört. Jetzt befindet sich der Bestand im Gleichgewicht. Zugänge durch Geburten können nur noch durch entsprechende Abgänge (Verluste), also durch Todesfälle ausgeglichen werden. Insgesamt ändert sich die Bestandsgröße nicht mehr. Die Geburtenrate gleicht die Sterberate aus. Die Bestandsentwicklung ist »sigmoid« geworden, weil sie s-förmig auf die Grenze der Umweltkapazität einschwenkt. Die Zunahme des Höckerschwan-Bestandes in verschiedenen Gebieten Mitteleuropas zeigte diese Entwicklung in den 50er und 60er Jahren ganz deutlich. Nach anfänglich stürmischer Bestandszunahme flachte die Entwicklung nach rund einem Jahrzehnt stark ab und verharrt – mit geringfügigen Schwankungen – auf einem festen Niveau. Die Kapazitätsgrenze wurde erreicht. Würde der Bestand weiter zunehmen, müßte er die Kapazität überschreiten. Das würde eine drastische Verschlechterung der Lebensbedingungen für den Höckerschwan bedeuten und den Bestand

mehr oder minder stark zusammenbrechen lassen. Der Höckerschwan regelt die Entwicklung, trotz hoher Nachwuchsrate, recht gut selbst. Es ist völlig unnötig einzugreifen, weil die natürlichen Regulationsmechanismen (siehe Seite 44) ganz von selbst dafür sorgen, daß die Umweltkapazität nicht überschritten wird. Die Art wird deswegen als *K-Stratege* bezeichnet, weil sie so gut reagiert, wenn sie sich der Kapazitätsgrenze nähert.

Andere Arten reagieren nicht so empfindlich. Sie durchstoßen schon mal die Kapazitätsgrenze. Die Folge ist, daß ihre Bestände mehr oder minder stark schwanken. Es kann sogar zum lokalen Bestandszusammenbruch kommen. Diese Arten werden als *r-Strategen* bezeichnet, weil sie mehr Gewicht auf schnelles Wachstum ihres Bestandes legen als auf genaue Einstellung auf die Kapazitätsgrenze. Daß dies überhaupt möglich ist, dafür sorgt ein zweiter Mechanismus, der über die bloße Gleichgewichtseinstellung von Geburten- und Sterberate hinausgeht, nämlich die Zu- und die Abwanderung. Bei steigender Bestandsgröße wandert ein zunehmender Anteil (vor allem des Nachwuchses) in andere Gebiete ab und besiedelt diese neu. Wenn dann im Ausgangsgebiet die Kapazitätsgrenze überschritten wird und der Bestand zusammenbricht, hat sich anderswo längst ein neuer (oder mehrere) aufgebaut, der nun in gleicher Weise zunimmt, Ableger bildet und wieder zusammenbricht. Das führt zu einem dauernden Auf und Ab. Das Hauptgewicht liegt auf der Zu- und Abwanderungsrate, die zusammen mit Geburten und Sterberate die

Entwicklung steuern. Am Ende kommt das gleiche dabei heraus: Die Wachstumsrate des Bestandes (r) wird von der Geburtenrate (b), der Sterberate (m), der Zuwanderungsrate (I) und der Abwanderungsrate (E) ausgeglichen: r = b – m + I – E. Sinkt r auf Null, bleibt der Bestand insgesamt unverändert, auch wenn es örtlich nach wie vor zu starken Schwankungen kommt.

Dieses Verhalten zeigt die Lachmöwe in ihren Brutkolonien im Binnenland. Die einzelnen Kolonien auf Seen und Teichen schwanken von Jahr zu Jahr sehr stark. Diese Möwen bauen mitunter mehrere Jahre lang Großkolonien auf, die über 5000 Brutpaare umfassen können. Dann kommt aber der Zusammenbruch. Ein Großteil des Bestandes wandert ab und gründet anderswo neue Kolonien. Über einen größeren Raum hinweg ergibt sich daraus das gleiche Bild wie beim Höckerschwan. Die Selbstregulation funktioniert also auch dann, wenn es – aus örtlicher Sicht – gar nicht den Anschein macht. Man muß den Gesamtbestand und seine Grenzen kennen, wenn man seine Entwicklung richtig beurteilen will. Der örtliche Teilbestand kann sich ganz anders verhalten – und ein Eingriff daher unter Umständen fehl am Platze sein. Wie kommt es zu dieser Selbstregulation?

Den entscheidenden Beitrag leistet gewöhnlich, zumindest bei den K-selektierten Arten oder K-Strategen, die innerartliche Konkurrenz. Je mehr Nahrung und Lebensraum abnehmen, um so geringer werden die Aussichten für den Nachwuchs zu überleben. Die Sterberate steigt an und die Geburtenrate sinkt, bis sich ein Gleichgewicht einstellt, das nur noch so viele Neuzugänge zuläßt, wie Artgenossen sterben oder abwandern. In diesem Zustand wächst der Bestand nicht mehr. Die innerartliche oder *intraspezifische Konkurrenz* sorgt dafür. Sie ist die schärfste Form der Konkurrenz, weil sie sich genau auf die gleichen Lebensgrundlagen richtet. Die Konkurrenz, die von den anderen Arten ausgeht, die zwischenartliche (*interspezifische*) Konkurrenz richtet sich in aller Regel nur auf Teile der Lebensgrundlagen, zum Beispiel auf eine ganz bestimmte Nahrung. Wie bedeutend sie sein kann, soll wieder das Beispiel der Höckerschwäne beleuchten.

Diese großen Wasservögel ernähren sich zum größten Teil von Wasserpflanzen. Nur gebietsweise spielen Wandermuscheln und Uferpflanzen eine größere Rolle. Wenn im

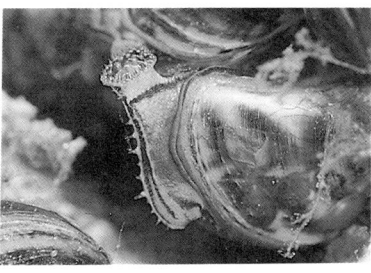

Wandermuschel

Herbst die Brutzeit abgeschlossen ist, suchen die Höckerschwäne wasserpflanzenreiche Buchten auf und weiden dort bis zum Beginn der winterlichen Vereisung, die sie dann zwingt, entweder eisfreie Gewässer mit einem geringeren Angebot an Wasserpflanzen oder die Futterstellen aufzusuchen, an denen sie vom Menschen versorgt werden.

Im Herbst finden sich auf den wasserpflanzenreichen Buchten aber nicht nur die Schwäne ein, sondern auch die viel kleineren, schwarzen Bläßhühner und einige Entenarten, vor allem die Schnatterente. Auch

Schnatterente

sie holen sich die Wasserpflanzen, die im Laufe des Sommers gewachsen sind, und ernähren sich davon. Die Schwäne sind bei mehr als 10fachem Körpergewicht im Vergleich zu den Bläßhühnern und Enten zwar kräftemäßig die absolut Überlegenen, aber sie können nicht verhindern, daß ihre kleinen Konkurrenten in großem Umfang selbst Wasserpflanzen heraufholen und verzehren. Wollten die Schwäne versuchen, die Hunderte oder Tausende von Bläßhühnern zu verjagen, müßten sie einen so großen Aufwand betreiben, daß der Gewinn, den sie dadurch erzielen könnten, die Verluste an Energie nicht wettmachen würde. Es lohnt sich also für die Schwäne nicht, die Konkurrenten zu vertreiben. Die Folge davon ist, daß die Konkurrenz einen wesentlichen Teil des Wasserpflanzen-Angebotes aberntet, bevor die Schwäne selbst diese Nahrung nutzen können. Die Konkurrenz geht sogar so weit, daß die kleinen Bläßhühner zuerst im Flachwasser

nach den Pflanzen tauchen, die auch für die nicht tauchfähigen Schwäne mit ihren langen Hälsen erreichbar sind. Erst wenn diese Tiefenzone, die bis zu etwa 1,5 m Wassertiefe reicht, abgeerntet ist, weichen die Bläßhühner in die größeren Tiefen aus, die sie noch tauchend erreichen können. Für die »starken« Schwäne ist der Vorrat aber verbraucht. So bestimmen die ungleich schwächeren Bläßhühner, wieviel von der Wasserpflanzenproduktion insgesamt für die Schwäne übrig bleibt. Und sie beeinflussen damit die Überlebenschancen der schwächeren Schwäne und Jungschwäne. Kurz: Sie drücken die Umweltkapazität für die Schwäne stark herab. Bei genauen Untersuchungen an den Stauseen am unteren Inn ernteten die Bläßhühner 55% des Wasserpflanzenbestandes im Herbst ab. Nur gut 20% verblieb den Schwänen; 10% fielen als organisches Abfallmaterial (*Detritus*) an und die restlichen 15% hatten sich die Schnatter- und die Kolbenenten geholt, die ebenfalls nach den Wasserpflanzen gründelten und tauchten. Die Umweltkapazität für die Schwäne war somit auf ein Fünftel gesenkt worden, und zwar von den viel schwächeren Konkurrenten. Es muß also keineswegs immer der Stärkere gewinnen; oft ist sogar das Gegenteil der Fall.

Dieses Beispiel der Konkurrenz zwischen Höckerschwan und Bläßhuhn zeigt, welch starken Einfluß andere Arten ausüben können. Nicht einmal die kräftemäßig weit überlegenen Schwäne können sich die Konkurrenz einfach vom Halse halten; im Gegenteil. Ihre Körpergröße erweist sich sogar als Nachteil, weil sie dadurch nicht mehr wendig genug sind, um die Bläßhühner zu vertreiben und weil ihr Auftrieb im Wasser so stark wird, daß sie nicht mehr tauchen können. Der Kraftaufwand dafür wäre viel zu groß.

rade auch die eigenen Artgenossen. Denn während die Jungschwäne mit ihrem deutlich kürzeren Hals nur etwa 120 cm tief ins Wasser hinabreichen können, kommen die Altschwäne fast 30 cm tiefer. Das ver-

Bläßhühner

Jungschwan im ersten Winter

Solange die Bestände des Höckerschwans noch im Wachsen waren, überlebten viele der Jungschwäne die herbstliche Nahrungskonkurrenz. Als sich der Bestand aber der Sättigungsgrenze näherte, stieg die Jungensterblichkeit rasch an. Mit dem Erreichen des Gleichgewichtszustandes können nun gerade noch so viele junge Schwäne nachrücken, wie alte gestorben oder abgewandert sind. An den winterlichen Futterstellen findet man daher nur einen geringen Anteil, meistens weniger als 10% an Jungschwänen, die durch ihr graues Jugendgefieder leicht zu erkennen sind. Diese knapp 10% entsprechen der mittleren Sterberate der Altschwäne. Da die Schwäne aber eine verhältnismäßig große Zahl von Eiern legen und entsprechend viele Junge großziehen können, bedeutet dies, daß ein Großteil des Nachwuchses schon während der herbstlichen Nahrungskonkurrenz ausscheidet. Dabei wirken nicht nur die Bläßhühner als Konkurrenten, sondern ge-

schafft den Alten eine bessere Ausgangsposition in der Konkurrenz um die Nahrung. Viele der Altschwäne haben zudem im vorausgegangenen Sommer nicht gebrütet. Ihre Kondition ist daher besser als die der Jungschwäne. Zusammen mit der Konkurrenzwirkung der Bläßhühner engen sie die Chancen für die Jungschwäne so stark ein, daß das herbstliche Nahrungsangebot zum »Flaschenhals« für die Bestandsentwicklung wird. Nur die kräftigsten Jungschwäne kommen durch, und zwar gerade so viele, wie Plätze im Bestand freigeworden sind. Auf diese Weise wird der Bestand innerhalb enger Grenzen reguliert. Diese Grenzen setzt zunächst die Umwelt mit der Produktion von Wasserpflanzen. Die Nahrungskonkurrenten mindern dieses Angebot ganz beträchtlich und verschieben damit die Grenzen nach unten. Je mehr sich der Schwanenbestand dieser neuen Grenze annähert, um so stärker steigt die innerartliche Konkurrenz.

Das Höckerschwan-Bläßhuhn-System ist ein einfaches Konkurrenzsystem. Die beiden Entenarten, die Schnatter- und die Kolbenente, die daran mitbeteiligt sind, bleiben in den meisten Jahren so selten, daß sie keinen nennenswerten Einfluß auf die Konkurrenzverhältnisse nehmen. Die Schnatterenten parasitieren sogar bei den Bläßhühnern, wenn diese Wasserpflanzen aus größerer Tiefe herauftauchen. Die Enten warten, bis das Bläßhuhn erscheint, und versuchen, oft mit Erfolg, von den mitgebrachten Pflanzen ein Stück abzureißen.

Viel reichhaltiger ist dagegen das Artenspektrum gegliedert, das sich von den Kleinlebewesen des Bodenschlammes in den Gewässern ernährt. Besonders die Stauseen im Alpenvorland bieten mit ihren Verlandungsstadien eine große Vielfalt an Lebensmöglichkeiten für verschiedene Arten. Die Aufteilung des Lebensraumes vollzieht sich hauptsächlich in Abhängigkeit von der Wassertiefe.

Teichhuhn

Am Ufer suchen Rallen nach Nahrung, die Deckung brauchen, weil sie nicht gut fliegen können. Sie halten sich zwischen den Büscheln der Ufergräser und wagen sich nur kurze Strecken aus der Deckung hervor. Ihr Körper ist keilförmig gebaut, so daß sie sich gut zwischen den Pflanzen hindurchdrücken können. Am Rande der Vegetation treffen sie auf die kleinen Enten, die Knäkenten und die Krickenten, die ihre Nahrung hauptsächlich im Flachwasser suchen. Wenn sie gründeln, erreichen sie etwa 20 cm Tiefe. Durch ihren flachen Körperbau liegen sie gut auf dem Wasser.

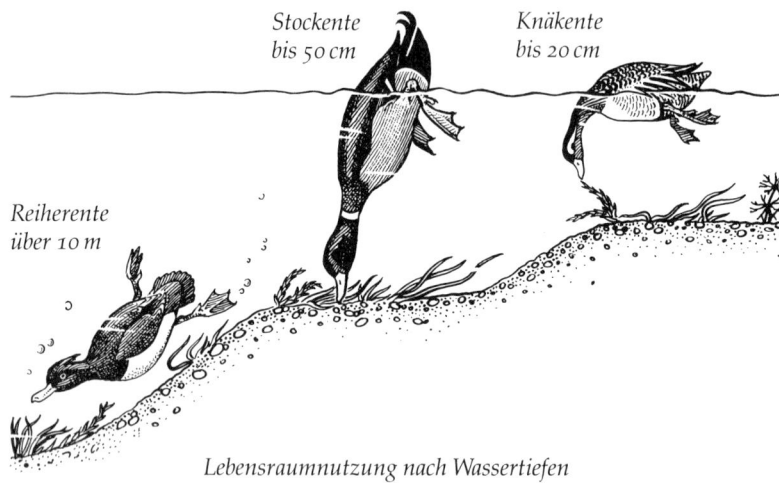

Stockente bis 50 cm

Knäkente bis 20 cm

Reiherente über 10 m

Lebensraumnutzung nach Wassertiefen

Das dichte Gefieder schützt sie vor Durchnässung und Auskühlung. Sie können daher genauso auf dem Flachwasser rasten und schlafen wie an Land. Weiter draußen gründeln die langhalsigen Enten, die Schnatter-, Stock- und Spießenten. Sie kommen schon deutlich tiefer hinab als die kurzhalsigen Arten. Ein halber Meter Wassertiefe ist allerdings auch für sie schon zu viel, da sie nicht tauchen können. Das reiche Nahrungsangebot, das sich in dieser Tiefe und noch weiter unten befindet, bleibt für die Schwimmenten unzugänglich. Es ist den Tauchenten vorbehalten. Reiher- und Tafelente, im Winter auch die Schellente, teilen sich das Nahrungsangebot in den größeren Tiefenbereichen auf. An Land und im Flachwasser sind sie unbeholfen, weil ihre Beine weit hinten am Körper ansetzen. Dafür tauchen sie um so besser. Sie pressen möglichst viel Luft aus dem Gefieder, um den Auftrieb zu vermindern, und rudern mit kräftigen Stößen der Beine nach

gie aufwenden, um überhaupt zum Bodenschlamm hinabzukommen. Das lohnt sich nur, wenn es dort unten wirklich reichlich Nahrung gibt. Die Gründelenten, die nur den Kopf ins Wasser zu stecken brauchen, kommen schon mit einem Angebot von 10 bis 50 Gramm Kleintiernahrung je Quadratmeter aus. Für die Tauchenten wäre dies zu wenig. Viel zu viel Schlamm müßten sie erfolglos durchschnattern, um an diese geringe Menge zu kommen. Das Tauchen wird für sie erst einträglich, wenn das Nahrungsangebot 100 Gramm und mehr umfaßt. In nährstoffreichen Seen und Stauseen entwickeln sich Schlammröhrenwürmer und Larven der Zuckmücken stellenweise in so großer Menge in den obersten Schichten des Bodenschlammes, daß sie ein Frischgewicht von mehr als 1 kg pro Quadratmeter ausmachen würden. Da solche Stellen besonders lohnend für die Tauchenten sind, kommen sie hier meist in größeren Schwärmen vor.

Reiherente

Schellente

unten. Der Tauchvorgang beginnt zumeist mit einem kleinen Kopfsprung.

Das Tauchen ist natürlich eine recht aufwendige Form des Nahrungserwerbs. Die Enten müssen viel Ener-

Die Enten stellen eine Anpassungsgruppe an dieses Nahrungsangebot dar. Sie sind aber nicht die einzige »Lösung« unter den Wasservögeln. Mit einer anderen Methodik hat sich eine ganz andere Gruppe in diesem

Kiebitz: Beine mittel, Schnabel kurz

Uferschnepfe: Beine und Schnabel lang

Lebensraum eingenischt: die Watvögel oder Limikolen. Bei ihnen zeigt sich noch deutlicher, wie ganz verschiedene Methoden der Nahrungssuche zum Ziel führen können. Sie äußern sich zunächst im Körperbau, insbesondere in der Länge und Form des Schnabels und der Länge der Beine. Drei Gruppen lassen sich unterscheiden; solche mit relativ kurzen Schnäbeln und Beinen, dann Arten mit langen Schnäbeln und Beinen und eine dritte Gruppe mit kurzen Schnäbeln, aber ziemlich langen Beinen. Die Arten mit den langen Beinen können weiter ins Flachwasser hinauskommen als die kurzbeinigen, wenn sie im Schlamm nach Nahrung suchen. Letztere bleiben auf den Sandbänken oder den gerade trockenfallenden Schlickflächen. Die Schnabellänge hängt mit der Bohrtiefe im Schlamm zusammen. Die kurzschnäbligen Arten können nur von der Oberfläche Nahrung wegpicken, während die langschnäbligen Arten je nach Größe unterschiedlich tief im weichen Schlick bohren können. Im Gegensatz zum Entenschnabel, der den Schlamm nach Genießbarem durchsiebt, wirken die Schnäbel der Limikolen wie Pinzetten. Manche Arten können den Schnabel sogar dicht geschlossen in den Schlamm hineindrücken, darin herumstochern und, wenn die empfindliche Spitze einen Wurm findet, den Schnabel an der Spitze ein Stück öffnen; gerade weit genug, um den Wurm zu packen, ohne den ganzen Schnabel aufmachen zu müssen.

Über die Schnabellänge teilen sich diese Watvögel somit beide Teile des Nahrungsraumes nach der Tiefe auf: das Wasser und den Schlamm. Wie kommen aber die kurzschnäbligen Arten an ihre Nahrung? Sie verfolgen eine ganz andere Strategie. Sie probieren nicht einfach irgendwo und stochern umher, sondern sie beobachten sehr genau, wo sich etwas bewegt. Entdecken sie ein Beutetierchen, laufen sie schnell darauf zu und picken es auf. Sie sparen damit viele erfolglose Versuche, die bei den blindlings im Schlamm stochernden Arten unvermeidbar sind. Welche der verschiedenen Techniken gerade die beste ist, hängt von den jeweiligen Gegebenheiten ab. Da sich diese von Gebiet zu Gebiet und im Jahreslauf mehr oder minder stark verändern, gewinnt keine der Ernährungsstrategien auf lange Sicht die absolute Oberhand.

Triel: Beine lang, Schnabel kurz

So können alle Arten nebeneinander und miteinander bestehen und sich ihre ökologischen Nischen aufteilen, ohne daß eine Art die andere verdrängt. Entscheidend ist, daß ein ausreichender Unterschied besteht, um die Trennung der Nahrungsnischen zu gewährleisten. Die Hauptunterschiede finden sich entweder im Ort der Nahrungssuche oder in der Technik, die zur Gewinnung der Nahrung angewandt wird. Nie machen zwei Arten genau das gleiche. Täten sie dies, müßte über kurz oder lang die Konkurrenz zwischen ihnen so groß werden, daß nach und nach eine Art die andere verdrängen würde. Ein Grundprinzip der Ökologie besagt, daß »keine zwei Arten auf Dauer die gleiche ökologische Nische einnehmen können«. Dieses Prinzip, das nach dem russischen Biologen Gause und dem italienischen Biomathematiker Volterra das Prinzip von GAUSE & VOLTERRA genannt wird (und auch *Konkurrenz-Ausschluß-Prinzip* heißt) setzt allerdings voraus, daß das, worum es geht, tatsächlich ein knappes Gut darstellt. Nur wenn diese Bedingung erfüllt ist, kommt es zur massiven Konkurrenz und zur Verdrängung. Natürlich muß das kein Dauerzustand sein. Ein

weiteres Beispiel zeigt dies ganz klar.

Im Sommer, wenn es in den Baumkronen ein gutes Angebot an Kleininsekten gibt, das von den insektenfressenden Singvögeln gar nicht in größerem Umfang dezimiert werden kann, nutzen Kohlmeise, Blaumeise und Schwanzmeise praktisch die gleichen Stellen zur Nahrungssuche. Obwohl sie besonders viel Nahrung brauchen, weil sie in dieser Zeit auch Junge füttern, kommt es nicht zur »Nischentrennung«, weil das Angebot groß genug ist. Kritisch ist in dieser Phase die Suchzeit, die zur Verfügung steht, nicht das Angebot an sich. Das ändert sich im Winter. Nun ist die Nahrung wirklich knapp, und die Auftrennung der Nischen zeigt sich bei den drei Arten ganz deutlich. Während die Schwanzmeisen, die kleinsten der Gruppe, unverändert an den äußersten Zweigspitzen nach Nahrung suchen und dabei ihren langen Schwanz als Balancierstange benutzen, rücken die kurzschwänzigen Blaumeisen in die inneren Zonen der Baumkronen und turnen an den Ästen umher, wo sie oft kopfunter hängend aus den Ritzen und Spalten überwinternde Insekten, deren Larven oder kleine Spinnen hervorholen. Sie schlagen auch ölhaltige Samen auf und kommen daher – im Gegensatz zu den Schwanzmeisen – gern an Futterhäuschen. Die Kohlmeisen hingegen, die größte Art der Gruppe, untersucht nun verstärkt die dicken Stämme und den Bodenbereich. Sie öffnet sogar die harten Samen der Buchen und benutzt in großem Umfang die Futterstellen, die von den Menschen angeboten werden. Bildlich dargestellt unter-

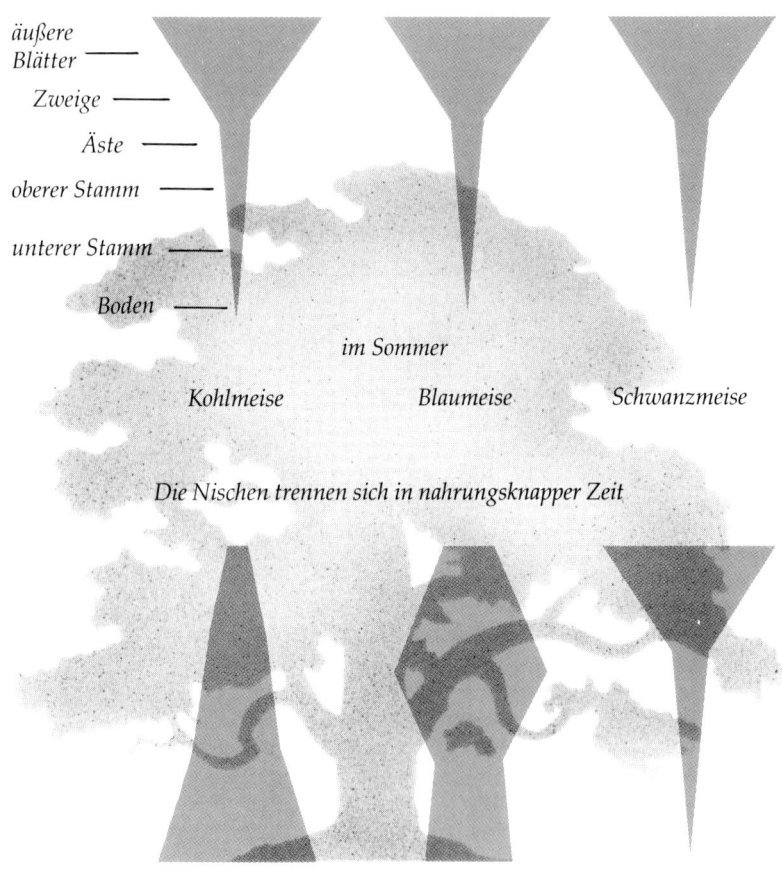

äußere Blätter ——
Zweige ——
Äste ——
oberer Stamm ——
unterer Stamm ——
Boden ——

im Sommer

Kohlmeise   Blaumeise   Schwanzmeise

Die Nischen trennen sich in nahrungsknapper Zeit

im Winter

scheiden sich die Nischen der drei Arten jetzt eindeutig , während sie sich im Sommer fast vollständig deckten. Das Auseinanderweichen in die besonderen Nischen ist also nur notwendig, wenn Verknappung eingetreten ist. Solange Überfluß herrscht, kann darauf verzichtet werden. Dieser Befund unterstreicht die Bedeutung der Konkurrenz. Denn wäre sie nicht die Triebkraft hinter diesen Verhaltensweisen, würden die einzelnen Arten einfach so ihr Leben führen, wie es ihnen paßt und auf die anderen Arten keine Rücksicht nehmen. Genau das ist aber nicht der Fall: Die Lebensgemeinschaften sind strukturiert und nicht vom Zufall zusammengewürfelt.

Somit können sie auch durcheinandergebracht werden. Dieser Fall tritt dann ein, wenn sich eine neue Art in die vorhandene »Gilde« hineinzudrängeln versucht. Die Einbürgerung fremdländischer Tierarten hat insbesondere auf artenarmen Inseln zu diesem Effekt geführt. Die Eindringlinge brachten die eingespielte Gruppe einheimischer Arten so durcheinander, daß ein Teil von ihnen ausstarb. In großem Umfang geschah dies, als etwa vor Beginn der Eiszeit, vor rund 3 Millionen Jahren, Nordamerika mit Südamerika über die Landbrücke von Panama verbunden wurde. Eine Welle gebietsfremder Arten brandete in die lange voneinander isolierten Kontinente und brachte zunächst die Artenspektren völlig durcheinander, bis die neue Kombination eingestellt war. Noch heute erkennt man klar die »alten« Arten, wie die Faultiere, Gürteltiere und Ameisenbären oder die Meerschweinchenartigen, die von den »neuen« Arten, die von Nordamerika kamen, zurückgedrängt wurden. Viele, vor allem größere Arten starben aus.

Das gleiche geschah auf Inseln wie Hawaii oder Südgeorgien. Auf den Kontinenten verursacht der Mensch mit seinen großflächigen Lebensraumveränderungen und der Einführung gebietsfremder Arten (als Kulturpflanzen oder Haustiere) ähnliche Verschiebungen, deren Ausmaß sich kaum mehr abschätzen läßt, weil wir vielfach den Naturzustand gar nicht kennen. Das Eindringen neuer Arten kann also das Aussterben einer oder mehrerer einheimischer zur Folge haben.

Aber es muß nicht so kommen. Es gibt eine ganze Anzahl von Beispielen, die beweisen, daß die fremden Arten nach einiger Zeit durchaus in der Lage waren, sich ohne Störungen in die Artengemeinschaft zu integrieren. Das überzeugendste Beispiel liefert die Bisamratte. Dieses Nagetier stammt aus Nordamerika. Wegen ihres wertvollen Fells wurden die Bisamratten in ähnlichem Umfang gefangen wie die Biber. Im Jahre 1905 setzte der Fürst Colloredo-Mannsfeld einige Bisamratten, die er von einem Jagdausflug nach Nordamerika mitgebracht hatte, etwa 40 km südwestlich von Prag auf seinen Besitzungen aus. Die Tiere gewöhnten sich bestens ein und vermehrten sich. Bald wanderten sie ab und breiteten sich in alle Richtungen aus. 1915 erreichten sie Bayern, 1927 Württemberg. Nun ging eine »Welle« von Bisamratten über fast ganz Europa. Der Fremdling aus Nordamerika besiedelte Seen und Teiche, Flüsse und Bäche, überwand Kanäle und Wasserscheiden. Man verfolgte ihn mit ungewöhnlicher Härte. Eigene Bisambekämpfungsdienste und Bisamrattenfänger wurden eingerichtet bzw. bestellt, die der Ausbreitung Einhalt gebieten sollten. Man mußte den Eindruck gewinnen, daß es sich bei der Bisamratte um einen so schlimmen Schädling wie den Kartoffelkäfer handelte. *Farbbild S. 72.*

Tatsächlich unterminierten sie bei der Anlage ihrer Baue die Dämme von Fischteichanlagen oder Straßenböschungen. Doch das tat die urheimische Wasserratte (oder Schermaus) auch, ohne daß man sie deswegen gleich vollständig ausrotten wollte. Es wurde der Bisamratte vorgeworfen, daß sie Fische fängt, was nachweislich nicht stimmt, und daß sie Schilfsprossen verzehrt, was zwar richtig ist, was aber mehrere andere heimische Arten auch tun (Bläßhuhn, Schermaus, Höckerschwan und Graugans). Daß sie Großmuscheln aus dem Wasser holt und als winterliche Zukost knackt, wurde allerdings erst viel später bekannt. Sie bedient sich dabei einer interessanten Technik. Die dünnschaligen Teichmuscheln hebelt sie mit ihren kräftigen Nagezähnen auf und holt dann das Muschelfleisch heraus. Die viel dickeren Malermuscheln kann sie auf diese Weise meistens nicht öffnen. Sie bevorzugt daher die Teichmuscheln, aber wenn diese knapp werden, taucht sie auch die Malermuscheln heraus und legt sie so lange ans Ufer, bis sich die Muschel von selbst öffnet. Dann durchbeißt sie den Schließmuskel. Mit dieser eiweißreichen Zukost gelingt es der Bisamratte gut, den Winter zu überstehen, wenn die Wasserpflanzen rar geworden sind oder fehlen. Die Muschelbestände schädigt sie dabei nicht, denn sie kann unter Eis nur 20 oder 30 Meter weit tauchen. Werden die Muscheln selten, muß sie um so mehr Suchzeit aufwenden. Das begrenzt ihre Reichweite unter Wasser zusätzlich. Bei der enormen Vermehrung der Muscheln kann daher selbst ein großer Bestand an Bisamratten keinen nachhaltigen Schaden anrichten. *Farbbild S. 72 unten.*

Um so erstaunlicher war die Reaktion auf diesen Fremdling. Man hatte wirtschaftliche Schäden, wie sie von anderen Tieren auch verursacht werden können, einfach mit ökologischen gleichgesetzt bzw. verwechselt. Tatsächlich verdrängte die Bisamratte nicht eine einzige einheimische Art, sondern dient sogar dem gefährdeten Fischotter als Nahrung; gerade so, wie in ihrer nordamerikanischen Heimat auch. Was die Bisamratte an Wasserpflanzen nutzt, übersteigt wohl höchst selten einmal 10 bis 15% der Produktion. Solche Nutzungsraten kann der Pflanzenbestand ohne weiteres ausgleichen. Vielleicht sorgten die intensiven Nachstellungen sogar dafür, daß sich diese Art so schnell ausbreitete. Denn die meisten Bisamratten wurden zu Beginn des Winters gefangen, wenn ihr Fell am meisten wert ist. Dieser Eingriff verminderte, wie wir im Falle der Höckerschwäne schon gesehen haben, die innerartliche Konkurrenz während des winterlichen Nahrungsengpasses, so daß die Überlebenden in besserer Kondition durch den Winter kamen. Sie konnten im Frühjahr schneller mit der Fortpflanzung beginnen und die Weibchen konnten mehr Junge zur Welt bringen. Die Entlastung vom innerartlichen Konkurrenzdruck schadete der Bisamratte nicht, weil sie – das ist der springende Punkt – keiner starken zwischenartlichen Konkurrenz ausgesetzt ist. Denn ihre Nische war leer, als sie in Europa eintraf. Keine einheimische Art hielt sie teilweise oder ganz besetzt, so daß es auch gar nicht zu einer Verdrängung kommen konnte. Die beiden nächsten Arten, die sich ökologisch ähnlich verhalten, sind der viel größere Biber, der damals in Mitteleuropa praktisch ausgerottet war, und die viel kleinere Schermaus oder Wasserratte. Beiden Arten kam die Bisamratte nicht ins Gehege – und umgekehrt. So konnte sie den neuen Lebensraum umfas-

Biber

Bisamratte

Schermaus

send besiedeln und konkurrenzfrei nutzen, bis die eigenen Bestände so groß geworden waren, daß die innerartliche Konkurrenz einsetzte. Obwohl die Bisamratten nur von einer Handvoll Elterntiere abstammen, entwickelten sie bei ihrer Ausbreitung von Süd- bis Nordeuropa ziemlich genau die gleichen körperlichen Anpassungen und Veränderungen, wie sie innerhalb von Nordamerika zwischen den südlichen Vorkommen in warmen Gebieten und denen des kalten Nordens zu beobachten sind. Das zeigt, daß sie auch in Europa etwa den gleichen Auslesebedingungen der Umwelt ausgesetzt sind wie in ihrer nordamerikanischen Heimat.

Dieser Fall gibt einen deutlichen Hinweis, worauf es ankommt: Die Arten, die zusammen leben, müssen sich nur hinreichend voneinander unterscheiden, dann können sie koexistieren. Wie groß muß der Unterschied ausfallen, um die Konkurrenz so weit abzuschwächen, daß es nicht zur Verdrängung kommt? Oder anders gefragt: Gibt es eine Ähnlichkeitsgrenze für Arten, die den gleichen Lebensraum besiedeln und sich darin von sehr ähnlichen Lebensgrundlagen ernähren?

Ein genauerer Blick auf die Artenspektren verrät, worum es geht. Bei der Nutzung der gleichen Ressource entscheidet oft die Körpergröße. Der »Größenplatz« zwischen Schermaus und Biber war in Europa frei. Hier fehlte ein Nagetier passender Größe – und die Bisamratte rückte in diese Lücke! Anders sieht es aus, wenn wir etwa die mitteleuropäischen Kleinraubtiere betrachten.

Baummarder

Mauswiesel Hermelin Iltis Steinmarder

Mitteleuropäische Kleinraubtiere – Mäusejäger – im Größenvergleich

Die Serie beginnt mit dem Kleinsten, dem Mauswiesel. Als nächstes folgt das Hermelin, dann der Iltis, der Baum- und der Steinmarder, der Fuchs und die Wildkatze. Sie alle fangen in großem Umfang oder nahezu ausschließlich Mäuse und mausgroße Kleinsäuger. Ihre Körpergrößen sind gut gestaffelt. Nur Baum- und Steinmarder überlappen sich stark. Auch zwischen Fuchs und Wildkatze ist der Größenunterschied gering. Doch beide jagen mit ganz unterschiedlicher Technik: Die Wildkatze ist spezialisiert, der Fuchs ein Generalist. Baum- und Steinmarder bewohnen ganz unterschiedliche Lebensräume, in denen sie sich nicht in die Quere kommen. Der Steinmarder besiedelt das offene Kulturland und die Siedlungsgebiete des Menschen bis hinein in die Großstädte, während der Baummarder im Wald bleibt und dort vornehmlich Eichhörnchen nachstellt. Auch das Größenspektrum der Wasservögel läßt sich aus diesem Blickwinkel betrachten.

Aus diesen und einer Fülle anderer Befunde ergibt sich, daß überall dort in den Artenspektren, wo eine grundsätzlich gleichartige Nahrung genutzt wird, eine Staffelung der Körpergrößen auftritt. Bei genauerer Analyse findet man eine Größengrenze, die etwa das Doppelte des Körpergewichtes ausmacht oder zumindest das 1,3fache der Körperlänge.

In diesem Bereich bewegen sich die kritischen Grenzgrößen für die Ähnlichkeit. Liegen die Werte unterhalb der Ähnlichkeitsgrenze, müssen die Arten auf unterschiedliche Lebensräume oder verschiedene Nahrung ausweichen. Liegen sie darüber, besteht grundsätzlich die Möglichkeit zur Koexistenz. In beiden Fällen kommt es zur Einnischung, jedoch in unterschiedlicher Weise. Einmal weichen sich die Arten räumlich oder bei der Nahrungswahl aus, im anderen Fall bleiben sie zusammen. So strukturiert die Konkurrenz die Lebensgemeinschaften und treibt die Evolution der Arten voran.

Feinde – auf Dauer gut!

Die Konkurrenz ist nur ein Problem, mit dem sich eine Art auseinanderzusetzen hat. Verfügt sie über besondere Anpassungen, entgeht sie ihr weitgehend, soweit es die Konkurrenz mit anderen Arten betrifft. Der eigenen kann sie nicht entgehen, wenn sie sich vermehrt. Denn

Rotfuchs   *Wildkatze*

wie langsam oder schnell auch immer die Vermehrung abläuft, irgendwann wird die Grenze der Umweltkapazität erreicht sein und die innerartliche Konkurrenz so groß werden, daß sie gewissermaßen »den eigenen Nachwuchs frißt«. In der Natur kommt dieser Zustand erstaunlich selten vor. Die meisten Arten bleiben erheblich unter ihrer Kapazitätsgrenze. Es gibt wenig Beispiele für regelmäßige Ausbrüche aus der Kapazität. Sie stammen zumeist aus extremen Gebieten mit sehr geringer Artenzahl, wie beispielsweise aus der arktischen Tundra, oder aus künstlich vom Menschen vereinfachten Lebensräumen mit geringem Artenbestand. Dagegen kommt die Kapazitätsüberschreitung in den artenreichen Biotopen so gut wie nie vor. Das ist ein merkwürdiger Befund, weil sich aus der Konkurrenz kein Anhalt dafür ergibt, daß mehr Arten, die zusammengepackt sind, weniger anfällig für Schwankungen wären als wenige. Die zwischenartliche Konkurrenz sollte doch für Stabilität sorgen. Sind daher artenreiche Lebensräume stabiler als artenarme?

Bis in die jüngste Zeit schien es so, daß Artenreichtum (Diversität) in den Biotopen Stabilität verursacht.

In dieser einfachen Abhängigkeit ist dies jedoch, wie wir heute wissen, wenn überhaupt, dann nur ausnahmsweise der Fall. Eher trifft das Umgekehrte zu: Artenreiche Biotope sind anfällig und dynamisch, nicht »stabil« in dem Sinne, daß sie viel aushalten und äußere Störungen gut abpuffern könnten. Doch davon später. Jedenfalls bleibt die Tatsache bestehen, daß die Arten ihre Lebensraumkapazitäten selten bis an die Grenze erfüllen. Das verhindert oft die natürliche Schwankung der Umweltkapazität. Mal liegt sie höher, mal niedriger. So reißen Hochwässer einen Großteil der Wasserpflanzen aus den Seitenbuchten von Stauseen mit sich und vermindern dadurch in nicht vorhersagbarer Weise die Umweltkapazität für die Höckerschwäne und Bläßhühner. Deshalb pendeln auch gut einregulierte Bestände in unregelmäßigem Rhythmus, weil nie wirkliche Beständigkeit der Umweltbedingungen gegeben ist. Trotzdem liegen in diesem Fall die Schwäne jeweils an der oberen Kapazitätsgrenze, welche sich aus der jahrweise wechselnden Wasserpflanzenproduktion ergibt. Bei den meisten Arten ist dies nicht der Fall: Ihre Bestände bleiben viel niedriger

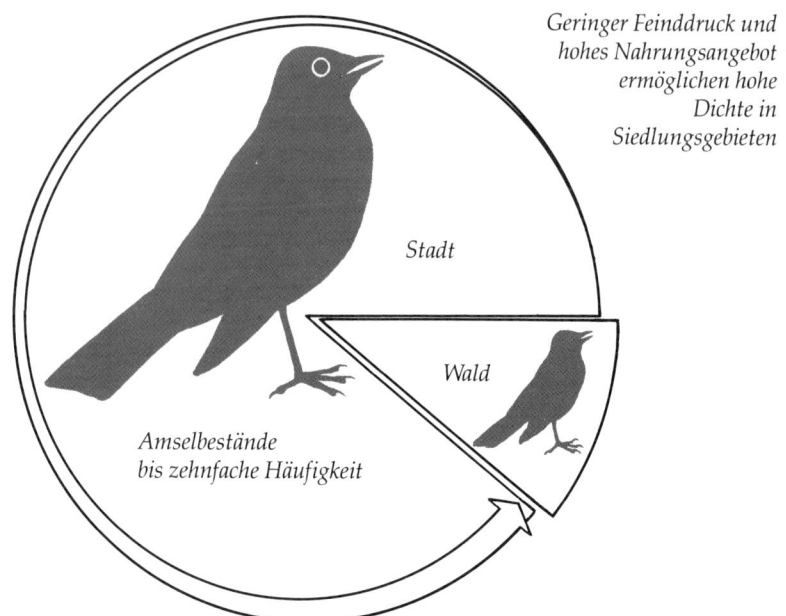

Geringer Feinddruck und
hohes Nahrungsangebot
ermöglichen hohe
Dichte in
Siedlungsgebieten

Stadt

Wald

Amselbestände
bis zehnfache Häufigkeit

als die Umweltkapazität. Was ist der Grund dafür und welche Folgen hat dies für die Arten?

Betrachten wir die Schwäne, so zeigt sich der Grund. Sie haben keine natürlichen Feinde, die ihnen nachstellen und ihre Bestände herunterdrücken würden. Auch den Bläßhühnern wird in so geringem Maße nachgestellt, daß ihre Verluste praktisch nicht zu Buche schlagen. Die wenigen Rohrweihen, die in Mitteleuropa jagen, könnten den Bläßhuhnbestand niemals auf ein deutlich niedrigeres Niveau herunterdrücken. Die Verluste auf dem Zuge in die Winterquartiere bleiben ebenfalls gering, weil nur kurze Strecken von wenigen hundert Kilometern überbrückt werden müssen. Noch deutlicher wird die Situation, wenn man die Amselbestände in den Gärten der Städte und draußen im Wald vergleicht. In den Städten erreichen die Bestände die bis zu 10fache Häufigkeit. Dieser massive Unterschied beruht nicht allein auf günstigeren Ernährungsbedingungen, sondern auch auf den ungleich geringeren Verlusten durch natürliche Feinde. Draußen in den Wäldern muß mit Verlustquoten von 70 bis 80% gerechnet werden. Die 50–55% Verluste, die von den Amseln in den Städten hingenommen werden müssen, lassen in der Bilanz einen Überschuß über, der gut 20% ausmachen kann. Dieser jährliche Überschuß steigert die Bestandsdichte und hat dazu geführt, daß in Städten und Dörfern mehrfach soviel Amseln je Flächeneinheit leben wie im ursprünglichen Lebensraum. Ein weiterer Bestandsanstieg wird durch andere Einflüsse verhindert, vor allem durch Krankheiten.

In naturnahen, wenig gestörten Lebensräumen macht der Verlust an die natürlichen Feinde einen hohen Prozentsatz aus. Die geringe Siedlungsdichte vieler Kleinvogelarten in den Tropenwäldern ist, wie wir annehmen müssen, eine Folge des außerordentlich hohen Feinddruckes. Aber so paradox es klingt, das bekommt den Arten nicht schlecht. Wenn die natürlichen Feinde einen ausreichend großen Anteil des Bestandes regelmäßig genug abschöpfen, hält das die betroffene Art produktiv und fördert ihre Kondition. Aber noch mehr: Die Bestandsabschöpfung hält die Arten unter ihrer Kapazitätsgrenze und vermindert die Gefahr, daß sie über die Grenze hinausschießen. Die höchste Produktivität des genutzten Bestandes wird erreicht, wenn er ungefähr auf halber Distanz zur Umweltkapazität gehalten wird (K/2). Dann wächst er mit voller Intensität (exponentiell) nach. Eingriffe von Feinden schaden daher der betroffenen Art so lange nicht, so lange sie den Bestand nicht unter die halbe Kapazitätshöhe absenken. Erst darunter wird es kritisch. Denn nun verzögert sich die Wiedererholung zusehends, je weiter der Bestand abgesenkt wird. Darin liegt die Gefahr – und die Schwierigkeit für menschliche Eingriffe!

Will nämlich der Mensch die Wirkung eines natürlichen Feindes nachahmen, so steht er vor dem Problem der Festlegung einer kritischen Schwelle. Für den natürlichen Feind stellt sich diese Schwierigkeit in aller Regel nicht. Er muß nehmen was kommt und nutzen, wie es möglich ist. Je mehr nun seine Beute abnimmt, um so aufwendiger wird

Rotfuchs

es für den Feind, sie aufzuspüren. Ein Fuchs, der sich auf Rebhühner spezialisiert, müßte glatt verhungern, wenn diese so selten geworden sind, daß er sie nicht mehr täglich fangen kann. Wenn er sich aber auf Feldmäuse umstellt, entgeht er dem Problem, daß die Rebhühner zu selten geworden sind.

Diese sogenannte »Schwellenreaktion« schützt das Seltene und verlagert den Feinddruck automatisch auf die jeweils häufigste Beute. Natürlich schließt dies nicht aus, daß auch seltene Arten erbeutet werden. Doch unter halbwegs normalen Umständen macht dieser Verlust nichts aus. Es wäre falsch zu glauben, daß wir Menschen regulierend eingreifen müßten, um selten gewordene Arten wie etwa das Birkhuhn vor Habichten zu schützen. Wenn das Birkhuhn die Verluste an

Balzender Birkhahn

den Habicht nicht mehr ausgleichen kann, sind die Lebensbedingungen so schlecht geworden, daß es durch ein »Kurzhalten« des Habichts sicher nicht mehr zu retten sein wird. Man neigt dazu, den Einfluß des Feindes, des Beutegreifers, zu überschätzen, weil wir gegen die Einsicht, daß das Beutemachen ein natürlicher und notwendiger Vorgang ist, emotionale Widerstände entwickeln. Wir drücken das mit der Bezeichnung »Raub«tiere aus. Eine neutrale Bezeichnung für den Vorgang des Beutemachens fehlt uns.

Auch »Feind« und »Beute« sind vorbelastete Ausdrücke. Dabei macht der Habicht, der eine Taube schlägt, nichts grundsätzlich anderes als die Taube, wenn sie die Samen von Pflanzen verzehrt und ihnen damit die Fortpflanzungsmöglichkeiten schmälert, oder das Reh, das Knospen am Waldrand abbeißt. Die Ökologen erfanden daher so merkwürdige Fachausdrücke wie *Opponenz* und *Gegenspieler*, um das Geschehen neutraler auszudrücken. Doch welche Worte wir immer wählen mögen, sie ändern nichts an den Vorgängen selbst. Die »Feinde« schaden der »Beute« nicht wirklich, sondern erhalten ihre Leistungsfähigkeit. Sie rotten ihre Beute nicht aus und sie schädigen auch nicht deren Bestandsentwicklung. Dazu ist streng genommen nur der Mensch in der Lage. Was sie aber insgesamt vollbringen, ist ein außerordentlich wesentlicher Beitrag zum Ganzen:

Sie fördern die Artenvielfalt! Sie tun das, weil sie die Bestände unter der Kapazitätsgrenze der Umwelt halten und dadurch sowohl starke innerartliche als auch massive zwischenartliche Konkurrenz verhindern. Entfernt man die Feinde, nimmt das Artenspektrum nicht zu, sondern in vielen Fällen ab; nämlich dann, wenn die Feinde wirklich regulierend auf die Bestandsgrößen eingewirkt hatten. So »schlecht« sie momentan aussehen mögen – auf Dauer sind sie »gut«, d. h., notwendig. Wir müssen uns freimachen von der Vorstellung, daß die natürlichen Feinde den Menschen gleichen, die anderen Menschen Feind geworden sind. *Farbbilder S. 73.*

Parasiten und Krankheiten – notwendige Übel?

Seuchenzüge wie die Pest und die Cholera haben mehr Menschenleben gefordert als Kriege und die Entwicklung der menschlichen Bevölkerung nachhaltiger beeinflußt. Das gilt genauso für die Tiere und Pflanzen. So fielen in heißen Sommern in den letzten 20 Jahren in Mitteleuropa mehr als 100000 Enten einer Seuche zum Opfer, die Botulismus genannt wird, weil ihr Erreger sehr nahe verwandt ist mit dem Verursacher der Wurstvergiftung. Es handelt sich um ein anaerobes Bakterium, das sich nur in sauerstofffreier Umgebung (daher an-aerob) entwickelt und ein Gift freisetzt, das tausendmal stärker als Zyankali ist. Es lähmt die Nervenleitung und führt deshalb bei den Wasservögeln schnell zum Ertrinken oder Erstikken, wenn sie mit ihrer Nahrung

das Gift dieses Bakteriums (*Clostridium botulinum* Typ C) aufnehmen. Es genügen sehr geringe Mengen dieses Giftes, um einen Wasservogel zu töten. Für wirbellose Tiere und für Fische ist das Botulismus-Gift jedoch wirkungslos. Sie können es mit der Nahrung aufnehmen. Werden diese Tiere dann von einem Wasservogel verzehrt, kommt das Gift zur Wirkung. Die Seuche ist deswegen besonders gefährlich, weil sie vornehmlich dann ausbricht, wenn die Enten mausern und flugunfähig sind. Sie können dann das als Mauserquartier gewählte Gewässer nicht verlassen. Ausgelöst wird die Botulismus-Epidemie durch anhaltend ruhiges, sonniges Hochsommerwetter. Dabei erwärmen sich die obersten Schlammschichten der mit organischem Material belasteten Flachgewässer so weit, daß die kritische Temperaturschwelle von 20° überschritten wird. Ist der Sauerstoffvorrat aufgebraucht, was bei so hohen Temperaturen durch die stürmischen Abbauprozesse im Wasser sehr schnell geht, können sich die Clostridien vermehren und ihr Gift absondern. Beim Hinabtauchen nach Nahrung infizieren sich die Enten mit den Bakterien oder nehmen direkt das Gift auf. Sie verenden schnell und bilden weitere Brutstätten für die Erreger. Lawinenartig breitet sich die Seuche aus und erfaßt einen Großteil der anwesenden Wasservögel. Es kann sogar bei Greifvögeln wie den Rohrweihen, die an den sterbenden Enten fressen, zu Todesfällen kommen, obwohl die scharfe Magensäure der Greifvögel normalerweise das Gift zerstört. Erst wenn die verbliebenen

Wasservögel abgezogen und die Temperaturen gesunken sind, klingt die Seuche aus. *Bilder S. 74.*
In ähnlicher Weise verlaufen zahlreiche weitere Seuchen, doch die Mehrzahl der Erkrankungen äußert sich bei weitem nicht so augenfällig. Zumeist verenden die betroffenen Tiere irgendwo in Deckung, die erkrankten Pflanzen vergilben und werden zersetzt, ohne daß man viel davon bemerkt. Insgesamt gehen an Krankheiten erheblich mehr Individuen zugrunde als den natürlichen Feinden zum Opfer fallen. Und manches Individuum, das ein Greifvogel, ein Fuchs oder sonst ein natürlicher Feind erbeutete, wäre einer Erkrankung zum Opfer gefallen und somit dem Bestand auch verlorengegangen.

Die Krankheiten lassen sich aber ganz anders betrachten, wenn man ihre langfristige Auswirkung berücksichtigt und wenn man sie mit den Parasiten vergleicht. Dann sind sie nicht nur »schädlich« und abträglich, sondern Zwischenstadien zu einem Gleichgewicht zwischen Erreger und Betroffenem. Die Parasiten führen dies deutlicher vor Augen. Sie sind gewissermaßen ein gutes Stück weitergekommen. Ihre Strategie besteht darin, vom Wirt zu leben, ohne ihn so zu schädigen, daß er daran zugrunde geht. Jedes größere freilebende Tier trägt einen mehr oder minder großen Satz von Parasiten in oder an seinem Körper. Dies können Würmer der verschiedensten Gruppe sein, aber auch Blutparasiten oder solche, die außen am Körper sitzen und dort schmarotzen (*Ektoparasiten;* im Gegensatz zu den Innenschmarotzern, den *Entoparasiten*). Störungen gibt es nur

anfänglich. Denn für die Parasiten ist der Tod des Wirts das schlechteste Ereignis. Als hochspezialisierte Arten müssen sie jetzt versuchen, einen neuen Wirt zu finden. Das ist mit größten Verlusten verbunden. Den Wirt zu erhalten ist die ungleich bessere Strategie.

Wie fein die im Laufe der Evolution sich herausbildenden Abstimmungen sein können, zeigt sich in jenem höchst interessanten Beispiel der beiden Hausmaus-Formen, deren Grenze, die sie nicht überschreiten, quer durch Bayern verläuft. Sie bildet nur eine schmale Linie, die mitunter kaum ein paar Kilometer breit ist. Die östliche Hausmaus vermischt sich dennoch nicht mit der westlichen, auch wenn es an der Grenze zwischen beiden zu Kreuzungen kommt. Denn die Kreuzungsprodukte, die Hybriden, schleppen den doppelten Parasitensatz mit sich; den von den östlichen und den von den westlichen Mäusen. Während beide für sich mit dieser inneren Belastung gut zurecht kommen, vermindern die Parasiten die Lebensfähigkeit der Kreuzungstiere (Hybriden) so sehr, daß die Grenze zwischen beiden stabil bleibt und es zu keiner großflächigen Vermischung kommt. Dabei handelt es sich nur um Unterarten der gleichen Art. Von den Parasiten abgesehen gäbe es keinen Grund für erfolglose Verpaarungen.

Parasit und Wirt bilden ein aufeinander abgestimmtes System. Es funktioniert um so besser, je länger beide beisammen sind. So merken wir gewöhnlich überhaupt nichts von den Darmbakterien, die wir in uns tragen. Sie leben so gut integriert, daß sie der Verdauung sogar sehr nützen. Erst eine Störung des empfindlichen Gleichgewichts, ausgelöst durch ein zu kaltes Getränk oder ein andersartig zusammengesetztes Essen, bringt die Feinabstimmung durcheinander und macht uns unter Umständen eine Zeitlang krank. Die wirklichen Krankheitserreger sind im weiteren Sinne Parasiten, die noch nicht zum Gleichgewicht gefunden haben. Ihre Rolle liegt in der Beeinflussung der Bestandsentwicklung. Wenn sie zu stürmisch verläuft und die natürlichen Begrenzungsfaktoren wie Nahrungsmangel und Feinde nicht mehr ausreichend bremsen, treten sie in Aktion. Sie wirken »dichteabhängig«, d. h., um so stärker, je höher die Bestandsdichte angewachsen ist. Die unbelebten Umweltfaktoren, wie die Witterung, wirken normalerweise unabhängig von der Bestandsdichte. Sie können daher nicht richtig regulieren. Erst die dichteabhängig wirkenden Feinde und Krankheiten vermögen die genaue Einstellung zu erzwingen – und damit den Bestand insgesamt vor massivstem Schaden bewahren! Die Krankheiten sind eine letzte Kontrollinstanz für die Bestandsentwicklung. Wenn sie nicht mehr ausreichend bremsen, muß mit dem Zusammenbruch gerechnet werden. Wir sollten sie daher als Regulationsfaktoren betrachten, als »notwendiges Übel«; es sei denn, die Bestandsentwicklung wird mit Vernunft gelenkt. Doch wie wenig darauf zu bauen ist, dafür sind wir Menschen wohl der schlagendste Gegenbeweis.

5. Wer reguliert wen?

Population und Populationsdynamik

Die Konkurrenz beeinflußt, wie wir gesehen haben, das Anwachsen eines Bestandes. So begrenzten die kleinen Bläßhühner die Umweltkapazität für die großen Schwäne bei der herbstlichen Nutzung der Wasserpflanzen. Handelt es sich dabei um einen Sonderfall oder ist das die Regel? Und warum wächst der Bestand am stärksten, wenn ihn Feinde auf die halbe Umweltkapazität herunterdrücken? Wachstum und Begrenzung stehen ganz offensichtlich in engem Zusammenhang miteinander. Wie sehen die Gesetzmäßigkeiten aus, die die beiden in der Natur so wichtigen Vorgänge steuern?

Um diese Fragen beantworten zu können, ist es notwendig, den Aufbau eines Bestandes genauer zu betrachten. Bleiben wir beim Beispiel des Höckerschwans, weil es sich leicht beobachten und draußen gut studieren läßt.

Zunächst gilt es klarzustellen, daß die freilebenden Tiere einer Art engere Gemeinschaften bilden, in denen die Fortpflanzung stattfindet. Das ist deutlich anders als bei den Pflanzen. Ein einziger Baum kann sich unter Umständen stark vermehren und den Ausgangspunkt eines ganzen Bestandes darstellen, wenn die Baumart Selbstbefruchtung zuläßt. Sie kommt bei vielen Pflanzenarten, aber nur höchst selten bei Tieren vor. Die Struktur der Tierbestände sieht daher anders aus als jene der Pflanzen.

Die meisten Tierarten leben innerhalb ihres Vorkommensgebietes (*Areal*) in Gruppierungen, die als Populationen bezeichnet werden. Diese *Populationen* umfassen Individuen, die sich untereinander fortpflanzen und über einen gemeinsamen Bestand an Erbmaterial verfügen. Sie bilden also genetisch gesehen eine »Fortpflanzungsgemeinschaft« (*Gene-Pool*). Alle vererbbaren Eigenschaften, welche die betreffende Art auszeichnen, stecken in ihren Populationen und werden über kurz oder lang untereinander ausgetauscht. Dieser Austausch sorgt dafür, daß immer wieder neue Kombinationen des Erbgutes durchprobiert werden. Ungünstige Kombinationen verwirft die Natur: Sie fallen der Selektion zum Opfer. Die günstigen erhalten sich durch erfolgreiche Fortpflanzung. Aber bei der Vielzahl von Erbeigenschaften bleibt es nicht aus, daß zahlreiche seltene von der Population mitgetragen werden, weil sie einfach zu selten sind, um der Selektion in voller Schärfe ausgesetzt zu werden.

Wie reichlich solche »Aberrationen« wohl verdeckt vom Normalzustand vorhanden sein können, zeigt die Tierzucht. Innerhalb weniger Generationen ist es möglich, aus scheinbar ganz einheitlichem Ausgangsbestand eine bunte Fülle herauszuzüchten. Was liefern allein die Hauskatzen für vielfältige Fär-

bungsmuster und Zeichnungsformen! Oder die Hundezucht: Vergleicht man die extremen Rassen mit der Stammform, dem Wolf, so möchte man kaum glauben, daß all das schon im Wolf in Form von erblichen Anlagen vorhanden war, was der Mensch in Jahrtausenden herausgezüchtet hat.

Auch freilebende Tiere weisen eine mehr oder minder große Variabilität auf. Eichhörnchen beispielsweise kommen in hell fuchsroten bis schwarzbraunen Varianten der Fellfärbung vor. In manchen Gebieten überwiegen die dunkleren, insbesondere in den dunklen Nadelwäldern und kalten Gebieten, in hellen, wärmeren Laubwäldern und Stadtparks dagegen oft die roten. Schier unendlich ist die Variation bei den Zeichnungsmustern auf den Flügeln der Schmetterlinge; die Beispiele ließen sich fortsetzen.

Halten wir fest: Variation ist eine der Grundlagen der Struktur von Populationen. Die zugehörigen Individuen sind nicht völlig gleich, es sei denn, sie stammen alle von einem unbefruchteten, zur Jungfernzeugung befähigten Weibchen ab. Dieser Fall tritt z. B. bei Blattläusen und anderen Insekten auf, spielt aber insgesamt im Tierreich eine ganz geringe Rolle. Normalerweise sind die Individuen Nachkommen zweier Eltern und damit im Erbgut verschieden.

Die Verschiedenartigkeit hat ihre Grenzen, und zwar genau an der Artgrenze. Nur Artzugehörige können sich untereinander erfolgreich verpaaren. Erfolgreich bedeutet dabei nicht, daß überhaupt Nachkommen gezeugt werden. Solche gehen

(Weiter auf Seite 81)

Alleiniger Stammvater
aller heutigen Hunderassen
ist der Wolf

Bildtexte zu den Farbseiten 65 bis 80

Seite 65 oben: *Weißstörche ziehen und rasten zumeist in Gruppen (Griechenland).*
Seite 65 unten: *An einer Stromleitung verunglückter Weißstorch (zum Text S. 8).*
Seite 66 oben: *Jahrzehntelang wurden Feuchtwiesen in großem Stil entwässert.*
Seite 66 unten: *Auch heute noch werden Feuchtwiesen maschinell oder in Handarbeit dräniert, doch bedarf es dazu einer behördlichen Genehmigung (zum Text S. 10).*
Seite 67 oben: *In vielen Parkgewässern kleiner und großer Städte versammeln sich im Winter Scharen von Wasservögeln.*
Seite 67 unten: *Balzende Höckerschwäne (zum Text S. 10).*
Seite 70: *Falterarten, die in ihrem Lebenszyklus (Metamorphose) ausschließlich oder auch auf Eichen leben.*
Seite 70/71 oben links: *Großes Eichenkarmin,* **oben rechts:** *Mondfleck,* **Mitte links:** *Großes Jägerhütchen (Eule),* **Mitte rechts:** *Aprileule,* **unten links:** *Eichenglucke,* **unten rechts:** *Pergamentspinner-Raupe*
Seite 71 oben links: *Blauer Eichenzipfelfalter (Männchen),* **oben rechts:** *Die Eier der genannten Art werden stets unter einer Blütenknospe der Eiche abgelegt,* **Mitte links:** *Raupe des Blauen Eichenzipfelfalters,* **Mitte rechts:** *Eichenzipfelfalter,* **unten links:** *Weißes Ordensband,* **unten rechts:** *Braunes Ordensband*
Seite 72: *Die aus der Neuen Welt in Europa eingebürgerte Bisamratte (oben) lebt vorwiegend von pflanzlicher Kost, doch kann sie im Winter auch nach Muscheln tauchen. Man findet dann Ansammlungen von Schalen am Ufer (unten) – zum Text S. 51/52.*
Seite 73 oben: *Der einst in Europa weitverbreitete und häufige Fischotter wurde in unserer Heimat durch Verfolgung und Lebensraumverschlechterung äußerst selten.*
Seite 73 unten: *Habicht (Jugendkleid) schlägt Eichhörnchen (zum Text S. 59).*
Seite 74 oben: *Wenn im Winter viele süddeutsche Seen zufrieren, drängen sich auf eisfreien Wasserflächen Bläßhühner und Enten zusammen (Tafel- und Reiherenten).*
Seite 74 unten: *An Botulismus eingegangene Ente (zum Text S. 59).*

Seite 75: *Stoffkreisläufe und Energiefluß.*
Oben: *die Produzentenstufe (grüne Pflanzen),*
Mitte: *die Konsumentenstufe (Tiere und nichtassimilierende Pflanzen),*
unten: *die Destruentenstufe als Vererdung und Mineralisierung durch Zersetzung (links) und Fäulnis (rechts) – z. Text S. 107.*
Seite 76: *Flechten sind enge Lebensgemeinschaften (Symbiosen) aus Algen und Pilzen. Im Hochgebirge besiedeln die Steinflechten als Pionierorganismen (oben) Extremstandorte.*
Seite 76 unten: *Rindenflechten auf lebenden Bäumen des Bergwaldes (zum Text S. 113).*
Seite 77: *Schneller Abfluß des Regenwassers und rasch fortschreitende Erosion kennzeichnen die Wasserbewegungen im Gebirge (zum Text S. 114).*
Seite 78: *Bäume.* **Oben links:** *Viele Arten erzeugen eine große Menge oft flugfähiger Samen.* **Oben rechts:** *Im ungestörten Freistand wachsen Bäume mehr oder weniger symmetrisch, eine Voraussetzung für ihre Standfestigkeit.* **Unten links:** *Der Stammquerschnitt einer Wildkirsche läßt die Jahresringe, die dünne Schicht des allein belebten Kambiums und darüber die starke Borke erkennen.* **Rechts unten:** *Durch das Dickenwachstum des Baumstamms wird die Borke rissig (zum Text S. 117).*
Seite 79 oben: *Kugelförmige Wurzelwucherungen an Erlen und Schmetterlingsblütlern, in denen Strahlenpilze und »Knöllchen-Bakterien« Luftstickstoff binden (Nitrifikanten).* **Rechts im Bild:** *Mikroschnitt durch ein Knöllchen (zum Text S. 126).*
Seite 79 unten: *So entfalten sich die beiden Keimblätter aus den Samen des Bergahorns. Dem stets ganzrandigen Keimblattpaar folgen bei zweikeimblättrigen Pflanzen die arttypisch ausgeformten Blätter (z. Text S. 132).*
Seite 80 links oben: *unterirdische Triebe aus dem Wurzelsystem einer Quecke.* **Rechts oben:** *Gräser wachsen ohne Knospen. Ihre Vegetationspunkte liegen knapp unter der Erde.*
Seite 80 unten: *Gräser werden seit Jahrtausenden vom Menschen kultiviert (junge Haferpflanzen) (zum Text S. 132).*

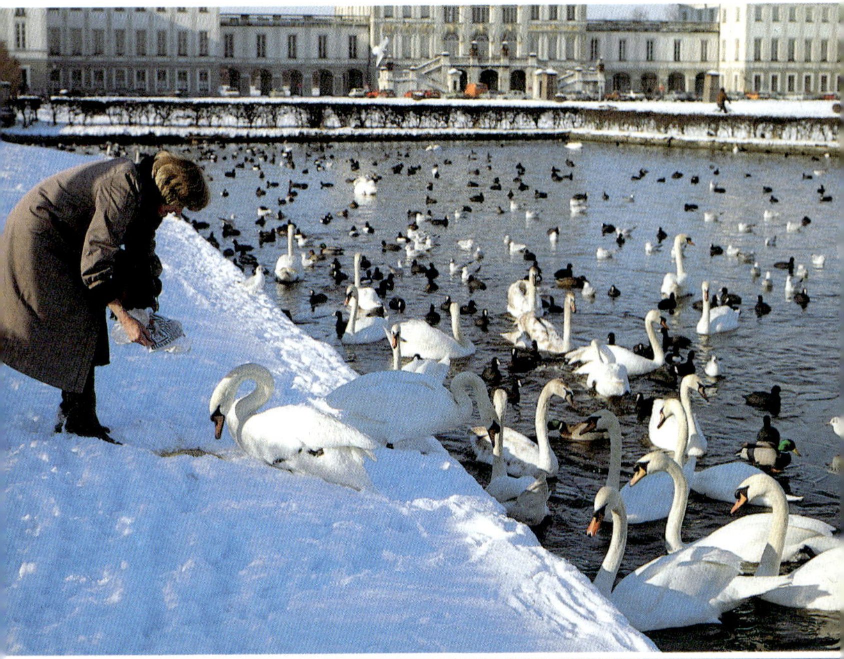

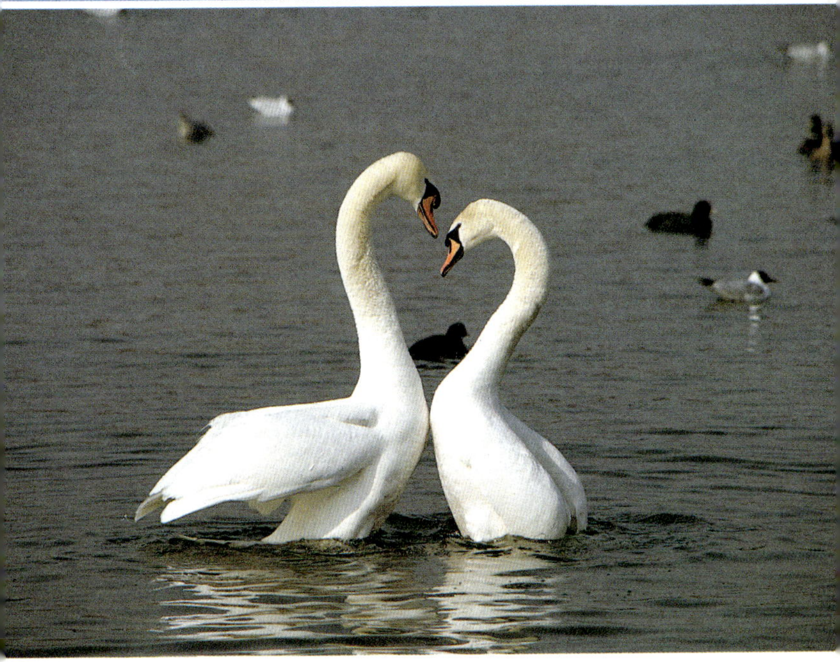

Arten, die unmittelbar oder mittelbar Eichen nutzen.

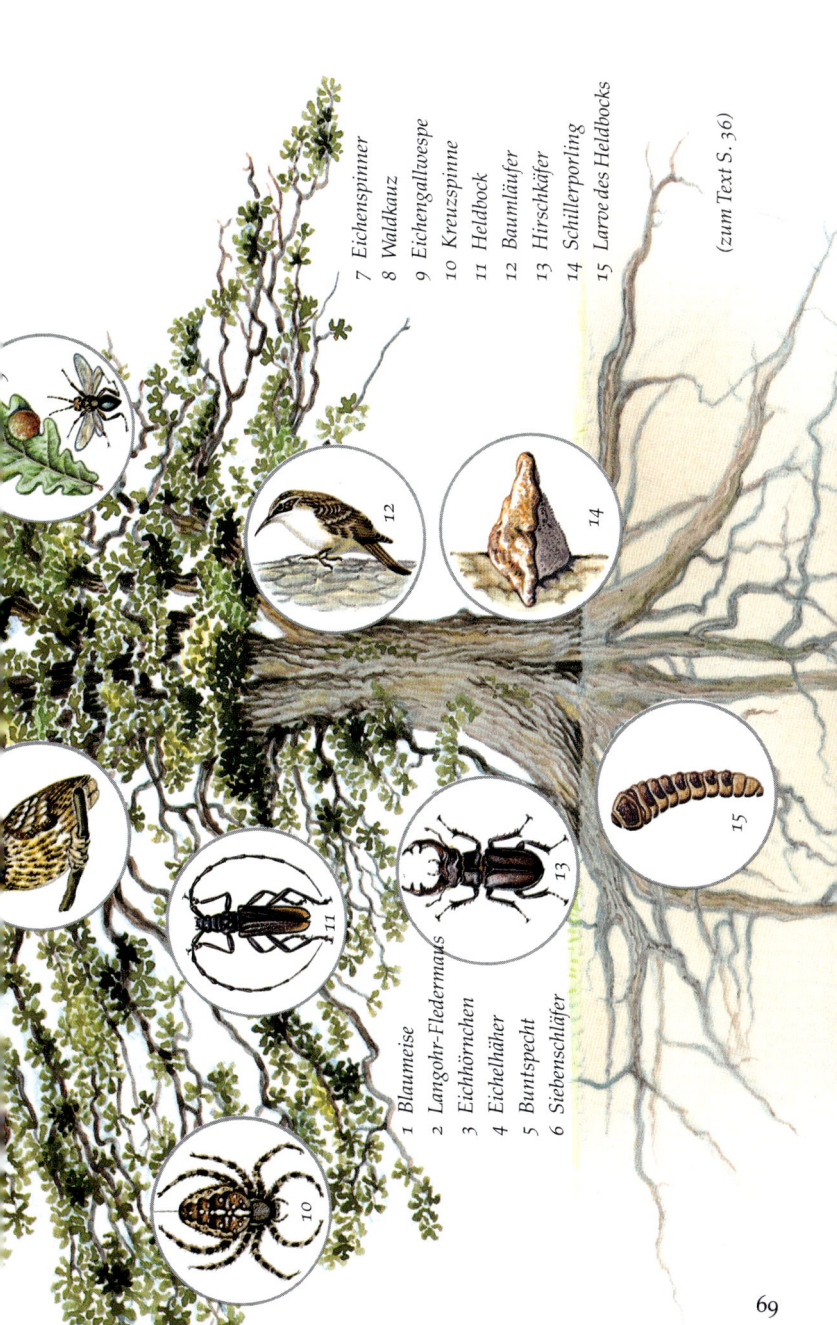

7 Eichenspinner
8 Waldkauz
9 Eichengallwespe
10 Kreuzspinne
11 Heldbock
12 Baumläufer
13 Hirschkäfer
14 Schillerporling
15 Larve des Heldbocks

(zum Text S. 36)

1 Blaumeise
2 Langohr-Fledermaus
3 Eichhörnchen
4 Eichelhäher
5 Buntspecht
6 Siebenschläfer

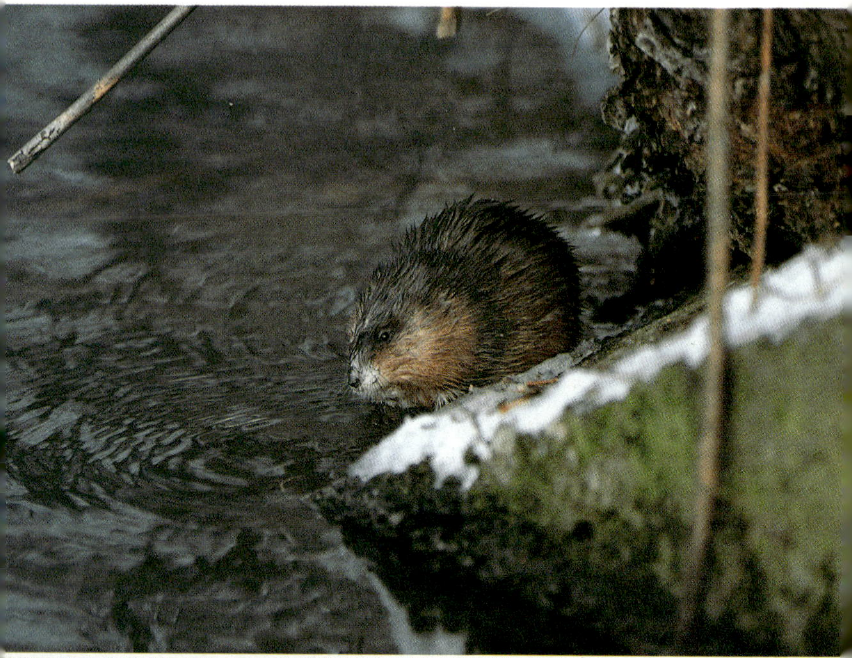

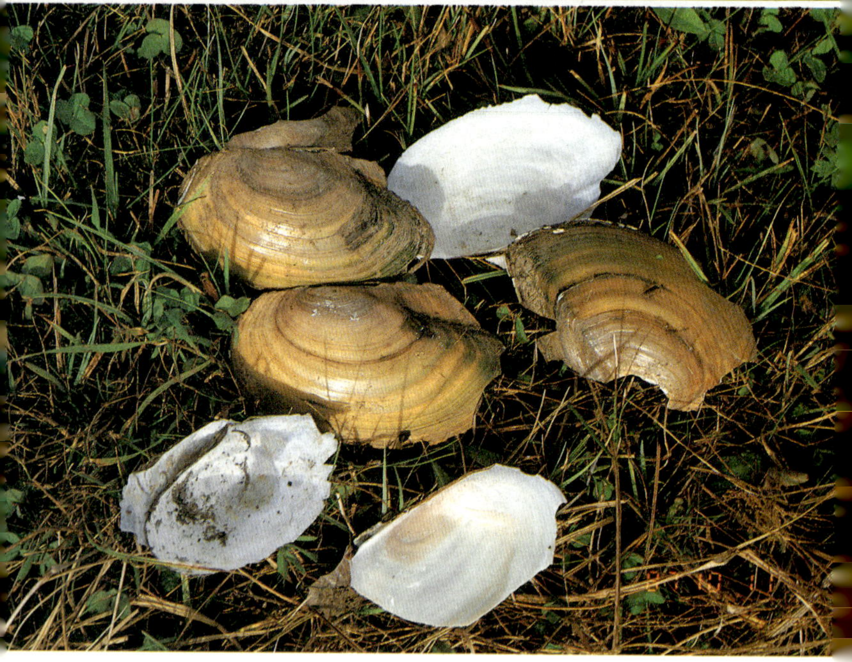

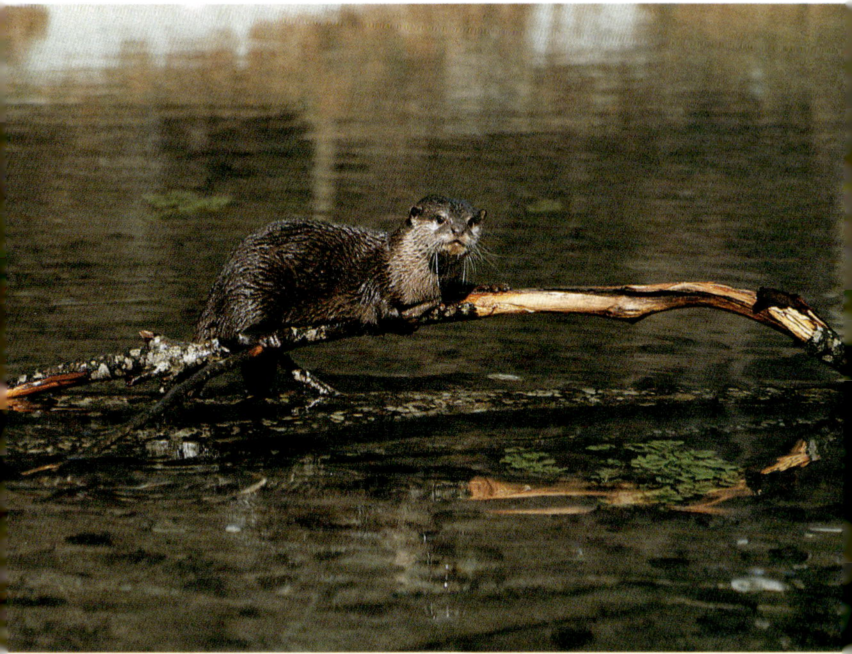

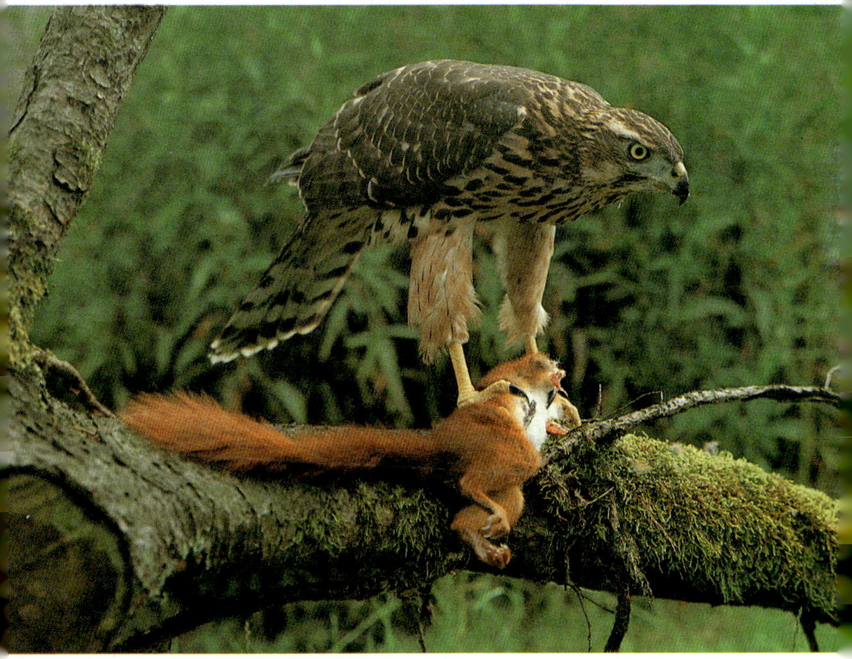

74

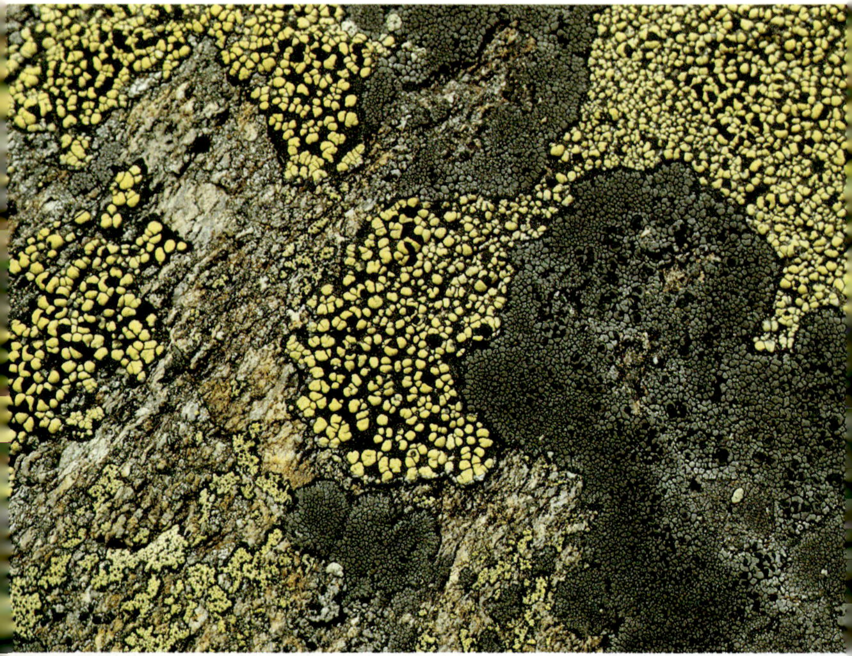

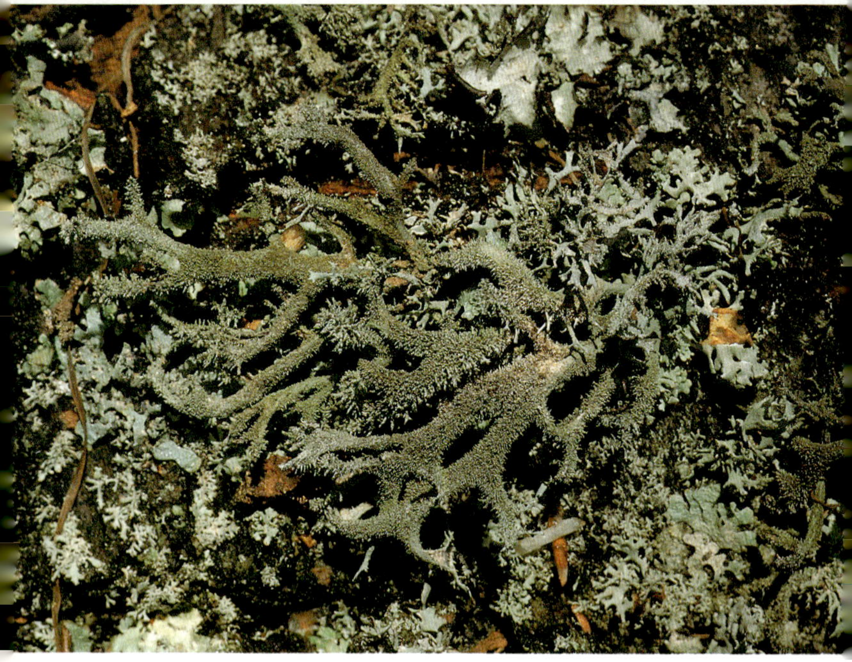

auch aus der Paarung von Pferd und Esel hervor, aber sie sind nicht weiter fruchtbar. Nur wenn auch die Folgegenerationen uneingeschränkt fortpflanzungsfähig bleiben, erfolgte die Paarung innerhalb der Art.

Artfremde Individuen gehören nicht zur Population, wie ähnlich sie sich auch sein mögen. Der biologische »Sinn«, der dahinter steckt, ist die Sicherung des Erbgutes: Es darf nicht mehr sehr »auseinanderfließen«, sonst gehen die günstigen Kombinationen verloren und die Anpassungen, die sich darauf begründen, verschwinden wieder. Die Beschränkung der Fortpflanzung auf die Populationen gleichartiger Individuen garantiert also den Fortbestand der Anpassungen. Dieses Prinzip hat sich im Verlaufe der Evolution so bewährt, daß es bei den höher entwickelten Tieren bis hin zum Menschen keine Ausnahme gibt. Bei den Pflanzen hingegen können »Artkreuzungen« vorkommen und sogar zur Weiterentwicklung beitragen. Das hängt mit ihrer im Vergleich zu den Tieren andersartigen Lebensform zusammen. Die Pflanzen stellen in ungleich geringerem Maße »Individuen« dar als die Tiere.

Doch zurück zur Struktur der Population. Ihre Mitglieder sind untereinander zwar verschieden, aber ähnlich genug, weil sie zur selben Art gehören, so daß sie sich normalerweise erfolgreich fortpflanzen. Dafür müssen die sich paarenden Individuen im richtigen Alter sein. Zu junge Individuen besitzen noch keine funktionsfähigen Geschlechtsorgane und bei den zu alt gewordenen hat sich die Fortpflanzungsfähigkeit stark vermindert oder sie versiegte. Die Population weist folglich eine »Altersstruktur« auf: Jungtiere, fast Erwachsene, voll Fortpflanzungsfähige und vergreisende Individuen.

Hinzu kommt die Aufteilung in Geschlechter: Männchen und Weibchen; bei manchen staatenbildenden Insekten auch geschlechtslose »Arbeiter«. Schließlich unterscheiden sich die Individuen auch in Kondition und Leistungsfähigkeit. Es gibt solche, die eine große Zahl von Jungen zur Welt bringen oder Eier legen können, und andere, die weniger leisten. Für die Beurteilung der Entwicklung einer Population, der *Populationsdynamik*, muß man daher die »Mittelwerte« kennen und das Ausmaß ihrer Abweichung. So kann die durchschnittliche Gelegegröße in einer Höckerschwan-Population 6,2 Eier betragen, aber einzelne Paare können nur drei oder bis zu zehn Eier im Nest haben. Wie stark nun, ausgehend von der Gelegegröße, der Bestand insgesamt anwächst, hängt vom Mittelwert ab. Welchen Beitrag aber ein einzelnes Paar liefert, hängt von der tatsächlichen Eizahl in ihrem Gelege (oder der Jungenzahl in ihrem Wurf) ab. Eine Population hat also verschiedene »Kennwerte«, aus denen sich ihr weiteres Verhalten, ihre Zunahme oder Abnahme ablesen läßt.

Wie geht das vonstatten? Ein einfaches Beispiel erläutert, daß das Wachstum von Tierpopulationen anders verläuft, als man gewöhnlich annimmt, nämlich »exponentiell«. Was bedeutet das? Sehen wir uns das Beispiel an: Ein Feldmauspaar hat eine Ecke im Garten gefunden, die alle Bedingungen für ein erfolgreiches Mäuseleben erfüllt. Das Weibchen bekommt 6 Junge, drei Männchen und drei Weibchen. Es dauert ein paar Wochen, dann sind die Jungen ausgewachsen und selbst in der Lage, sich zu vermehren. Zusammen mit dem alten Pärchen sind sie jetzt vier Paare, die Junge bekommen; wiederum 6 pro Paar. Die erste Generation wächst also auf $8 + 24 = 32$ Mäuse an. Wieder ein paar Wochen später wiederholt sich das. 16 Paare bekommen je 6 Junge. Das macht $32 + (16 \times 6) = 128$ Mäuse. In der 3. Generation steigt die Zahl auf 512 und so fort. Trägt man dieses Wachstum in einer Kurve auf, so nimmt sie den Verlauf eines J. Oder anders ausgedrückt, mit jedem Vermehrungsschritt werden bei dieser Form des Anwachsens der Population die Verdopplungszeiträume kürzer. Dieser Vorgang ist uns nicht unbekannt, auch wenn er das Bewußtsein der Menschheit ganz unvorbereitet getroffen hat: Wir selbst, die Art Mensch, machen gegenwärtig ein solches exponentielles Wachstum durch, das über alle Maßen und sich übersteigernd verläuft. Derzeit leben gleichzeitig schon erheblich mehr Menschen als seit der Entstehung der Art Mensch (*Homo sapiens*) und ihrer rund eine Jahrmillion zurückgehenden Existenz insgesamt Menschen auf der Erde gelebt haben. Um die Jahrtausendwende werden fast doppelt so viele Menschen leben wie heute.

Bei unserem Mäusebeispiel waren zu Beginn zwei Feldmäuse vorhanden. Ihre Fortpflanzungsrate betrug 6 Junge pro Weibchen und Wurf. Kämen keine Mäuse zu Tode, wären nach nur 5 Generationen schon über 8000 Mäuse da! Mit jeder Generation wächst der Bestand schneller an. Die 5 Generationen können in einem einzigen warmen Sommer durchaus aufeinanderfolgen. Die Folge müßte eine Mäuseschwemme sein, die das Gleichgewicht mit anderen Arten des Lebensraumes drastisch stören würde.

Tatsächlich gibt es regelrechte »Mäusejahre«, in denen die Feldmäuse Massenvermehrungen durchmachen. Aber das ungebremste Wachstum währt nie lange. Schon nach wenigen Generationen machen sich bremsende Wirkungen bemerkbar. Die Sterberate nimmt zu, der Feinddruck wächst und die Anfälligkeit für Krankheiten steigt. So schwenkt die Bestandsentwicklung von selbst mehr oder minder rasch auf das Niveau der Umweltkapazität ein. Aus dem ungebremsten Wachstum ist ein kontrolliertes geworden. Es nähert sich langsam der Umweltkapazität. Die Population schwankt nun mit den Umweltbedingungen, wächst aber nicht mehr an. Sie hat den Gleichgewichtszustand erreicht. Der Vorgang ist kennzeichnend für die Neubesiedlung von Lebensräumen. Wenn die Arten auf ihren oft weiten Wanderungen ein ihnen zusagendes, aber von ihnen noch unbesiedeltes Gebiet finden, beginnt eine solche Bestandsentwicklung. Nach einer anfänglichen Verzögerung durch noch zu wenige fortpflanzungsfähige Individuen (*Verzögerungs- oder lag-Phase*) folgt eine kurze Phase explosiver Entwicklung (*log-Phase*), bevor der Bestand auf die Umweltkapazität einschwenkt und stabil wird (*stab-Phase*). Hat er diesen Zustand

2. Wurf
Tochtergenerationen
1. Wurf
Eltern
Kinder
Enkel

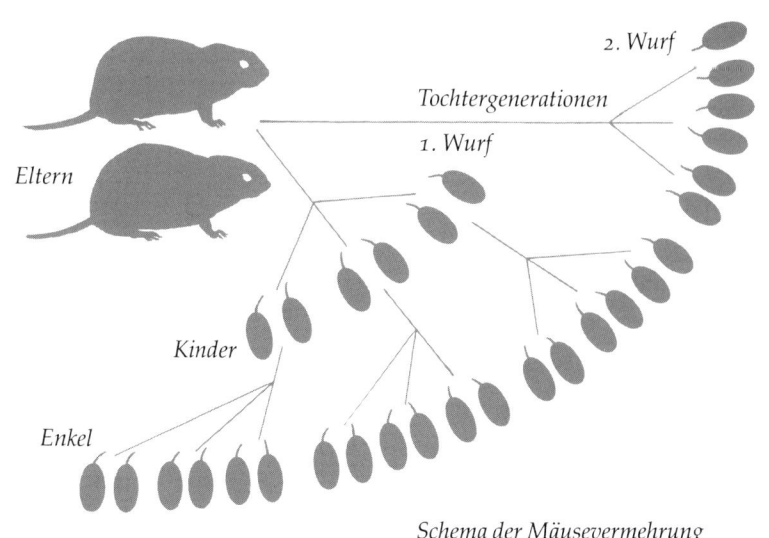

Schema der Mäusevermehrung

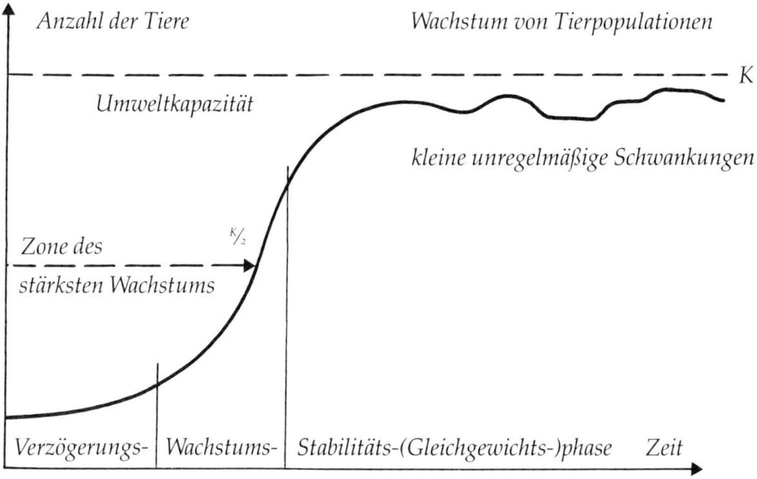

Anzahl der Tiere
Wachstum von Tierpopulationen
K
Umweltkapazität
kleine unregelmäßige Schwankungen
K/2
Zone des
stärksten Wachstums
Verzögerungs-
Wachstums-
Stabilitäts-(Gleichgewichts-)phase
Zeit

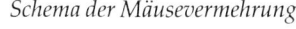

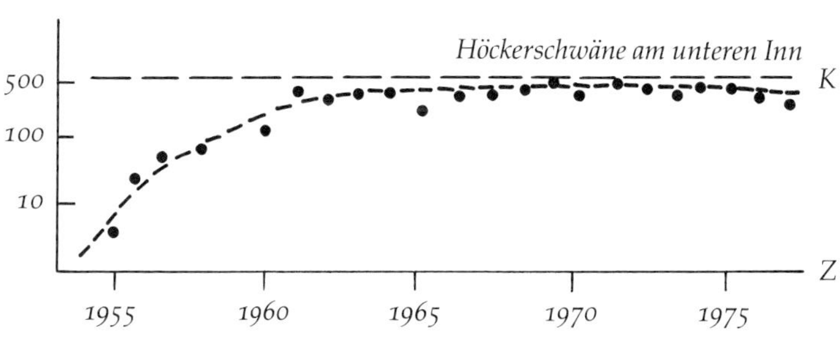

Höckerschwäne am unteren Inn
500
100
10
K
Z
1955
1960
1965
1970
1975

erreicht, ist er »etabliert«, d. h., die Ansiedlung war erfolgreich. Eine solche Neuansiedlung bringt es aber mit sich, daß sie in aller Regel nur einen Ausschnitt aus dem Erbgut der Ausgangspopulation mitbringt. Denn nur wenige Individuen siedeln sich an. Keines enthält das gesamte Erbgut der Art, sondern nur einen mehr oder minder großen Teil davon. Die »Gründer« bringen somit eine zufällige Auswahl von Erbeigenschaften in den neuen Lebensraum mit, in dem sie den neuen Bestand aufbauen. Dadurch entsteht ein sogenannter »Gründer-Effekt«. Er besagt, daß die neu begründete Population anders sein wird als die Ausgangspopulation, weil sie nur einen Teil der Erbanlagen und nicht den gesamten Bestand an Genen mitgebracht hat. Zudem setzt die Selektion in diesen zumeist randlich liegenden Populationen voll ein. Auf diese Weise kann es dazu kommen, daß sich eigenständige Populationen ausbilden, die bei entsprechend langer Isolation vom Ausgangsbestand zur Keimzelle einer neuen Art werden. Bestandsdynamik und Artbildung gehören also eng zusammen.

Der Aufbau einer neuen Population ist ganz offensichtlich ein aufwendiger Vorgang, der zahlreichen Individuen das Leben kostet, sobald er richtig in Schwung gekommen ist. Die Sterberate steigt mit dem Einschwenken auf die Gleichgewichtsdichte stark an und schöpft den ganzen Zuwachs ab, wenn das Gleichgewicht erreicht ist.

Wenn das die Regel wäre, müßte dann die Fortpflanzung nicht gleich den Tod bedeuten? Warum der große Aufwand, Nachwuchs groß-

zuziehen, wenn er doch gleich wieder abgeschöpft wird, weil der Bestand keinen weiteren Zuwachs mehr verträgt? Solche Fragen sind sicher berechtigt, denn die Natur ist zwar im Hinblick auf die Fortpflanzung »verschwenderisch«, aber nie ohne Grund.

Bei genauerer Betrachtung zeigt sich, daß die Verhältnisse nicht so einfach liegen. Es gibt zwei Mechanismen, die dieses Problem der Anpassung an die Gleichgewichtsdichte lösen und im Endeffekt doch keine so große Verschwendung verursachen, wie es auf den ersten Blick erscheint. Der erste ist die Abwanderung. Ein Teil des Überschusses, der im Bereich der Population entsteht, aber hier nicht leben kann, wandert nach dem Selbständigwerden ab. Die »Auswanderung« (Emigration) wirkt als ein wichtiger Regler der Bestandsdichte. Sie führt zur beständigen Suche nach neuen Lebensmöglichkeiten und ist daher eine »gute Investition«, auch wenn viele der Abwanderer keine geeigneten Lebensräume finden und auf der Strecke bleiben. Ohne diesen abwandernden Überschuß blieben die Populationen in den einmal gewählten Lebensräumen stecken. Ändern sich die Lebensbedingungen zu ihren Ungunsten, müßten sie aussterben. Die Abwanderung stellt daher, in den Zeitspannen der Evolution betrachtet, ein Mittel zum Überleben dar, das langfristige Sicherheit und kurzfristige Entlastung bewirkt. Die Abwanderung vollzieht sich in einem außerordentlich großen Umfang. Wer regelmäßig in einem bestimmten Gebiet Vögel beobachtet, kennt das. Da erscheinen, vornehmlich zu den Zugzeiten, einzelne Individuen oder kleine Gruppen von Vogelarten an Stellen, an denen sie weder heimisch sind noch in letzter Zeit heimisch waren. »Irrgäste« werden sie genannt, aber sie haben sich nur in Ausnahmefällen, etwa wenn sie von heftigen Stürmen von ihrem Kurs abgedrängt und in abgelegene Gebiete verschlagen werden, wirklich verirrt. Die Mehrzahl dieser Irrgäste schweift umher auf der Suche nach neuen Ansiedlungsmöglichkeiten. Oft geschieht jahrelang nichts, plötzlich kommt es zur Ansiedlung.

Türkentaube

So machten in den 8oer Jahren die aus dem Mittelmeerraum stammenden Schwarzkopfmöwen mehrfach Brutversuche in Lachmöwenkolonien nördlich der Alpen. Die mit den Silbermöwen sehr nahe verwandten, ebenfalls aus dem Mittelmeerraum stammenden Weißkopfmöwen versuchten ebenfalls, hier zu Neuansiedlungen zu kommen. In der Schweiz brüten sie bereits. Der kleine Birkenzeisig siedelte sich in den 7oer Jahren überall in Städten und Dörfern des nördlichen Alpenvorlandes an, wo er vorher nur als Wintergast erschienen war. Die Ausbreitung kann sehr schnell vonstatten gehen, wenn die neuen Siedler in Schwärmen und nicht einzeln oder in kleinen Gruppen kommen. Das Musterbeispiel hierfür stellt die Türkentaube dar. Sie »eroberte« in der ersten Hälfte des 20. Jahrhunderts von Asien kommend zuerst den Balkan und breitete sich in der zweiten Hälfte über ganz Westeuropa aus. Die Vorstöße erfolgten so massiv, weil Schwärme von mehr als 100 Türkentauben die Ausbreitungsfront vorantrieben, daß es nur wenige Jahre dauerte, bis die neu

besiedelten Gebiete voll besetzt waren. Mit Bruten, die sich sogar in den Winter hineinzogen, schaffte die kleine Taube eine Nachwuchsleistung, die fast an die Vermehrung von Feldmäusen heranreicht. Denn obzwar sie nur zwei Eier je Brut legt, kommt sie auf acht bis zwölf in einem Jahr, weil sie Brut an Brut reiht. In der feindarmen Umwelt der Städte und Siedlungen und gefördert durch das günstige Nahrungsangebot, das insbesondere auch der Maisanbau mit sich brachte, wuchsen die Türkentaubenbestände in den Städten und Dörfern so schnell an, daß die Kapazitätsgrenzen erreicht wurden. Die Art reagierte mit verstärkter Abwanderung und verringerte auf diese Weise den Druck des angewachsenen Bestandes. Im Zeitraffer betrachtet würde sich eine Serie von Impulsen ergeben, wobei jeder dieser Impulse eine herbstliche Abwanderung des im Sommer erzeugten Überschusses darstellt. So lange es Ausbreitungsmöglichkeiten gibt, funktioniert eine solche Populationsdynamik hervorragend. Arten, die immer wieder starke Verluste hinnehmen müssen und deren örtliche Populationen häufig zusammenbrechen oder aussterben, bedienen sich dieser Form der Bestandsregulierung in großem Umfang. Die meisten Insekten gehören dazu. Für kurzlebige Arten bringt diese Form der Regulation größere Vorteile als die andere, der sich vornehmlich langlebige Arten bedienen. Wir haben den Unterschied schon hervorgehoben und die beiden Gruppen als *r-Strategen*, wozu die eben behandelten gehören, und *K-Strategen* bezeichnet. Diese letzteren investieren ungleich mehr in die Dauerhaftigkeit ihrer örtlichen Bestände und regeln ihre Populationsentwicklung auf ganz andere Weise: durch soziale Dichtekontrolle!

Wie sie funktioniert, läßt sich am Beispiel des Höckerschwans weiterverfolgen. Betrachten wir dazu den Jahreslauf in einer Schwanenpopulation genauer.

Die Vögel halten sich in den Hauptwintermonaten, von Mitte Dezember bis Mitte Februar etwa, zumeist an Stellen auf, wo sie vom Menschen gefüttert werden. Die wilden Höckerschwäne ziehen von ihren nordischen Brutgebieten zu den wasserpflanzenreichen, eisfreien Meeresbuchten in der südwestlichen Ostsee oder, wenn dort die Bedingungen zu ungünstig werden, an das Schwarze Meer und den Kaspisee. Die verwilderten sparen sich diesen aufwendigen Fernzug; sie suchen die Städte auf und drängeln sich zusammen mit Bläßhühnern, Möwen und Enten an den Futterstellen. Doch wenn das Frühjahr naht, oft schon Mitte Februar, sondern sich die Paare ab, die zumeist lebenslang zusammenhalten, und

Höckerschwäne (Imponierschwimmen)

beziehen ihr angestammtes Revier draußen an den Ufern von Seen, Stauseen und langsam fließenden Flüssen oder größeren Altwässern. Hier verteidigen sie nun ihr Territorium mit einer beispiellosen Heftigkeit gegen die Artgenossen. Das Schwanenmännchen bringt es fertig, ein Dutzend oder mehr fremder Schwäne aus seinem Revier in einem einzigen Angriff zu verjagen. Mit schweren Flügelschlägen und stampfenden Füßen braust es über das Wasser und geht mit gesenktem Kopf auf die Eindringlinge los, die sich kaum jemals zum Kampf stellen, sondern so schnell wie möglich das Weite suchen, auch wenn sie weit in der Überzahl sind. Drohend hält das Schwanenmännchen die Flügel angehoben und signalisiert damit auf weite Strecken seine Kampfbereitschaft und seinen territorialen Anspruch. Auch das Weibchen hebt drohend die Flügel, jedoch nicht in so starkem Maße wie das Männchen.

Das Männchen verteidigt unvermindert heftig sein Revier, auch wenn das Gelege schon bebrütet wird. Dieses Verhalten bleibt auch nach dem Schlüpfen der Jungen bestehen. Wie alle jungen Enten (die Schwäne gehören zu den Entenvögeln) sind die Jungen gleich nach dem Schlüpfen schon ziemlich selbständig. Sie können gut schwimmen und suchen sich ihre Nahrung selbst. Die Altvögel führen sie zwar an die geeigneten Plätze, aber die Nahrungsaufnahme besorgen die Jungen selbst. In einem dünn mit Schwänen besiedelten, als Lebensraum gut geeigneten Gebiet beträgt die mittlere Jungenzahl fast 5 Junge je Brutpaar und Jahr. In einem genauer untersuchten Gebiet am unteren Inn waren es 4,8 Junge/Paar in den ersten Jahren der Populationsentwicklung. Die brütenden Schwäne hatten sich über die Gewässer verteilt und nur die kleinen Gruppen noch nicht brutfähiger Jungschwäne streiften umher. Am blassen Rot ihrer Schnäbel und an den noch kaum ausgebildeten Schnabelhöckern lassen sie sich sowohl von den Altschwänen unterscheiden als auch von den Jungen im ersten Lebensjahr, die noch ein bräunliches Jugendgefieder tragen.

Es dauerte aber nicht einmal 10 Jahre, dann nahm die Zahl der Nichtbrüter stark zu. Jetzt waren auch viele Erwachsene darunter. Die Zahl der besetzten Brutreviere änderte sich hingegen kaum. Als der Bestand auf fast 500 Schwäne angewachsen war, brüteten am unteren Inn dennoch höchstens 48 Paare. Die restlichen 400 Schwäne nisteten nicht. Es dauert etwa 4 Jahre, bis die Schwäne alt genug zum Brüten sind. Die Mehrzahl der Nichtbrüter hatte dieses Alter der Brutreife längst erreicht, aber sie brüteten trotzdem nicht. Bei den Brütern machte sich jetzt ein leichter Rückgang der Jungenzahlen bemerkbar. Der Mittelwert lag nun nicht mehr bei 4,8 Jungen/Paar/Jahr, sondern bei 3,9, also um durchschnittlich einen Jungvogel niedriger. Was war der Grund, daß so viele Schwäne nicht brüteten?

Wie die Kämpfe im Frühjahr zeigten, verteidigten die revierbesitzenden Altschwäne ihre Territorien mit großer Heftigkeit und ließen keine anderen Artgenossen hinein. Ein solches Verhalten scheint durchaus Sinn zu geben, wenn das Revier gebraucht wird, um erfolgreich Junge großzuziehen und damit ein »Nahrungsrevier« darstellt. Doch die Untersuchung des Nahrungsvorrates und des Verbrauchs im Laufe der Brutzeit ergaben ein gänzlich anderes Bild. Die Schwäne nutzten in ihren Brutrevieren nicht einmal 20% der vorhandenen oder aufwachsenden Wasserpflanzen; im Durchschnitt sogar deutlich weniger. Es hätten gut und gern vier weitere Paare innerhalb der Reviergrenzen nisten und erfolgreich Junge großziehen können, zumal die Jungen leicht an günstige Futterplätze geführt werden können. Notfalls klettern sie, wenn sie müde sind, den Alten einfach auf den Rücken und lassen sich tragen. Das Höckerschwan-Revier stellte also gar kein Nahrungsrevier dar, zumindest keines, das auf die Bedürfnisse zurechtgeschnitten war. Vielmehr handelte es sich um ein »Super-Territorium«, um ein viel zu großes im Vergleich zu den Notwendigkeiten. Würde man nur die Fortpflanzungsleistung als Maß für den Erfolg des Bestandes heranziehen, wäre der

Population eine große Menge Nachwuchs verloren gegangen. Denn die Zahl der Jungen hätte fast das Vierfache der tatsächlichen Jungenzahl ausmachen können. Verhielten sich also die Schwäne doch »falsch« oder nicht artgemäß, weil sie von verwilderten Parkschwänen abstammten und nicht von wirklich wildlebenden? Die Annahme liegt zwar nahe, doch sie ist falsch. Der weitere Lebensweg der Jungen gibt den Aufschluß.

Wir wissen bereits, daß sich nach der Brutzeit die Altschwäne mit ihren Jungen zu den Nichtbrütern gesellen und gemeinsam die während des Sommers in den flachen Buchten aufgewachsenen Wasserpflanzenbestände beweiden. Wir wissen auch, daß sie dabei starke Konkurrenz in Form der Bläßhühner und Schnatterenten bekommen, die ihnen nur rund 20% des gesamten Vorrates übriglassen. Und es hat sich zudem gezeigt, daß in den Gruppen überwinternder Schwäne der Anteil der diesjährigen Jungen recht gering ausfällt, obwohl die Schwäne eine hohe Nachwuchsrate aufweisen, die für einen solchen Großvogel ganz ungewöhnlich erscheint. Die Jungschwäne konnten nur die im abgelaufenen Jahr durch Tod oder Abwanderung ausgeschiedenen Altschwäne ersetzen – und nicht mehr, denn die Kapazitätsgrenzen des Lebensraumes waren längst erreicht.

Mit einer Alterssterblichkeit von 10% bedeutete dies das Nachrücken von höchstens 50 Jungschwänen bei einer Bestands-Gesamtgröße von 500 Schwänen. Knapp 50 Brutpaare konnten also gerade ein Junges pro Paar und Brutsaison erfolgreich durch den ersten Winter bringen. Er bildet den kritischen Engpaß in der Überlebenskurve, weil die Jungschwäne vorher noch zu schwach sind, um einen weiten Flug an ein neu besiedelbares Gewässer durchzustehen. Sie können höchstens von den Altvögeln in ein geeignetes Winterquartier gebracht werden.

Ein überlebendes Junges erscheint in Anbetracht des Aufwandes und der durchschnittlich fast vier Jungen je Brutpaar nicht gerade ein großer Erfolg zu sein. Aber immerhin: Jedes Paar kann im Durchschnitt damit »rechnen«, daß es wenigstens so viel zustande bringt. Das würde sich schlagartig ändern, wenn alle brutfähigen Paare gebrütet hätten. Denn nun gäbe es das Vierfache an Nachwuchs und die Wahrscheinlichkeit, daß pro Paar wenigstens ein Junges durchkommt, wäre nicht mehr gegeben. Es kämen im Schnitt höchstens noch $\frac{1}{4}$ Junges pro Paar heraus. Ein so geringer »Erfolg« könnte wohl kaum noch den Einsatz lohnen. Wozu fünf bis sieben Eier legen, Wochen und Monate mit dem Bebrüten und Betreuen der Jungen zu verbringen, wenn erst nach durchschnittlich vier Jahren gerade vielleicht eines der Jungen durchkommt? Das wäre nun wirklich »Verschwendung«, die sich nicht lohnte.

Die Schwäne verhalten sich auch nicht so. Vielmehr regulieren sie das Brüten auf eine höchst egoistisch anmutende Weise: Einige wenige »Privilegierte« pflanzen sich fort, während der größere Teil nicht brütet. Ein solches Verhalten als *soziale Dichteregulation* zu bezeichnen, scheint zu bedeuten, daß die Verhältnisse geradezu auf den Kopf gestellt werden. Ist es nicht umgekehrt ein »unsoziales« Verhalten, was sich da offenbart? Auch hier besteht die Gefahr, vorschnell zu urteilen und am Kern des Geschehens vorbeizugehen. Die Wirklichkeit sieht anders aus: Die Schwäne verhalten sich durchaus »richtig« und nicht »asozial«. Ihr Brutverhalten reguliert nicht nur die Entwicklung der Population, sondern auch die eigenen Fortpflanzungschancen.

Dies zeigte sich höchst augenfällig, als es bei den Schwänen in einigen Jahren zur Bildung von zwei Brutkolonien an den Innstauseen kam. Solche Brutkolonien sind aus dem Brutgebiet der Wildschwäne bekannt. Bei den australischen Trauerschwänen kommt das Koloniebrüten häufiger vor. Beim Höckerschwan scheint es aber mehr die Ausnahme denn die Regel zu sein. Und das aus gutem Grund. Denn der Erfolg dieser Brutkolonien war außerordentlich schlecht. Sie erzielten nur 0,8 Junge je Paar, die mit den 3,9 Paar/Jungen der Revierbesitzer zusammen in die herbstliche Nahrungskonkurrenz und in den Engpaß Winter ziehen mußten. Die Chancen der Koloniebrüter, ein Junges erfolgreich durchzubringen, lagen also nur bei einem Fünftel, verglichen mit den Revierbesitzern; zu gering, als daß sich der Aufwand gelohnt hätte.

Immerhin war gerade dieser Aufwand nicht annähernd so groß wie bei den territorialen Schwänen. Denn die Koloniebrüter verteidigten kein Revier. Sie legten ihre Nester in Abständen von nur 6 bis 8 Meter nebeneinander auf den Inseln an und stellten Aggressionen gegenüber Artgenossen völlig ein.

Mit dieser Verhaltensänderung sparten sie eine Menge Kraft.

Unter besonderen Bedingungen kann es also günstiger sein, auf die Territorialität zu verzichten. Mit einem teilweisen Abtreten von Revieranteilen unter Beibehaltung der Aggressivität wäre hingegen nichts gewonnen, weil der Aufwand der gleiche bliebe. Die Strategie ist klar: Es geht darum, Aufwand und Ergebnis in eine günstige Relation zueinander zu bringen. Die Schwäne verhalten sich »ökonomisch«.

Was langfristig zählt, ist der Fortpflanzungserfolg. Und der fällt am besten aus, wenn das »Super-Territorium« verteidigt wird. Dann haben die Jungen die größtmöglichen Überlebenschancen. Das trifft auch für die Nichtbrüter zu, denn sie bleiben nicht ihr ganzes Leben lang Nichtbrüter. Sie warten nur auf ihre Chancen, ein freies Revier zu finden. Ihre Lebenserwartung liegt so hoch, daß sie sich das Warten leisten können. Haben sie doch gute Aussichten, 15 oder 20 Jahre alt zu werden, wenn sie den kritischen ersten Winter überstehen.

Natürliche Feinde brauchen sie praktisch nicht zu fürchten. Die Wahrscheinlichkeit, von einem Seeadler geschlagen zu werden, ist verschwindend gering und war wohl nie von Bedeutung. Ihre wirklichen Feinde sind die »Konditionsmängel«, die sie anfällig machen für die Konkurrenz und für Krankheiten. Wenn sie abwarten und nicht brüten, steigern sie ihre Kondition, bauen sie auf, bis sie kräftig genug geworden sind, gegen die Konkurrenz der Brüter zu bestehen. Selbst wenn das Warten Jahre dauert, lohnt es sich. Würden sie gleich nach dem Erlangen der Geschlechtsreife brüten und mit großem Aufwand in vier Jahren gerade ein Junges durchbringen, müßte dies beständig an ihrer Kondition zehren. So aber kommen sie zu einem erheblich besseren Erfolg, wenn sie abwarten. Bei ihrer großen Lebenserwartung gewinnen sie immer noch, selbst wenn das Warten 8 Jahre dauert! Und sie können in diesem Alter ohne weiteres auch wegziehen und neue Brutmöglichkeiten suchen.

Das scheinbar so unsoziale Verhalten ist also gar nicht so ungünstig für die Nichtbrüter. Sie sind im Gegenteil in diese Strategie einbezogen, die vielleicht viel weiter im Tierreich verbreitet ist, als wir dies bislang wissen. Denn nur wenige Arten lassen sich über Jahre so gut beobachten wie die vertrauten Schwäne. Man kann sie beringen und damit eindeutig individuell kennzeichnen, und man findet sie überall leicht wieder. Ihre Populationsregulation zeigt sich besonders deutlich, weil ihre Lebenserwartung so hoch liegt.

Kurzlebige Arten könnten sich eine solche Strategie nicht leisten. Die Territorialität der Singvögel entspricht daher nicht in vollem Umfang dem Revierverhalten der Schwäne, auch wenn wir heute wissen, daß es zwischen den Revieren, die von den Singvogelmännchen mit ihrem Gesang »abgesteckt« und verteidigt werden, einen zusätzlichen Bestand nicht-seßhafter Artgenossen gibt, die gewissermaßen als »stille Reserve« bereit sind, bei Verlust eines Partners diesen zu ersetzen oder ein freigewordenes Revier sofort zu übernehmen. Diese Populationsreserve stellt einen Zwischenzustand zum Verhalten der Schwäne dar, weil die mittlere Lebenserwartung eines kleinen Singvogels nach dem Überstehen des ersten Winters nicht wesentlich mehr als ein Jahr beträgt. Aber im Ansatz zeigt sich das gleiche Prinzip: Ein Teil des Bestandes kommt nicht zum Brüten, wenn die Siedlungsdichte hoch liegt und die Überlebenschancen des Nachwuchses entsprechend niedrig ausfallen. Die langlebigen Vögel und Säugetiere senken den Aufwand und passen ihn den Chancen an. Das ist der Kern der sozialen Dichteregulation und der eigentliche Fortschritt, der darin steckt. Die Parallelen zum Verhalten des Menschen sind offensichtlich. Je größer die Überlebenschancen für die Kinder geworden sind und je sicherer sich ihre Zukunft darstellte, um so stärker geht die Zahl der Kinder pro Familie zurück. Steigende Lebenserwartung und steigende Sicherheit führten zur drastischen Verminderung der Nachwuchsrate – und damit auch zur Abnahme der hohen Kindersterblichkeit, wie sie bei uns in Mitteleuropa noch bis in das 20. Jahrhundert hinein gegeben war.

Nutzung als Regelung

Jetzt zeigt sich auch der Zusammenhang mit der Nutzung. Warum sie zur Regelung der Populationsentwicklung beiträgt, liegt auf der Hand. Sie senkt die Bestandsgröße immer wieder ab und gibt dadurch dem Nachwuchs verbesserte Chancen durchzukommen. Der Feinddruck erweist sich aus dieser Sicht

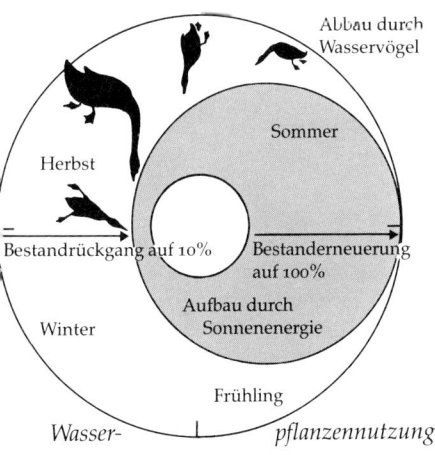

Abbau durch Wasservögel

Sommer

Herbst

Bestandrückgang auf 10% | Bestanderneuerung auf 100%

Aufbau durch Sonnenenergie

Winter

Frühling

Wasser- pflanzennutzung

nicht mehr nur als Regulationsmechanismus, sondern auch als Einflußgröße in die soziale Struktur der Bestände, wenn es sich um entsprechend soziale Arten handelt. Er nimmt Einfluß auf die innere Struktur der Populationen und auf die Verteilung der Individuen im verfügbaren Raum. Durch unverhältnismäßig starke Entnahme alter und schwacher Individuen senkt er deren Anteil zugunsten der jüngeren und konditionsstärkeren. Nicht selten begünstigt er sogar das Wachstum auf diese Weise; fast stets aber das Verteilungsmuster der Individuen. Denn dort, wo sich Zusammenballungen entwickeln, wird der Druck der Feinde und Nutzer automatisch höher und entlastet die dünn besiedelten Räume. Wir können dieses Prinzip sogar noch weiter ausdehnen auf die Nutzung der Pflanzenbestände. Bei ihnen vollziehen sich letztlich die gleichen Schritte. Hat der Bestand die volle Größe erreicht, kann er nicht mehr weiter anwachsen. Ohne die Nutzung hätten die Jungpflanzen nur geringe Chancen hochzukommen.

Die Schwäne führen dies zusammen mit den Bläßhühnern und Enten bei der herbstlichen Nutzung der Wasserpflanzen vor. Sie beweiden die Bestände und schöpfen sie zu 90% ab. Der verbleibende Rest genügt, um im kommenden Frühjahr einen neuen Wachstumszyklus auszulösen, der annähernd die gleiche Menge Pflanzenmaterial erbringt, wenn kein Hochwasser das Wachstum stört. Die von den Vögeln ausgesäten Winterknospen und Samen bilden die neue Generation. Käme es nicht zu dieser Nutzung, würde das Wachstum nach wenigen Jahren in den eigenen Pflanzenmassen ersticken. Es kommt also darauf an, die Nutzung im richtigen Rhythmus, zeitversetzt von der Hauptwachstumsphase, anzusetzen. Dann kommt es zu maximaler Produktion. Genau das ist es, was die Wasservögel machen. Sie beweiden die Pflanzenbestände im Herbst, wenn deren Wachstum abgeschlossen ist, und lassen ihnen während des Sommers genügend Zeit für den Neuaufwuchs zur Wiedererholung.

Nahrungsketten und Nahrungsnetze

Wenn eine Art eine andere als Nahrungsquelle nutzt, entsteht ein System, in welchem die genutzte Art die Basis für den Nutzer darstellt. Die Wasserpflanzen sind die Nahrungsbasis des Höckerschwans, während die Nährstoffe im Bodenschlamm des Gewässers die Existenzgrundlage für die Wasserpflanzen abgeben. Genau betrachtet nimmt der Schwan dabei Nährstoffe auf, die vorher von den Pflanzen aufgenommen worden sind. Es liegt also eine »Übertragungskette« vor, die aus dem Unbelebten, dem Anorganischen, kommt und die Nährstoffe in die Organismen schleust. Diese Kette, auch *Nahrungskette* genannt, ist im Falle des Höckerschwans sehr kurz. Sie umfaßt nur zwei Stufen, die Wasserpflanzen als *Produzenten* und die Schwäne als Erstverbraucher oder *Konsumenten* 1. Ordnung. Dann ist sie schon zu Ende, weil die großen Schwäne keine Nahrungsbasis für eine andere Art abgeben; den seltenen Fall einer erfolgreichen Jagd eines Seeadlers auf einen Höckerschwan ausgeklammert. In anderen Fällen sind die Nahrungsketten mehrgliedrig. So zum Beispiel, wenn nicht die höheren Wasserpflanzen, wie die Laichkräuter oder Tausendblätter, an der Basis stehen, sondern die mikroskopisch kleinen Algen. Auch sie sind Produzenten, und zwar *Primärproduzenten*, weil sie als Pflanzen aus den unbelebten Ausgangsmaterialien Kohlendioxid, Wasser und Nährsalzen das organische Material, die Pflanzensubstanz, auf-

bauen. Aber da sie so klein sind, können sie nur von ähnlich kleinen Organismen aus dem Wasser herausgefiltert werden. Einzellige Tierchen, selbst noch mikroskopisch klein, vollziehen in diesem Fall den ersten Nutzungsschritt. Sie werden dann ihrerseits von etwas größeren erbeutet, beispielsweise von Wasserflöhen oder Hüpferlingen. Die sind nun groß genug, von den Kleinfischen entdeckt zu werden. Gezielt »picken« diese die Wasserflöhe auf. Doch ihnen lauern andere Arten auf: Größere Fische oder große, räuberische Insektenlarven. Ein Nährstoffteilchen, das ursprünglich von den Mikroalgen aufgenommen worden war, hat nun bereits die fünfte Nutzungsstufe erreicht, und es kommen weitere hinzu. Große Fische oder Wasservögel können die nächste Stufe bilden, und ihnen stellen schließlich die Endverbraucher nach. Zu ihnen gehören bei einer solchen Nahrungskette die Kormorane, Reiher, Fischadler und auch der Mensch.

Fischadler

Bis zu sieben Stufen lang kann so eine Nahrungskette werden; ein achter Schritt wäre extrem selten. Dann sind die Möglichkeiten erschöpft. Die große Mehrzahl der natürlicherweise vorkommenden Nahrungsketten umfaßt zwischen

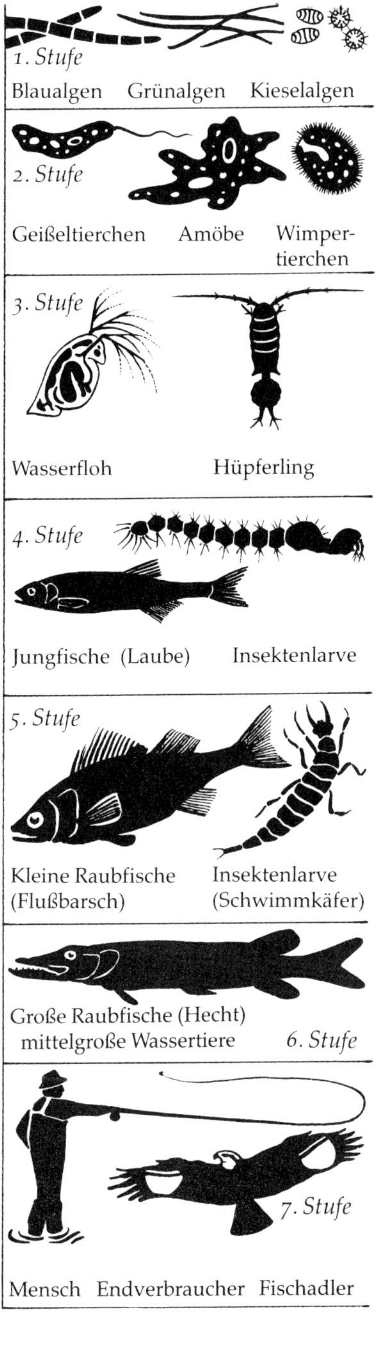

1. Stufe
Blaualgen   Grünalgen   Kieselalgen

2. Stufe
Geißeltierchen   Amöbe   Wimpertierchen

3. Stufe
Wasserfloh   Hüpferling

4. Stufe
Jungfische (Laube)   Insektenlarve

5. Stufe
Kleine Raubfische   Insektenlarve
(Flußbarsch)   (Schwimmkäfer)

Große Raubfische (Hecht)
mittelgroße Wassertiere   **6. Stufe**

7. Stufe
Mensch   Endverbraucher   Fischadler

zwei und fünf Glieder. Warum ist das so? Das liegt daran, daß mit jedem Nutzungsschritt ein Großteil des Energie-Inhaltes verloren geht – im Schnitt etwa 90%. Viel besser wird der Wirkungsgrad nicht. Die Lebewesen können hierbei die Gesetze der Physik nicht austricksen. Nach Abschluß aller Umbauvorgänge bei der Verdauung der Nahrung und Abzug des Energieaufwandes für das Fangen oder Abweiden bleiben gerade diese 10% Gewinn übrig; nicht mehr, oft sogar weniger. Die Nahrungsketten nehmen daher eine merkwürdige Gestalt an, wenn wir sie in Energie-Einheiten übersetzen. Ausgehend von einer Nutzungsbasis gleich 100% (vorhandene Pflanzenmasse beispielsweise) sind nach dem 1. Nutzungsschritt noch 10% in der Nettobilanz übrig. Beim nächsten Schritt verbleiben 10% dieser 10%, also nur noch 1 Promille, beim dritten noch ein Zehntausendstel und so fort. Je länger die Kette wird, um so winziger gestaltet sich der Anteil, der weitergegeben werden kann.

Ketten mit fünf und mehr Gliedern brauchen somit eine außerordentlich große Ausgangsbasis. Sie kann einen festen Bestand darstellen, wie etwa die Wasserpflanzenmasse, die im Herbst von den Schwänen abgeweidet wird. Dann leben von den vorhandenen 350 000 kg Wasserpflanzen knapp 500 Schwäne mit einem Durchschnittsgewicht von 12 kg, also etwa 6000 kg Schwäne und 12 000 bis 15 000 Bläßhühner mit rund 1 kg Gewicht. Zusammen mit 2000 Schnatterenten, die 0,7 bis 0,8 kg wiegen, bringen es die Wasservögel insgesamt auf rund 20 000 kg Lebendgewicht *(Biomasse)*.

93

Während der herbstlichen Nutzung der Wasserpflanzen besteht also ein Verhältnis von 17,5:1 zugunsten der Wasserpflanzen. Die Wasservögel erreichen nur etwa 5 bis 6%. Da sie aber rund 90% der Wasserpflanzen im Herbst abweiden, könnte das Verhältnis gar nicht besser zugunsten der Wasservögel verschoben werden. Die Nahrung würde sonst zu schnell aufgebraucht sein. Von den Enten und Bläßhühnern dürfte nicht einmal jede Tausendste von einem Greifvogel erbeutet werden, so selten sind die großen Falken, Weihen oder Adler. Die Nahrungskette ist somit praktisch am Ende. Nur der Mensch schiebt sich mit der Bejagung der Wasservögel noch in diese Abfolge hinein und verlängert die Kette um ein Glied. Ob das für die Nutzung der Wasserpflanzenbestände günstig oder ungünstig ist, wird im Kapitel über die Jagd behandelt.

Das Verhältnis 1:10 bis 1:1000 findet sich bei allen Nutzungsstufen, die daraufhin untersucht worden sind. Der Energieverlust, der sich darin ausdrückt, ist so gewaltig, daß für jeden Kleinfisch das Vieltausendfache seines Körpergewichtes an Energie von den Algen im Wasser »eingefangen« werden muß. Stapelt man die einzelnen Nutzungsschritte übereinander, so daß die Nahrungskette von unten nach oben verläuft, entstehen sogenannte *Nahrungspyramiden*, die sich zur Spitze hin rasch verjüngen. Unter jedem Individuum in Spitzenposition liegt also eine mehr oder minder große Pyramide, die dieses Individuum im Naturhaushalt trägt. Bei den Mikroalgen im See scheint dies nicht zu stimmen. Ihre Biomasse ist

gar nicht so groß, so daß die Fische, die letztendlich davon leben, zusammen erheblich mehr Gewicht auf die Waage bringen würden. Trotzdem stimmen die Beziehungen. Die scheinbare Umdrehung liegt einfach daran, daß die Mikroalgen sich so schnell vermehren, daß sie in der Zeitspanne, die vom ersten Nutzungsschritt bis zum letzten bei den großen Fischen oder den fischfressenden Wasservögeln verstreicht, ein Vielfaches der eigenen Biomasse erzeugt haben. Rechnet man diesen Umstand ein, bleibt das Pyramidenverhältnis erhalten.

Die einzelnen Stufen der Nahrungskette werden als *Nahrungsebenen* oder *Trophiestufen* bezeichnet. Denn mit jedem Schritt wechselt gewissermaßen das Niveau. An der Basis stehen entweder die grünen Pflanzen als Primärproduzenten oder organisches Abfallmaterial *(Detritus)*, das von Bakterien und Pilzen zersetzt wird. Eiweiß und Fettstoffe, die sie damit aufbauen, dienen höheren Organismen als Nahrung. Auch auf der Basis des organischen Detritus können Nahrungsketten aufbauen, in bedeutenderem Umfang jedoch nur im Wasser. An Land geht der Großteil der Nährstoffe in die Bodenbildung ein und wird dort zum Ausgangsmaterial für das Pflanzenwachstum. Wo Regenwürmer oder andere von zersetztem organischem Material lebende Kleintiere den Ansatz für Nahrungsketten bilden, kann an Land eine ähnliche Struktur zustande kommen wie im Wasser. Dort verläuft die auf Detritus aufbauende Nahrungskette entweder über die Fische oder über die Wasservögel. Es sind zunächst vornehmlich die Schlammröhren-

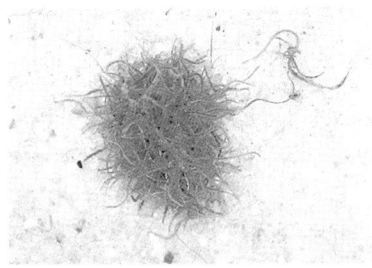

Schlammröhrenwurm (Tubifex sp.)

Zuckmückenlarve (Chironomus sp.)

würmer und Mückenlarven, die das organische Detritusmaterial samt des Bakterienrasens und Pilzgeflechts, das ihn durchdringt, als Nahrung aufnehmen.

Bei geringer Siedlungsdichte dieser *Schlammfauna* verläuft der größte Teil der nun einsetzenden Nahrungskette über die Fische. So lange genügend Sauerstoff im Wasser vorhanden ist, eignen sie sich als Nutzer der Schlammfauna besser als die Wasservögel, weil sie mit einer viel geringeren Nahrungsdichte zurechtkommen. Schon Werte von 10 Gramm Schlammfauna-Biomasse

und weniger pro Quadratmeter reichen durchaus aus, um eine gute Fischproduktion zu ermöglichen. Denn die Fische verausgaben weder einen hohen »Heizungskosten-Anteil« an der aufgenommenen Nahrung wie die Wasservögel, die ihre Körper auf gut 40 °C warmhalten müssen, noch brauchen sie gegen den Auftrieb anzukämpfen, der die tauchenden Wasservögel immer nach oben drückt. Die Fische richten ihr spezifisches Gewicht so ein, daß sie im Wasser schweben und daher keine Energie zur Kompensation des Auftriebs aufzuwenden haben.

Die Bergente taucht meist zwischen 2 und 4 Meter tief

Für die Vögel muß sich das Hinabtauchen zum Gewässergrund lohnen. Nur wenn ihnen die Nahrung mehr Energie einbringt, als sie für ihren Erwerb ausgeben, ergibt sich eine positive Bilanz.

Die Wasservogel-Nahrungskette erfordert aus diesem Grund eine wenigstens zehnfach günstigere Basis als die Fisch-Nahrungskette. Damit werden Wasservögel zum Anzeiger, zum *Bioindikator* für den ökologischen Gewässerzustand. Je mehr Nährstoffe das Wasser, insbesondere die obersten Bodenschlammschicht enthält, um so größer werden die Mengen und um so energetisch anspruchsvoller die Arten der Wasservögel sein – und umgekehrt! Lange Nahrungsketten, die über die Fische laufen, zeugen – aus menschlicher Nutzungssicht – von guter Wasserqualität, während kurze, die schnelle, intensive Nutzung bedeuten, auf Nährstoffanreicherung *(Eutrophierung)* hinweisen. Die Wasservögel reagieren so empfindlich wie Meßinstrumente. Aber sie haben diesen voraus, daß sie »integriert« messen und eine Vielzahl von Umweltgegebenheiten gleichzeitig anzeigen, weil sie auf den ökologischen Gesamtzustand und nicht nur auf einzelne Meßgrößen reagieren.

Als am Pilsensee in Oberbayern eine Ringkanalisation installiert worden war, ging die Menge der Wasservögel drastisch zurück und signalisierte damit die gute Wirkung dieser Maßnahme zur Verbesserung der Wasserqualität. Denn mit Abnahme der Wasserqualität steigt die Menge der Wasservögel und umgekehrt. Auf sauberen, nährstoffarmen Gewässern finden sich Wasservögel nur in geringer Zahl. Die meisten sind Fischfresser. Auf verschmutzten, nährstoffreichen Seen hingegen herrschen Allesfresser oder Arten vor, die von der Schlammfauna leben.

Die Nährstoffverhältnisse setzen sich über die Nahrungsketten fort! Merkwürdigerweise scheinen diese Ketten aber um so länger zu werden, je knapper die Nährstoffe sind. Gibt es reichlich Nahrung, sind ihre Verwertungswege kurz, bei Nahrungsknappheit aber lang. Wie paßt das zusammen? Der Naturschutz beklagt häufig den Verlust oder die Gefährdung von Arten in Spitzenpositionen der Nahrungsketten. Das Gegenteil, möchte man meinen, müßte zumindest bei uns in Mitteleuropa der Fall sein, wo die Nährstoffversorgung durch die Düngung der Fluren und durch die Abgase der Kraftfahrzeuge bis ins Übermaß »verbessert« worden ist.

Warum werden bei verbesserter Nährstoffzufuhr die Nahrungsketten nicht länger und geben damit in größerem Umfang den Arten in Spitzenpositionen, wie den Greifvögeln, Störchen und Reihern, dem Otter, Luchs oder dem Seehund, ausreichende Überlebenschancen? Statt dessen verkürzen sich die Nahrungsketten bei Nährstoffzufuhr: Aus der langen Kette, die im oligotrophen See von den Mikroalgen über fünf oder sechs Stufen schließlich zum Hecht, Gänsesäger oder Fischadler (und zum Menschen) führt, wird beim Übergang zum nährstoffreichen, eutrophen See eine kurze, die von den Wasserpflanzen zu den Schwänen und Bläßhühnern einerseits oder von der Schlammfauna zu den

Schwimm- und Tauchenten anderseits führt. Was geht hier vor?

Nun, daß Nahrungsketten lang werden, hat einen guten Grund. Lange Nahrungsketten halten die Nährstoffe *lange* im lebendigen System, eben in der Nahrungskette. Sie gehen nur in kleinen Dosen und kontrolliert wieder ins Wasser oder in den Bodenschlamm zurück. Die Energieverluste werden auf diese Weise zwar hoch, aber die Substanzverluste gering. Im Extremfall bleiben die Nährstoffe ganz in den Organismen und kommen praktisch überhaupt nicht in den äußeren Vorrat zurück. Dies ist im Tropischen Regenwald der Fall und ganz ähnliches gilt für einen nährstoffarmen See. Kaum werden Nährstoffe frei, greift schon wieder irgendein Organismus zu und holt sie in die Nahrungskette zurück. Auf diese Weise verzögert sich der Umsatz und die Nährstoffe bleiben viel länger im lebendigen Systemteil als bei kurzen Nahrungsketten. Dort erfolgen die Umsätze schnell und mit großen Materialverlusten. Daher kommt es unter nährstoffreichen Bedingungen auch leicht zur Ansammlung von Überproduktion, die nicht abgebaut werden kann, bis der neue Umsatzzyklus beginnt.

Wenn die Wasservögel in den nährstoffreichen Seitenbuchten der Innstauseen anstatt 90% der pflanzlichen Biomasse nur 70% verwerten, sammeln sich die verbleibenden organischen Massen an und es kommt zur Bildung von Faulschlamm. Dieser hemmt nun in der Folge die weitere Produktion, weil bei der Faulschlammbildung giftiges Gas (Schwefelwasserstoff) entsteht. Wertvolle Nährstoffe können dabei der Produktion entzogen werden, die sonst erneut in die Nahrungsumsetzungen mit einbezogen worden wären.

Die kurzen Ketten arbeiten schnell, aber mit der Gefahr von Verlusten. Die langen sind viel langsamer, aber sicherer. Unter den Bedingungen von Nährstoffknappheit – und solche herrschten in den meisten Gebieten und während des allergrößten Teiles der Entwicklungszeiträume vor – bauten sich daher lange Nahrungsketten auf. Ihr Nachteil ist, daß sie keinen abschöpfbaren Überschuß mehr hervorbringen, weil alles schon während des langen Weges aufgebraucht wird. Am Ende können nur noch einige besondere Spezialisten in ganz geringer Häufigkeit leben.

Solche Nahrungsketten stabilisieren zwar den Naturhaushalt, aber für die menschliche Nutzung taugen sie kaum. Denn der Mensch braucht Überschußproduktion. Und die fällt nur in kurzen Ketten an. Alle menschlichen Nutzungssysteme richten sich daher auf eine Verkürzung der Nahrungsketten und eine Verringerung der beteiligten Arten. Je weniger Arten und je einfacher die Nahrungskette, um so größer wird der erzielbare Überschuß. Damit verarmt der Mensch mit seinem Eingriff zwangsläufig das Artenspektrum, das in den Nahrungsketten beteiligt ist. Welche Folgen das hat, wird später behandelt.

Streng genommen sind richtige Ketten ein Sonderfall, der vor allem bei kurzen Nahrungssystem auftritt. Je länger die Ketten werden, um so mehr verknüpfen sie sich untereinander. Es entsteht ein *Nahrungsnetz*; gerade so, wie sich Fäden über Knoten zu einem Netzwerk verbinden lassen. Diese Netze sind die Regel in komplexen Systemen. Überall, wo mehrere Arten beteiligt sind, entstehen solche Netzwerke, weil die einzelnen Arten höchst selten eine ganz bestimmte Position im Nahrungsgefüge einnehmen. Das wäre auch recht gefährlich, denn es würde eine 100%ige Spezialisierung auf nur eine ganz bestimmte Art von Nahrung bedeuten. Der Spezialist wäre dann auf Gedeih und Verderb gezwungen, die Schwankungen in der Häufigkeit dieser Nahrung mitzumachen. Kommt er dagegen mit mehreren verschiedenen Nahrungsarten zurecht, kann er die Schwankungen auffangen und abpuffern.

Nahrungsnetze sind daher stabiler als Nahrungsketten und bilden die Antwort der Natur auf die mehr oder minder rasch wechselnden Verhältnisse der Umweltbedingungen, die Produktion und Verbraucher beeinflussen. Der Mensch hält sich selbst gern an dieses Prinzip und sucht nach »mehreren Standbeinen«, um sich gegen unvorhersehbare Schwankungen abzusichern. Es ist daher sinnvoller, die Arten, die einer bestimmten »Ernährungsschicht« zuzurechnen sind, in einer Gruppe zusammenzufassen. Man nennt sie *Trophie-Ebene*, weil alle Beteiligten den gleichen Abstand von der Primärproduktion aufweisen. Die unterschiedlichsten Organismen können darin zusammenkommen – und sich Konkurrenz machen! Denn alle (Nahrungs-)Konkurrenten gehören der gleichen Ebene an. So finden sich neben den Schwänen als Wasserpflanzenfresser die schon genannten Bläßhüh-

ner, Schnatter- und Kolbenenten, aber auch die Bisamratte oder bestimmte Wasserschmetterlinge, deren Raupen an den Blättern der Wasserpflanzen fressen. Sie alle gehören als Erst- oder *Primär-Konsumenten* in die gleiche nahrungsökologische Schicht, in die 2. Trophie-Ebene (nach der Produktion die 1. der Konsumenten). Der Fischotter, der eine Bisamratte erbeutet, nimmt den gleichen Abstand von der Basis ein wie die Rohrweihe, die sich ein Bläßhuhn greift oder der Schwarzhalstaucher, der eine Wasserschmetterlings-Raupe fängt.

Die Gliederung der Nahrungsbeziehungen in Nahrungsketten und -netze macht die ökologischen Zusammenhänge ungleich besser durchschaubar. Aus ihr geht hervor, warum beispielsweise die Biber so viel größer und schwerer sein können als die Wasserspitzmaus oder die Haubentaucher: Sie stehen viel näher an der Produktionsbasis als diese *Tertiär-Konsumenten*, die schon zwei oder noch mehr Nutzungsschritte zwischen sich und der Basis haben. Bei zwei Schritten verringerte sich die verfügbare Energie bereits auf ein Hundertstel bis ein Tausendstel! Die Pflanzenfresser können daher generell entweder größer und/oder zahlreicher werden als die Fleischfresser und große Raubtiere müssen von Natur aus selten sein.

Aber noch etwas geht aus dieser Struktur der Nahrungsketten hervor, das in unserer Zeit besonders bedeutsam geworden ist. Es handelt sich um ein Phänomen, mit dem niemand gerechnet hatte, weil die Zusammenhänge nicht bekannt waren: die Anreicherung von Schad-

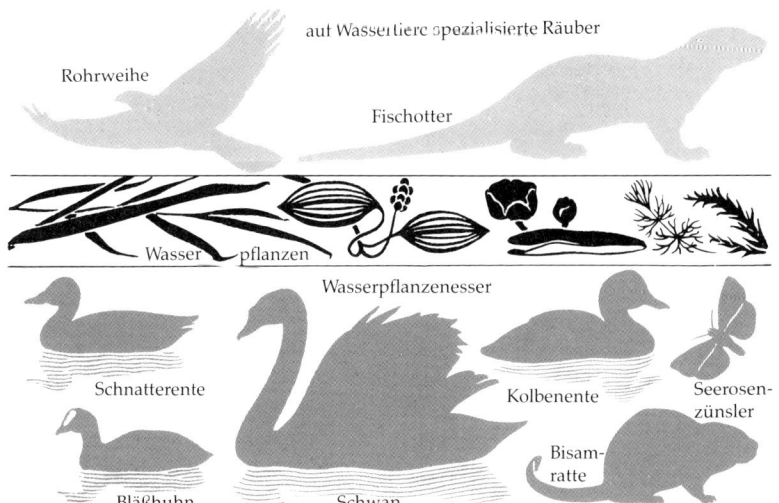

auf Wassertiere spezialisierte Räuber

Rohrweihe

Fischotter

Wasser pflanzen

Wasserpflanzenesser

Schnatterente

Kolbenente

Seerosen-
zünsler

Bisam-
ratte

Bläßhuhn

Schwan

Trophie-Ebenen

stoffen in den Nahrungsketten. Wie kommt sie zustande?

Als nach dem Kriege weltweit in großem Umfang DDT als Insektenvernichtungsmittel eingesetzt wurde, ahnte man die Folgen nicht. Das höchst wirkungsvolle DDT tötet die Insekten ab und nach und nach wird es in der Natur wieder abgebaut – meinte man. Doch dem war nicht so. Das DDT tauchte an allen möglichen Stellen und in allen nur erdenklichen Organismen auf, die gar nicht damit behandelt worden waren; einschließlich der menschlichen Muttermilch. Zeitweise war diese so belastet, daß den Müttern geraten wurde, ihre Babys nicht zu stillen, sondern mit Dosenmilch oder Trockenmilch zu ernähren.

Das DDT wurde über die Nahrungsketten angereichert. Die Struktur der Nahrungsketten bringt dies automatisch mit sich. Wenn die DDT-Rückstände im Wasser von Seen oder im Meer im millionenfacher Verdünnung vorliegen, lagern sie sich in winzigen Mengen an den Mikroalgen an, weil deren äußere Hülle fettähnliche Stoffe enthält. Das im Wasser schwer lösliche DDT löst sich ungleich leichter in Fettstoffen. Diese solcherart mit Spuren von DDT umgebenen Mikroalgen werden nun von Kleintieren herbeigestrudelt und verzehrt. Ein Kleinkrebschen zum Beispiel holt sich Hunderte davon in kurzer Zeit aus dem Wasser. Damit steigert sich die DDT-Konzentration entsprechend auf das Hundertfache des Wertes der Mikroalgen. Die Kleinfische, die den Krebschen nachstellen, brauchen Tausende von ihnen, um sich zu ernähren. All dies läuft recht schnell, innerhalb von wenigen Tagen ab. Die Konzentration des DDT hat sich nach diesem zweiten Schritt bereits verzehntausendfacht oder ist sogar auf das Hunderttausendfache angestiegen. Die Kleinfische bilden aber bekanntlich nicht das Ende der Nahrungskette. Sie dienen größeren und diese wieder den Raubfi-

Wanderfalke

schen als Nahrung, bis schließlich die Endglieder der fischfressenden Wasservögel und der Mensch erreicht sind. Die Konzentration kann inzwischen das Hundertmillionenfache der Ausgangsverdünnung erreicht haben und eine Größenordnung annehmen, die tatsächlich Schäden verursacht. So wurde der Kalkstoffwechsel bei der Bildung der Greifvogeleier durch das DDT und seine Abbauprodukte so sehr in Mitleidenschaft gezogen, daß die Eischalen zu dünn wurden und beim Brüten zerbrachen. Wanderfalken und Pelikane, Reiher und Störche brachten daraufhin kaum mehr Nachwuchs hoch und ihre Bestände brachen weltweit zusammen. Der Wanderfalke drohte auszusterben, weil die über Kontinente wandernden Wasservögel das DDT in ihren Körpern bis in die Arktis hinauf verfrachtet hatten. Sogar in den Pinguinen am Südpol fanden sich alarmierende Mengen von DDT. Es dauerte mehr als ein Jahrzehnt, bis die DDT-Werte wieder zurückgingen, nachdem seine Anwendung in vielen Ländern verboten worden war.

Dieses ungewollte und höchst gefährliche Großexperiment zeigte, wie die Nahrungsketten wirken und wie die Stoffe durch sie weitergereicht werden. Die Fähigkeit der Organismen, Stoffe anzureichern, die sie benötigen, und dabei auch Substanzen gleichsam als blinde Passagiere zu konzentrieren, die im natürlichen Kreislauf der Stoffe nicht vorkommen, wurde durch die DDT-Story eindrucksvoll vorgeführt. Ob die Warnung, mit dem Naturhaushalt nicht so leichtfertig umzugehen, die gebotene Achtung fand, muß heute bezweifelt werden.

6. Die größeren Zusammenhänge

Was ist ein Ökosystem?

Die Nahrungsketten und ihre Eigenschaften bieten nun den Schlüssel für ein umfassenderes Verständnis des Naturhaltes: Ihr Funktionieren weist den Weg: Organische Verbindungen werden durch sie bewegt und verwandelt – aber wohin gelangen sie und wie kehren sie wieder zurück? Was treibt das Geschehen an? Was steckt dahinter? Wieder hilft unser Beispiel der Höckerschwäne ganz gut weiter. Wenn sie die Wasserpflanzen abweiden, sind diese nicht einfach verbraucht. Nur ganz wenige Organismen, vornehmlich sind dies Parasiten, nehmen Nahrung zu sich, die sie vollständig verwerten können, ohne daß Rückstände anfallen. Saugwürmer gehören zu diesen »Sonderlingen«, die nicht einmal einen After ausbilden, weil sie ihn nicht brauchen. Die große Mehrzahl der Lebewesen ernährt sich anders. Sie nimmt die Nahrung auf, verwertet einen Teil davon und gibt den unbrauchbaren Rest in Form von Ausscheidungen (Exkrementen) wieder ab. Bei den Schwänen ist das nicht anders. Von den abgeweideten Wasserpflanzen erscheint ein Teil, etwa ein Drittel, wieder in Form der Exkremente. Sie werden beim Ruhen an Land abgesetzt oder ins Wasser abgegeben. Zerriebene Pflanzenreste und verdauter Darminhalt vermischen sich zu einem Brei, der mit seiner grünlichen Farbe andeutet, daß die Verdauung sehr schnell vonstatten ging: der grüne Blattfarbstoff wurde nicht einmal ganz umgesetzt. Andere Tiere sind gründlicher. Aber in jedem Fall enthalten die Exkremente unverdautes Material und Abfallstoffe des Körpers. Sie kommen gewissermaßen zurück in das System, dem sie entnommen wurden – allerdings in veränderter Form.

Was geschieht aber mit dem verwerteten Teil? Er nimmt zwei Wege. Der eine führt in die Wärme-Erzeugung des Körpers. Kohlenhydrate und Fette aus den Wasserpflanzen werden »verbrannt«. Sie heizen den Schwanenkörper und verlassen ihn in Form von Kohlendioxid, das ausgeatmet wird, und Wasser. Den Rest behält der Körper zurück, wenn der Heizungsbedarf nicht zu groß war. Er wird in körpereigene Substanzen umgebaut. Bei den Jungschwänen dient er dem Wachstum, bei den Alten als Reserve für nahrungsknappe Zeiten oder zur Ausbildung der aufwendigen Eier. Ein Teil der aufgenommenen Nahrung wird also verbrannt, ein weiterer gespeichert und der Rest als Abfall ausgeschieden. Im Prinzip gilt das für jeden tierischen und menschlichen Nahrungsstoffwechsel, nur daß die wechselwarmen Tiere keine »Heizungskosten« aufwenden, um eine bestimmte Körpertemperatur zu halten. Aber für Bewegung und Speicherung benötigen sie die Nahrung in gleicher Weise. Mit einer solchen Nutzung verbindet sich also eine Netto-Entnahme von Nährstoffen, vor allem wenn die Nutzer abwandern. Insbesondere die Bläßhühner exportieren eine große Menge Nährstoffe, weil sie nach der herbstlichen Wasserpflanzennutzung in die Winterquartiere weiterziehen und damit das Produktionsgebiet der Wasserpflanzen verlassen. Würden alle Wasservögel bleiben und nach und nach sterben, kämen auch alle in ihren Körpern festgelegten Nährstoffe zuletzt wieder zurück und der Kreislauf wäre geschlossen. In zahlreichen Lebensräumen ist das so. Die Bewohner bleiben dort, nutzen die Produktion und geben die Nährstoffe irgendwann wieder zurück. Dadurch entsteht ein gut überschaubarer Kreislauf der Nährstoffe.

Bleiben wir bei den Schwänen: Die Exkremente, die sie abgeben, enthalten neben Harnsäure noch eine Reihe organischer Stoffe, die von Bakterien zersetzt werden können. Dies geschieht sowohl im Wasser als auch auf dem Land. Das organische Material wird dabei wieder zurückverwandelt in die anorganischen Bausteine, in die Nährsalze und in das Kohlendioxid. Dabei wird Sauerstoff verbraucht, und zwar genauso viel, wie vorher bei der Synthese der organischen Stoffe freigeworden ist. Diese Abbautätigkeit vollziehen Bakterien und Pilze. Sie werden deswegen als *Destruenten*, als »Zersetzer« des organischen Materials oder als *Reduzenten* bezeichnet, weil sie die organischen Stoffe wieder in den anorganischen Ausgangszustand zurückführen. Damit schließt sich ein Kreislauf, weil diese Stoffe ihrerseits nun wieder für eine pflanzliche Produktion zur Verfügung stehen. Der Kreislauf besteht aus drei Hauptteilen (*Segmenten*):

den *Produzenten*, die das organische Material herstellen, den *Konsumenten*, die es weiterverwerten, und den *Reduzenten*, die es wieder in den Ausgangszustand zurückbringen. Der Kreislauf schließt sich!

Dieser Kreislauf kennzeichnet die Grundstruktur eines *Ökosystems*, denn in diesem System arbeiten verschiedene Teile so zusammen, daß sich ein Ganzes ergibt. Wenn das System gut funktioniert, wenn also der Kreislauf weitgehend geschlossen ist, können die Nährstoffe wieder und wieder verwendet werden. Sie »verbrauchen« sich nicht, weil sie immer aufs neue zusammengesetzt und zerlegt werden. Was der Kreislauf verliert, muß natürlich ergänzt werden, sonst würde sein Umfang nach und nach immer kleiner, bis alle Nährstoffe abgeschöpft wären und die Organismen nicht mehr mit Nahrungsenergie versorgt werden könnten. Den Vorrat trägt in vielen Lebensräumen der Boden, in den Gewässern das Sediment, das an ihrem Grund lagert. Besonders der Humus liefert verlorengegangene Nährstoffe nach, wenn sie vom Regen ausgewaschen oder von den Nutzern entnommen und exportiert werden. Bei massiver Nährstoffentnahme, wie sie beispielsweise der Mensch in seinen agrarischen Ökosystemen (*Agro-Ökosystemen*) durchführt, reicht der natürliche Vorrat nicht lange. Die Nährstoffe müssen ergänzt werden, was heute meist in Form von Mineraldüngern geschieht.

Die Dreigliederung des Ökosystems läßt sich noch weiter in eine Zweigliederung vereinfachen, wenn man alle Lebewesen auf die eine Seite bringt und die leblosen (abioti-

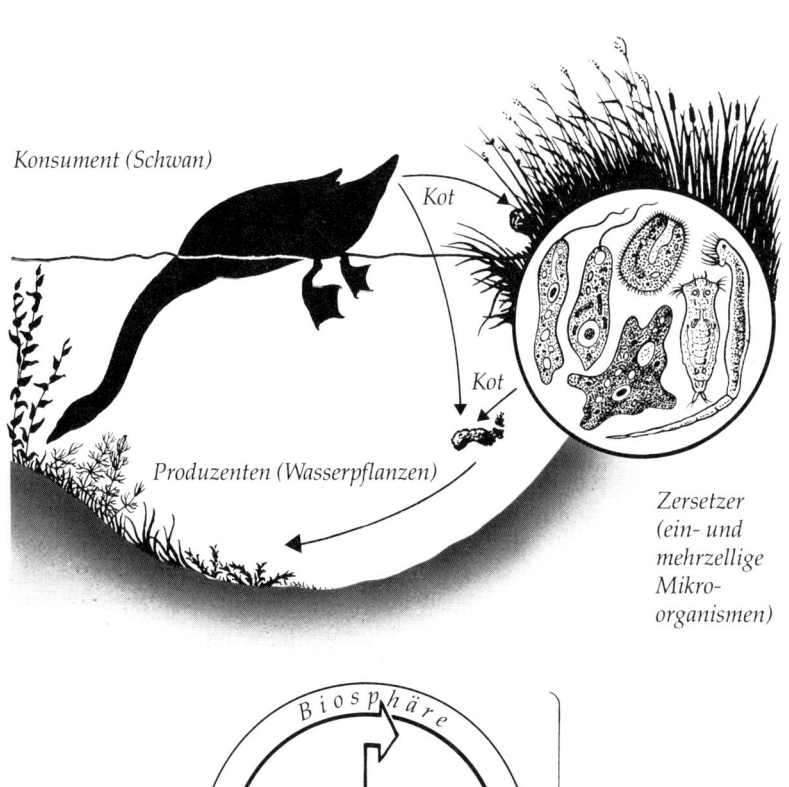

Konsument (Schwan)

Kot

Kot

Produzenten (Wasserpflanzen)

Zersetzer
(ein- und
mehrzellige
Mikro-
organismen)

Biosphäre

Biozönose | Biotop

Ökosystem

schen) Stoffe mit dem dazugehörigen Raum auf die andere. Dann erhält man die schon früh in der wissenschaftlichen Ökologie vorgenommene Aufteilung in Lebensgemeinschaft *(Biozönose)* und Lebensraum *(Biotop)*. Beide zusammen formen das Ökosystem. Es überzieht als dünne Hülle die gesamte Erde *(Biosphäre)*. Für die Praxis läßt sich diese umfassende Biosphäre aber durchaus in Teilbereiche zerlegen, die dann als Ökosysteme bezeichnet werden. Feste Grenzen kennen sie allerdings nicht, genauso wenig wie die Lebensgemeinschaften. Die Grenzziehung nehmen wir vor, wenn wir bestimmte Fragen an das Ökosystem richten. Dann scheidet die ökologische Forschung ein Innen von einem Außen und untersucht, was sich innerhalb der gewählten Grenzen abspielt und wie die Außeneinflüsse darauf wirken. Der Ökosystembegriff kennzeichnet daher eine Betrachtungsweise oder Forschungsmethode und nicht die wirklichen Einheiten der Natur. Dies sind die Arten mit den Lebensräumen, den Menschen eingeschlossen.

Übrigens gab es die grundsätzliche Dreiteilung in Produzenten, Konsumenten und Reduzenten nicht immer. Ursprünglich war das Ökosystem der Erde einfacher strukturiert. Es gab zunächst nur Reduzenten, die sich ihre Lebensenergie dadurch holten, daß sie energiereiche Stoffe, die durch chemische und physikalische Vorgänge entstanden waren, zerlegten und sich dabei der freiwerdenden chemischen Energie bedienten.

Im nächsten Schritt kamen nach jahrmillionenlanger Existenz dieser noch gänzlich ohne Sauerstoff »arbeitenden« Reduzenten die Produzenten hinzu, die mit der Entwicklung der Photosynthese unabhängig von der zufälligen Entstehung energiereicher Verbindungen wurden. Sie synthetisierten sich selbst die Stoffe, die sie zum Leben brauchen, mit Hilfe des Sonnenlichtes und des Farbstoffes Chlorophyll. Die Folge dieser »Entdeckung« war ein ungeheurer Produktionsschub, der in sich selbst zu ersticken drohte, weil die Reduzenten nicht mehr mithalten konnten, obwohl sie inzwischen auch den Abbau unter Einsatz von Sauerstoff »erfunden« hatten. Das globale Ökosystem war höchst unausgewogen und brachte Überschüsse in Massen.

Erst mit der dritten Stufe, mit den Konsumenten, wendete sich die Einseitigkeit des Geschehens zum Kreislauf. Jetzt konnten Produktion und Abbau zeitlich entkoppelt und damit ungleich wirkungsvoller gestalten werden. Im kleinen machen die Landwirte das heute noch nach: Sie schicken Kühe auf die Weide, die das Gras verwerten und in Milch und Fleisch umwandeln. Die dabei anfallende Jauche und der Mist werden wieder auf die Wiesen zurückgebracht, um den Nährstoffkreislauf aufrechtzuerhalten. Ohne Beweidung würde die Grasproduktion schnell zurückgehen, weil die abbauenden Mikroorganismen mit der Überproduktion des Sommers nicht Schritt halten könnten. Ein Großteil des abgestorbenen Grases würde sich in eine sich verfilzende, schwer abbaubare Masse verwandeln und die Wirksamkeit des ökologischen Kreislaufes senken.

Mit der Vervollständigung des globalen Ökosystems der Biosphäre konnte sich schließlich im Verlaufe der Jahrmillionen der Erdgeschichte die globalen Kreisläufe des Kohlendioxids (Kohlenstoffkreislauf), des Sauerstoffs und des Stickstoffs ausbilden, von deren Funktionieren das Wohl und Wehe auch der Menschen abhängt. Denn nur geringe Veränderungen im Kohlendioxidgehalt der Atmosphäre können außerordentliche Folgen nach sich ziehen. Wenige Grad Temperaturverschiebung machen den Weg in eine neue Eiszeit frei oder führen zum »Glashauseffekt«, d. h., zur Aufheizung und zum starken Anstieg der Erdtemperaturen. Das globale System ist so fein ausbalanciert, daß sich bis zum Beginn unseres

Kurze »produktive« Stoffkreisläufe kennzeichnen die Landwirtschaft

Jahrhunderts am Kohlendioxidpegel von 0,03% über erdgeschichtlich unvorstellbar lange Zeiträume nichts geändert hatte. Die im Eis der Gletscher eingeschlossenen Luftbläschen aus vergangenen Jahrhunderten und Jahrtausenden beweisen diese Konstanz. Seit der ersten Hälfte unseres Jahrhunderts aber steigt der Kohlendioxidgehalt kräftig an, weil wir so große Mengen an fossilen Brennstoffen (Kohle und Erdöl sowie Erdgas) verheizen, die Tropenwälder abbrennen und in den Savannengürteln riesige Steppenbrände zulassen oder legen, um einen spärlichen Graswuchs nach den nächsten Regenfällen zu ermöglichen. Die Pflanzen der Erde und der Ozeane vermögen den

Überschuß nicht mehr aufzunehmen. Was sich äonenlang im Gleichgewicht befand, droht nun der automatischen Selbstkontrolle des globalen Ökosystems zu entgleiten. Die Folgen für die Menschheit lassen sich kaum abschätzen. Jedenfalls werden sie ungünstig ausfallen, denn ob Abkühlung oder Erwärmung, beides wird die Nahrungsmittelproduktion der Erde wesentlich beeinträchtigen.

Energiefluß und Stoffkreisläufe

Mit dem Kreislauf der Stoffe ist die eine wesentliche Seite des Ökosystems charakterisiert. Sie könnte nicht funktionieren, wenn es dazu keine Antriebskraft gäbe. Denn so sehr sich die Organismen auch abmühten und mit Nährstoffen vollpumpten, sie hätten nichts davon, wenn sie an ihren Energiegehalt nicht herankommen können. Das zeigt uns ein einfaches Beispiel: Papier oder Zellstoff bestehen größtenteils oder ganz aus Zellulose und Holzstoffen (Lignin). Beide werden von den grünen Pflanzen aus einfachen Zuckern aufgebaut und wie ein Kunststoff zu langen Ketten zusammengefügt (polymerisiert). Ihr Energiegehalt ist hoch, wie sich zeigt, wenn wir Papier und Holz verbrennen. Doch die wenigsten Organismen können mit diesen Stoffen etwas anfangen. Ihre Energie ist so gut verpackt, daß sie nicht an sie herankommen. Nur ganz bestimmte Spezialisten unter den Mikroorganismen verfügen über Stoffe (Enzyme), mit deren Hilfe sie die Zellulose in Zucker aufspalten.

Das ist der entscheidende Punkt: Nicht die Stoffe an sich sind für das Leben bedeutsam, sondern ihr Energiegehalt. Die Energie ist die »geheimnisvolle Kraft«, die in den Nährstoffen steckt und ihren Nährwert ausmacht. Sie stammt, wie wir wissen, letztendlich von der Sonne. Die grünen Pflanzen haben sie mit ihren Chlorophyll-Antennen eingefangen, verfügbar gemacht, in chemischen Verbindungen abgelegt und auf diese Weise gespeichert. Ohne diese chemische Speicherung könnte Leben nicht existieren, denn die Strahlungsenergie der Sonne kommt mit Lichtgeschwindigkeit und verläßt die Erde mit der gleichen unvorstellbaren Geschwindigkeit wieder. Nicht einmal Sekundenbruchteile hätte das Leben »Zeit«, sich von dieser Energie den Antrieb zu verschaffen. Nur wenn es gelingt, den »Energiefluß« zu verzögern, bestehen Chancen zum Aufbau der komplizierten Substanzen, an die das Leben gebunden ist; allen voran die Eiweißstoffe und Phosphorverbindungen. Die Strategie des Lebens besteht darin, die elektromagnetische Energie in chemische umzuwandeln, die lange genug verfüg- und greifbar bleibt, bevor sie den unvermeidbaren Weg der Rückstrahlung in die Tiefen des Weltalls nimmt.

Des gleichen Mittels bedienen sich die Ökosysteme. Sie sind wie die Organismen »Energiewandler« und treiben mit der eingefangenen Energie die Stoffkreisläufe an. Auch wenn das für das ganze System gilt, so sind und bleiben es doch die Organismen selbst, die dieses Kunststück bewerkstelligen. Ohne sie könnte es kein Ökosystem geben.

Wald und Wasser puffern die eingestrahlte Sonnenenergie ab.

Ohne die Lebewesen würde zwar ein Wasserkreislauf zwischen Land und Meer stattfinden, aber kein freier Sauerstoff vorhanden sein; würde es keinen Schutzschirm aus Ozon geben und keine Stoffspeicherung in hochkomplizierten Verbindungen, die spontan nie und nimmer entstehen könnten.

Es ist die Energie, die das Geschehen antreibt und ein Funktionieren der Ökosysteme möglich macht. Es ist die gleiche Energie, die auch der Mensch benutzte, bevor er die Atomenergie anzapfte. Sie fließt durch die Ökosysteme, wird darin verzögert und gespeichert, aber nie erneuert. Stets fließt sie einseitig von der Sonne ins Weltall und nie läßt sie sich richtig »fassen«. Sich selbst überlassen, müssen alle Organismen über kurz oder lang zerfallen. Ihre Strukturen sind nicht beständig, sondern auf ständige Erneuerung angewiesen. Wie auch der Mensch! *Farbbilder S. 75.*

Nichts steht still – alles fließt (Sukzessionen)

Stoffkreislauf und Energiefluß bilden die Grundkomponenten der Ökosysteme. Diese Systeme, und mit ihnen die Natur selbst, sind deshalb aus sich heraus dynamisch, also veränderlich. Die Natur kennt kein Verharren in einem bestimmten festen Zustand. Stets ist sie in Veränderung begriffen. Kein Tag gleicht im Ablauf dem anderen; kein Jahr dem vorausgegangenen und kein Fleck auf der Erde einem zweiten. Selbst der schier endlose Ozean ist von Strömungen durchzogen, die seine Wassertemperatur ändern und die chemische Zusammensetzung des Meerwassers verschieben. Und jeder Organismus befindet sich in ständiger Dynamik. Mit jedem Atemzug gibt er Stoffe ab und nimmt andere auf. Mit der Nahrung führt er dem Körper Neues zu und gibt Altes, Verbrauchtes wieder ab. Es findet gewissermaßen ein ständiges Ringen der Organismen mit ihrer Umwelt statt. Sie versuchen ihr Beharren, Statik, abzutrotzen, ernten aber nur Veränderung, Dynamik.

Es geht nicht anders, denn jedes Verharren wäre ein Erstarren zum leblosen Kristall. Wir Menschen müssen uns mit der Dynamik der Natur vertraut machen und sie akzeptieren, auch wenn wir noch so gern das Gleichmaß hätten, das uns und unsere Bestrebungen vor unvorhergesehenen Änderungen und Überraschungen schützt. Wir kontrollieren so gut es geht unsere künstlich angelegten Ökosysteme

Artenzahl: 2–5   12–16

Sukzession: Vom Brachland zum Eichen-Hainbuchen-Mischwald. Mit der sich selbständig entwickelnden Vielfalt der Vegetation steigt auch die Zahl der Brutvogelarten. Sie nimmt aber im ausgereiften Hochwald wieder ab.

Alter: 1–2   /   3–20

und machen sie damit organismen-ähnlicher als die natürlichen. Denn diesen fehlt genau das, was wir in die »gesteuerten Ökosysteme« hineinbringen möchten: Die zentrale Funktionssteuerung und die Fortpflanzungsfähigkeit sowie die Abgrenzung nach außen. Genau die vollziehen wir, so scharf es nur geht, und trennen Natur von Kultur. Wir greifen in die Abläufe wie eine übergeordnete Kontrollinstanz nach unserem Gutdünken ein, und wir säen im nächsten Jahr oder Pflanzzyklus das, was vorher auch dagewesen ist, nämlich unsere Kulturpflanzen. Die natürlicherweise nachwachsenden Pflanzen merzen wir als »Unkraut« aus.

Der Widerstand, den wir dabei überwinden müssen, zeigt, daß die Tendenz in eine ganz andere Richtung ginge. Sie würde wegführen von der hochproduktiven Monokultur und hin zur ausgeglichenen, stabilen Vielfalt, die sich die Lebensbedingungen selbst erhält, so gut es geht. Der Vorgang, der sich dabei abspielen würde, und der sich auf jedem brachliegenden Acker beobachten läßt, ist die *Sukzession*. Sie bedeutet die Abfolge unterschiedlicher Lebensgemeinschaften, von denen die jeweils vorausgehende den nachfolgenden Schrittmacherdienste leistet. Die ersten Siedler sind die Pionierarten, die den Rohboden bewachsen oder auf den offenen Flächen nach Nahrung suchen können. Oft handelt es sich bei den Pflanzen um Einjährige, die rasch aufwachsen, blühen und fruchten. Der Wind verbreitet ihre Samen, trägt sie an andere offene Bodenstel-

46–52

30–35

25–100 / über 150 Jahre

Humusarmer Lehmauswurf wird oft vom Huflattich erstbesiedelt

len oder begräbt sie irgendwo, bis sie, nach unterschiedlich langer Ruhe, aus der »Samenbank« des Bodens hervorkeimen, wenn sich entsprechende Bedingungen eingestellt haben. Bei den Tieren finden sich viele r-Strategen, die sich schnell irgendwo fortpflanzen und dann auswandern; stets auf der Suche nach neuen Möglichkeiten, die sich eröffnen.

Schon in den nächsten Jahren fassen aber längerlebige Pflanzen Fuß. Sie brauchen zwar länger zum Wachsen und Fruchten, sie sind aber ausdauernder und beständiger. Und sie bereiten den Boden für die nächsten Siedler vor: Diese kommen in Form von kleinen Bäumen und Sträuchern, die nun ihrerseits in immer längeren Phasen von großen Bäumen abgelöst werden, bis schließlich ein scheinbarer Endzustand, die *Klimax*-Gesellschaft, erreicht ist. Sie verändert sich kaum mehr. Die Le-

bensspannen der bestimmenden Arten, allen voran der Bäume, sind so groß geworden, daß sie ein Vielfaches von Menschenaltern ausmachen. Die Veränderungen, die sich nun ergeben, sind kaum zu bemerken, so langsam laufen sie ab. Blickt man jedoch in die Geschichte, die der Blütenstaub der Pflanzen, der Pollen, in den Mooren hinterlassen hat, so wird die langfristige Veränderung erkennbar. Auf Jahrtausende mit der Vorherrschaft einer Baumart folgen solche, bei denen sich andere Arten in den Vordergrund schieben, so daß sich der Klimaxzustand als trügerisches Bild von einer Beständigkeit entpuppt, die es tatsächlich nicht gibt. Es sind nur die Zeitspannen der Veränderung so lang geworden, daß wir sie nicht mehr überblicken.

Manches deutet darauf hin, daß in den Wäldern der Erde langfristige Zyklen ablaufen. So sammeln sich in den Nadelwäldern des Nordens große Mengen unverrotteter Nadelstreu an. Schlägt der Blitz ein, kann sie sich entzünden und die Wälder lichterloh brennen lassen. Für uns ist das eine Katastrophe, für die Wälder langfristig aber eine notwendige Erneuerung. Denn zu viele Nährstoffe wurden zwischenzeitlich festgelegt, die das Feuer wieder freisetzt, und zu überaltert ist der Baumbestand, der nun einem jungen Wuchs Platz macht. Der bringt das Geschehen aufs neue in Gang. Wir müssen lernen, mit der Dynamik der Natur zu leben und dürfen uns nicht einfach gegen sie stemmen!

7. Die Teile und das Ganze

Biotope – Stätten des Lebens

Biotope sind die »Wohnorte« der Lebensgemeinschaften. Die verschiedenen Bedingungen, die in den Biotopen herrschen, führen dazu, daß jeder eine besondere Kombination von Arten aufweist. Kein Biotop gleicht einem anderen völlig. Aber dennoch gibt es Gemeinsamkeiten und Übereinstimmungen, die es erlauben, bestimmte Typen von Biotopen zu unterscheiden. Sie beinhalten so viele gemeinsame Arten und weisen so weitgehend übereinstimmende Lebensbedingungen auf, daß man auf Anhieb sagen kann, welche Arten zu erwarten sind, die im betreffenden Typ vorkommen sollten.

Die Übergänge fließen. Es gibt keine scharfen natürlichen Grenzen zwischen den verschiedenen Biotopen. Vielmehr bilden sich dort, wo zwei unterschiedliche Typen aneinandergrenzen, charakteristische Übergangsbereiche aus, die sehr artenreich sein können, weil sie einen Großteil der Arten beinhalten, die in beiden Biotoptypen vorkommen. Diese »Säume« werden *Grenzbiotope* oder *Ökotone* genannt. In der Kulturlandschaft waren sie besonders häufig, bevor die moderne Großflächen-Landwirtschaft die meisten Saumbiotope vernichtete. Hecken und Feldraine, Wald- und Straßenränder, Grabenufer und Dorfränder sind solche Grenzbiotope. Trotz geringer Fläche steuerten sie einen ganz erheblichen Anteil zur Artenvielfalt in der Kulturlandschaft bei.

Die darin noch eingestreut vorkommenden, naturnahen Biotope tragen ein charakteristisches Pflanzenkleid. Die natürliche Vergesellschaftung von Pflanzen ist sichtbarer Ausdruck für besondere Lebensbedingungen. Die Pflanzen sind ortsgebunden und können nicht kurzfristig ihren Platz wechseln wie die meisten Tiere. Ihr Vorkommen und die Zusammensetzung ihres Artenspektrums drückt daher die vorherrschenden Umweltverhältnisse ungleich genauer aus als die Tiergemeinschaften. Viele Tierarten halten sich nicht an die Grenzen, die von den Pflanzen angezeigt oder vorgegeben werden. Sie wechseln in andere Biotope, leben zeitweise dort und suchen sich die jeweils für sie günstigsten Verhältnisse. Das Vorkommen bestimmter Pflanzen

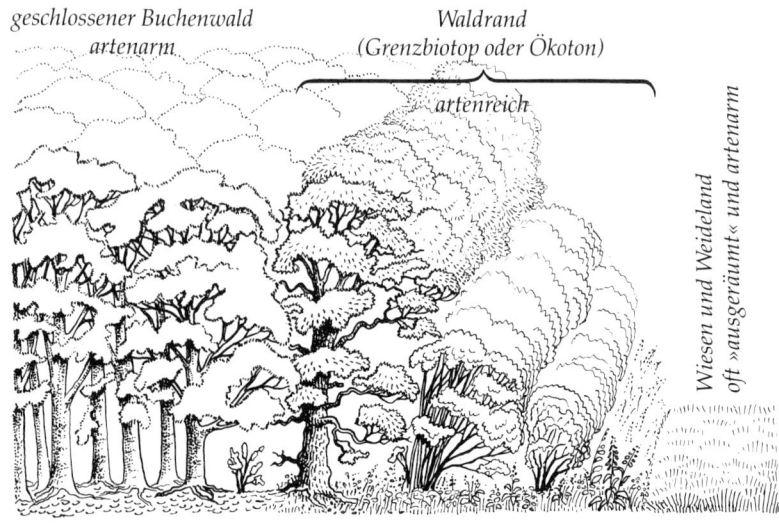

geschlossener Buchenwald
artenarm

Waldrand
(Grenzbiotop oder Ökoton)

artenreich

Wiesen und Weideland
oft »ausgeräumt« und artenarm

Grenzbiotop Waldrand

besag daher nicht automatisch, daß auch bestimmte Tierarten an diesem Platz aufzufinden sein sollten.

In manchen Fällen trifft die Verknüpfung zu, in anderen nicht. Pflanzen- und Tiergemeinschaften lassen sich daher nicht so recht zur Deckung bringen. Das ist der Grund für das häufig zu beobachtende Auftreten von Tierarten in mehreren verschiedenen Biotopen und die Erklärung dafür, weshalb es der *Zoozönologie* in weitaus geringerem Maße gelingt, Artengemeinschaften von Tieren abzugrenzen und bestimmten Biotoptypen zuzuordnen, als etwa der *Phytozönologie* oder *Pflanzensoziologie* bei den Vergesellschaftungen von Pflanzenarten. Die nachfolgend kurz charakterisierten Biotoptypen sind daher in erster Linie als für die Praxis nützliche Einteilung zu betrachten, die sich aus der Sicht mancher Tierarten ganz anders darstellen würden. Sie erfül-

len aber ihren Zweck. Im Bedarfsfall kann man sie noch erheblich feiner untergliedern, wobei wiederum die Pflanzengesellschaften eine gute Grundlage abgeben.

Fels und Eis – an den Grenzen des Lebens

Die Region von Fels, Schnee und Eis befindet sich noch weitgehend im Naturzustand. Die Umweltbedingungen sind so hart und rauh, daß das Leben dort an seine Grenzen stößt. Nur ganz wenigen Arten gelingt es, unter den so extremen Bedingungen zu überleben, die sich im Hochgebirge stellen. Was sind nun die besonderen Lebensbedingungen im Hochgebirge, die dem Vordringen der Pflanzen als Wegbereitern der Besiedlung durch Tiere Einhalt gebieten? In erster Linie das Klima. Es weist so ausgeprägte Schwankungen, solche Extreme

Die Extrembiotope des Hochgebirges grenzen an Gletschereis und Fels.

auf, daß die allermeisten Arten damit nicht fertig werden. Innerhalb von Stunden oder Minuten kann glühende Hitze, die von der intensiven Sonneneinstrahlung hervorgerufen wird, in eisige Kälte umschlagen. Auf Windstille folgt Sturm, auf Nieselregen Hagel, und was eben noch wasserdurchtränkt war, gefriert kurze Zeit später. Alle Jahreszeiten des Tieflandes können im Hochgebirge gewissermaßen innerhalb eines Tages auftreten. Man spricht beim Hochgebirge deshalb von einem Tageszeiten-Klima, weil die Unterschiede zwischen Tag und Nacht oder zwischen Bewölkung und Sonnenschein so stark oder noch ausgeprägter voneinander abweichen können als im Jahreslauf des Tieflandes.

Die unbelebten Faktoren der Witterung und des Felsuntergrundes bilden die weitaus mächtigsten Einflußgrößen auf die Organismen.

Nur wenige sind imstande, gleichermaßen die Strahlungshitze auszuhalten und der Kälte zu trotzen. Zudem schwankt die Wasserversorgung zwischen wüstenhafter Dürre, wenn mehrere Tage Schönwetter herrscht und die Sonneneinstrahlung den Untergrund austrocknet, und sintflutartigen Niederschlägen oder Schneesturm. Der geringe Luftdruck der großen Höhe vermindert die Schutzwirkung der Ozonschicht und läßt die Ultraviolettstrahlung viel stärker durch als die dichteren Luftschichten über dem Tiefland. Viele Organismen müssen sich gegen diese UV-Strahlung schützen. Sie bilden schwarze Pigmente aus, welche die Strahlung unschädlich machen.

Bedingt durch die Höhenlage liegt die Durchschnittstemperatur niedrig. 1000 Höhenmeter entsprechen in den mitteleuropäischen Gebirgen etwa einer Nordverschiebung um

1000 bis 1500 km. Die Lebensbedingungen ähneln daher in gewisser Weise denen der Arktis. Es besteht jedoch ein wichtiger Unterschied: In der arktischen Tundra sind im Nordsommer die Tage lang und die Sonne steht niedrig. Mildes Licht sorgt für günstige Wachstumsbedingungen der Pflanzen, weil die Sonne nicht brennt und der Boden nicht ausgetrocknet. Die Temperaturen bleiben ausgeglichen und Nährstoffe können nicht ausgewaschen werden.

Ganz anders sieht es im Hochgebirge aus. Dort oben in der Region der natürlicherweise vorkommenden Matten brennt die Sonne fast senkrecht. Die Oberflächentemperaturen können weit über 40 °C ansteigen – und schnell wieder abfallen; mitunter auch im Hochsommer bis unter den Gefrierpunkt. Die Steilheit des Geländes begünstigt das Auswaschen von Humus und mineralischen Nährstoffen. Die Tage sind viel kürzer als in der Tundra und der nächtliche Temperaturabfall ist meist kraß. Die Verwitterung des Gesteins schreitet schnell voran. Felstrümmer und Schutt werden durch Spaltenfrost zerlegt. Sie bilden keinen festen Grund für den Pflanzenwuchs. Erst wenn Zwergsträucher mit ihrem kräftigen Wurzelwerk den lockeren Boden befestigen, reichert sich Humus an und schafft die Vorbedingungen für ein reicheres Pflanzenleben. Im Winter überdecken gewaltige Schneemassen monatelang diesen Lebensraum. Auf den nordseitigen Hängen bleiben sie bis in den späten Frühling oder in den Frühsommer hinein liegen. Das Überdauern dieser langen ungünstigen Zeiten wird

zur Überlebensfrage für Pflanzen und Tiere. Die Pflanzen sammeln Nährstoffe in den Wurzeln. Viele von ihnen wachsen in dichten Rosetten oder Polstern, die den Unbilden der Witterung die geringstmögliche Angriffsfläche bieten. Die häufige Austrocknung ihrer Standorte erzwingt einen Wuchs, wie er sonst für Halbwüsten typisch ist *(xeromorpher Wuchs)*, obwohl vielerorts mehr als 1000 oder 2000 Millimeter Niederschlag pro Jahr herniedergehen. Aber das Wasser fließt sehr schnell ab, so daß die Pflanzen sparsam damit umgehen müssen. *Bilder S. 77.*

Viele Tierarten haben außer dem Überdauern der kalten Jahreszeit eine Möglichkeit, sich dem Schlimmsten zu entziehen. Sie können talwärts wandern. Die dafür zurückzulegende Strecke ist nicht groß. Besonders Vögel und größere Säugetiere ziehen im Herbst talwärts. Aber die eigentlichen Felsbewohner bleiben meist oben, weil an den sonnigen Südseiten auch im Hochwinter manche Hänge schneefrei werden können, wie auch viele Grate und Felsbänder vom Wind schneefrei gefegt werden. Der spärliche Graswuchs reicht den Steinböcken als Winternahrung aus, während die Gemsen tiefer wandern und im oberen Bereich des Bergwaldes Schutz suchen.

Die meisten für diese Grenzregion zwischen Waldzone und Eis typischen Arten überwintern irgendwo gut versteckt und vor der Kälte geschützt. Sie kommen erst wieder hervor, wenn der Winter zu Ende ist. Am ausgeprägtesten zeigen die Murmeltiere diese Strategie. Sie graben sich frostsichere Baue, die sie mit dürrem Gras auspolstern. In Fa-

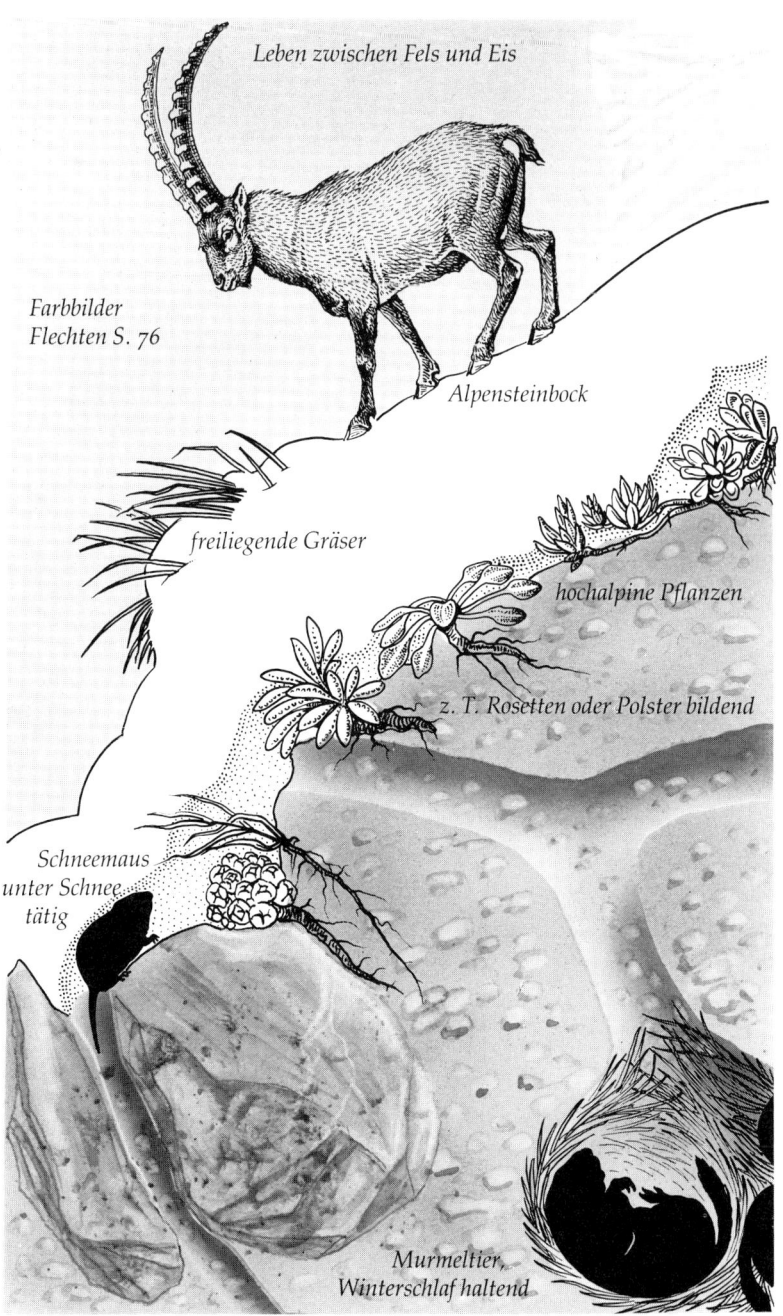

Leben zwischen Fels und Eis

Farbbilder
Flechten S. 76

Alpensteinbock

freiliegende Gräser

hochalpine Pflanzen

z. T. Rosetten oder Polster bildend

Schneemaus
unter Schnee
tätig

Murmeltier,
Winterschlaf haltend

Murmeltier

Körperfett speichern, weisen aber einen relativ höheren Wärmeverlust auf, weil ihr Oberflächen-Volumen-Verhältnis ungünstiger liegt.

Insekten und Spinnen überwintern ebenfalls in Verstecken im Boden. Manche Arten können ihre Körperflüssigkeit so konzentrieren, daß sie Temperaturen bis −30 °C aushalten, ohne zu erfrieren. Der natürliche »Frostschutz« durch die im Blut gelösten Stoffe verhindert das Gefrieren des Körperwassers. Insgesamt stellt die Region der Hochgebirgslebensräume eine »Kampfzone des Lebens« dar. Die dort herrschenden Umweltbedingungen verursachen große Verluste. Dafür gibt es wenig Feinde und Krankheiten. Und den Pflanzen mangelt es nicht an Mineralstoffen. Die Hochgebirgskräuter gelten daher als besonders nahrhaft und »würzig«. Um ihretwillen treiben Bergbauern Weidevieh den Sommer über auf die Hochalmen.

miliengruppen schlafen sie zusammen und wärmen sich gegenseitig. Die Fettvorräte, die sie den Sommer über angefüttert haben, dienen den Winter über als Brennstoff. Die jungen Murmeltiere brauchen daher normalerweise die Alttiere als »Wärmeflaschen«, damit sie nicht zuviel Wärme verlieren. Sie können vergleichsweise viel geringere Mengen

Milchkuh auf hochalpiner Sommerweide (Montafon)

Wälder – vom Boden weg, dem Licht entgegen

Bevor der Mensch großflächig rodete, war Mitteleuropa ein Waldland. Laub- und Mischwälder bedeckten den allergrößten Teil des Tieflandes und der Mittelgebirge. Im Hochgebirge, wo das Klima zu rauh wurde, fanden sie eine natürliche Grenze, ebenso in Mooren und an den regelmäßig stark überschwemmten Kiesbetten der Gebirgsflüsse. Nach Osten zu lockerte sich das Waldland auf, weil die langen Monate sommerlicher Trockenheit und die winterliche Kälte die gleichbleibende Wasserversorgung unterbinden. In dieser Zone begann die natürliche Steppe. Sonst aber herrschte der Wald in seinen verschiedenen Formen vor. Bergfichtenwälder in den Hochlagen, Lärchen-Ahorn-Mischwälder in den mittleren Höhen, Laubwälder im Hügel- und Tiefland. Auf mageren, sandigen Böden stockten lichte Kiefernwälder und in den von den Überschwemmungen gedüngten Auen entlang der Flüsse üppig wuchernde Auwälder.

Einen sehr großen Anteil an dieser natürlichen Vegetation von Mitteleuropa nahmen die Eichen-Hainbuchen-Wälder ein. Die langsam wachsenden Eichen und Buchen überlebten vielerorts die anderen Baumarten und drängten sie aus den früheren Entwicklungsstadien der Sukzession zurück, weil sie mit den Nährstoffen am besten haushalten konnten. Für die menschliche Nutzung der Wälder als Quelle für Holz ist diese Beständigkeit der Eichen kein großer Vorteil. Fichten wachsen viel schneller und erbringen oft schon nach gut einem Menschenalter einen erntereifen Bestand. Die Forstwirtschaft verlagerte ihr Interesse daher auf die raschwüchsigen Arten. Die »Verfichtung« des Tieflandes setzte ein. Um die Jahrhundertwende wurde die Umstellung in großem Stil vollzogen, so daß sich gegenwärtig kaum mehr erkennbare Reste von Waldbeständen finden lassen, die eine einigermaßen natürliche Artenzusammensetzung aufweisen. Aus dem Wald wurden der »Forst« und an die Stelle reich strukturierter, von mehreren Arten gebildeter Mischbestände rückten die »Altersklassenbestände« in »Monokultur«. Diese Umstellung hatte vielfältige Folgen für den Wald im besonderen und für den Naturhaushalt im allgemeinen. Um sie zu verstehen, ist es notwendig, sich mit den Bäumen selbst etwas ausführlicher zu beschäftigen, ihren »Lebensstil« kennenzulernen und den Wald als Lebensgemeinschaft zu betrachten.

Was unterscheidet die Bäume von den Kräutern und Gräsern, die noch hoch oben im Fels an der Baumgrenze den Unbilden der Natur trotzen können, im Wald aber eher »Beiwerk« darstellen? Durch welche Eigenschaften zeichnen sich die Bäume vor anderen Pflanzen aus? Zunächst einmal sind sie groß und dauerhaft. Kein Baum wächst nur für ein Jahr heran wie die einjährigen Kräuter. Auch ein paar Jahre Lebenszeit wären zu wenig und würden die wesentlichen Eigenschaften der Bäume nicht zur Ausbildung kommen lassen.

Langjährigkeit, also Langlebigkeit, kennzeichnet die Bäume. Sie leben im Durchschnitt erheblich länger als

andere Pflanzen oder als Tiere. Es gibt unter ihnen Arten, die mehrere tausend Jahre alt werden. Sogar unter unseren Eichen finden sich tausendjährige Exemplare. Im Alter von 60 oder 70 Jahren fangen sie gerade erst an, richtig zu Kräften zu kommen. In den ersten Jahren wachsen sie langsam, besonders unter den natürlichen Verhältnissen. Die frisch gekeimte Eichel schiebt die ersten Blätter. Nur wenn sie durch das hoch oben abschirmende Blattwerk genügend Licht bekommt, schafft sie es, die kritischen ersten Jahre durchzustehen. Es herrscht nicht nur Mangel an Licht, sondern ihr zartes Wurzelwerk muß sich mit dem dichten Geflecht der anderen, älteren Wurzeln auseinandersetzen und versuchen, die benötigten Nährstoffe gegen diese mächtige Konkurrenz herbeizuschaffen. Nur wenn sie das Glück hatte, auf einer Lichtung zu keimen, kommt sie schneller voran, vorausgesetzt es kommen keine Tiere und verzehren ihre Blätter. So geht es jedem keimenden Baum. Die Chancen durchzukommen, sind anfangs äußerst gering. Je älter aber der Baum wird, um so höher steigen seine Lebenserwartungen. Mit dem Durchbruch in den Kronenraum hat er »gewonnen«. Jetzt sind ihm von Natur aus viele Jahre, vielleicht Jahrhunderte sicher. Während er bis zum Erreichen dieses kritischen Zeitpunkts seine ganze Energie in das Wachstum stecken mußte, kann er nun in immer stärkerem Maße das Schwergewicht auf die Fortpflanzung verlagern. *Bilder S. 78.*
Der ausgewachsene Baum bringt im Laufe seines Lebens eine überaus große Menge von Samen und Früch-

Samenstand einer Pappel; ▷ *Bergahorn*

ten hervor – und nur ein einziger davon muß letztendlich zum Erfolg kommen, also wieder einen gut fortpflanzungsfähigen Baum hervorbringen. Diese »Strategie der langen Zeiträume« ist nur deshalb von Erfolg gekrönt, weil die Bäume um so besser in der Lage sind, ungünstige Zeiten oder Umweltbedingungen zu überbrücken, je größer und kräftiger zu werden. Ein extremer Frost kann den ganzen Jungwuchs töten, aber der Altbestand wird, wenn vielleicht auch schwer geschädigt, wieder austreiben und sich im Laufe der Zeit erholen. Große alte Bäume können auch unvergleichlich mehr Nährstoffe speichern als kleine und junge Pflanzen. Unter Lebensbedingungen, in denen die mineralischen Nährstoffe knapp sind, bedeutet dieses Vermögen, »Nährstoffkapital« anzuhäufen, einen entscheidenden Vorsprung.
Das Wichtigste ist aber die Fähigkeit zum Wachstum in die Höhe. Den Gräsern und Kräutern sind dabei aus Gründen der Stabilität der Stengel und Triebe recht enge Grenzen gesetzt. Ohne Verholzungen schaffen sie kaum mehr als zwei Meter Höhe. Verholzungen kosten aber viel Energie, weil die von der Photosynthese bereitgestellten Zucker

erst zu Zellulose und Holzstoff (Lignin) umgebaut werden müssen. Dieser Umbau ist so aufwendig, daß die Pflanzen das Lignin nicht einfach wieder in Zucker zurückverwandeln können, wenn diese als »Brennstoff« bzw. Betriebsstoff gebraucht würden. Die Investition ins Holz zwingt gerade länger zu leben und weiter zu investieren. Es zahlt sich aus! Denn die Kombination von Zellulose und Lignin ergibt ein so stabiles, festes, dehn- und zugfähiges Baumaterial, daß die Pflanzen, als sie diese Möglichkeit der Stabilisierung erfunden hatten, gleich um zwei Größenordnungen höherwachsen konnten. Anstatt wie Kräuter nur ein bis zwei Meter zu schaffen, erreichen die größten Bäume mehr als 150 Meter Höhe. Die Vorteile sind klar: Je größer, desto mehr Licht und Raum. Der Wuchsraum ist besonders wichtig, den eine Pflanze ausfüllen kann. Von ihm hängt es ab, welchen Bereich die Wurzeln im Boden nach Nährsalzen absuchen können, und wieviel Luftraum die Krone auf das in so geringen Mengen vorkommende Kohlendioxid durchzukämmen vermag. Die Vertausendfachung der Oberfläche sichert dem Baum genügend große Mengen von diesem Grundbaustoff, von dem die Leistung der Photosynthese abhängt.

Auf ein Molekül Kohlendioxid entfallen in der Luft 700 Sauerstoffmoleküle. Oder, anders ausgedrückt, nur 3 von 10000 Molekülen der Luft, die an die Spaltöffnungen der Pflanzen herankommen, bestehen aus dem gesuchten Kohlendioxid. Je größer die Oberfläche der assimilierenden Flächen ist, desto besser wird sich diese äußerst fein verteilte

Substanz aus der Luft herausfiltern lassen. Das Angebot bzw. der Mangel an Licht, Kohlendioxid und Nährsalzen spielen im Auslesedruck zusammen. Sie »treiben« die Bäume in die Höhe. Aber mit zunehmender Größe entstehen neue Probleme. Der hohe Baum ist anfälliger für Stürme oder Blitzschlag.

Einseitig beastete Gebirgsfichte

Große einzelstehende Bäume sind vom Wetter »gezeichnet«. Trotzdem wird die Höhe nicht zum Hauptproblem. Denn wenn der Baum, dem im freien Stand so zugesetzt wird, in geschlossenem Verband mit anderen wachsen würde, könnten Wind und Wetter nicht mehr so stark angreifen. Dann wäre

Abgestorbener »Wetterbaum« im Gebirge

es egal, ob die Kronen 30, 50 oder 150 m hoch über dem Grund sich ausbreiteten, wenn sie ein geschlossenes Kronendach bilden können. Die obere Grenze setzt die Wasserversorgung. Die Photosynthese braucht Wasser. Mit dem Wasser werden auch die gelösten Nährsalze aus dem Boden in die Blätter gezogen. Diese Pumpleistung stammt vom Saugdruck, den die Wasserverdunstung in Nadeln und Blättern hervorruft, und von den physikalischen Saugkräften dünner Röhrchen (Kapillarkräfte). Die wasserleitenden Röhren im Holz dürfen eine gewisse Größe nicht überschreiten, sonst würde der Wasserstrom, besser die Vielzahl der Wasserfäden, abreißen. Würden sie zu dünn, könnte die Saugkraft der Verdunstung nicht mehr genug Wasser nachbringen, weil der Wasserfilm in den Röhren zu »zäh« würde. Eine 100 oder gar 150 m hohe Wassersäule stellt aber einen gewaltigen Druck dar. Sie muß gegen die Erdanziehung (Schwerkraft) gehalten und nach oben befördert werden. Die dritte Komponente im Geschehen, der Transport von Wasser und Nährsalzen, setzt daher dem Höhenwachstum der Bäume die obere Grenze und damit dem Streben nach Licht ein Ende. Die höchsten Bäume finden sich daher nicht, wie man annehmen könnte, in den tropischen Regenwäldern, sondern in Australien (Riesen-Eukalyptus) und Nordamerika (Mammutbäume). Warum ist das so?

In der feuchtigkeitsgeschwängerten Luft der Tropenwälder kann Wasser nicht so intensiv verdunsten wie an den trockenen Bergen der Westküste von Nordamerika oder am Rande des trockensten aller Kontinente, in Australien. Auch in Regionen mit Frostperioden können die Bäume nicht so hoch werden, weil dann die Gefahr des Abreißens der Wassersäulen bei Frosttrocknis bestünde. Das »Wasserproblem« hemmt jedoch nicht das Wachstum, solange noch keine kritischen Höhen erreicht sind, sondern es fördert sogar das Streben nach oben. Denn eine in den freien Luftraum ragende Krone verdunstet das Wasser viel besser als eine bodennahe und im Kronenschluß mit anderen wachsende. Die Geschwindigkeit des Wasserverlustes der Blätter hängt nicht nur von der herrschenden Luftfeuchtigkeit ab, sondern auch von der Luftbewegung. Wind trocknet aus! Wind, der durch die Kronen streift, saugt also auch Wasser aus den Blättern ab und steigert die Verdunstungsleistung. Wenngleich dies für den Wasserhaushalt nachteilig sein kann, so fördert die Verdunstung aber den Nachttransport der Nährsalze. Hochragende Kronen können daher ihre Blätter besser mit Kohlendioxid und Nährsalzen versorgen als niedrigstehende. Neben ausreichendem Wassernachschub ermöglichen erst diese beiden Stoffzufuhren die volle Leistung der Photosynthese.

Der Stofftransport verläuft jedoch nicht nur in eine Richtung von unten nach oben, sondern auch umgekehrt. Denn die Blätter speichern nur kurzzeitig, was sie hergestellt haben. Die eigentlichen Reserven werden von den Bäumen in den Stämmen abgelagert. Sehen wir uns deren Funktion nun etwas genauer an. In erster Linie dienen sie natürlich der Stabilität. Sie müssen so stark gebaut sein, daß sie das Gewicht der Krone tragen und den an ihr ansetzenden Windkräften widerstehen können. Die Art der Stämme und der Verzweigung der Äste sagt schon viel aus über die Beanspruchungen, denen der Baum ausgesetzt ist. Flachwurzelnde Tropenbäume brauchen oft Brett- und Stelzwurzeln als zusätzliche Stützen. Auch bei Bäumen, die im Gebirge wachsen, findet man solche Stützwurzeln. Sie umklammern geradezu die Felsen, so als ob sie sich an ihnen festhalten wollten. Oben im Astwerk zeigt sich eine bemer-

▷ *oben Buche, unten Fichte*
(Stützwurzeln)

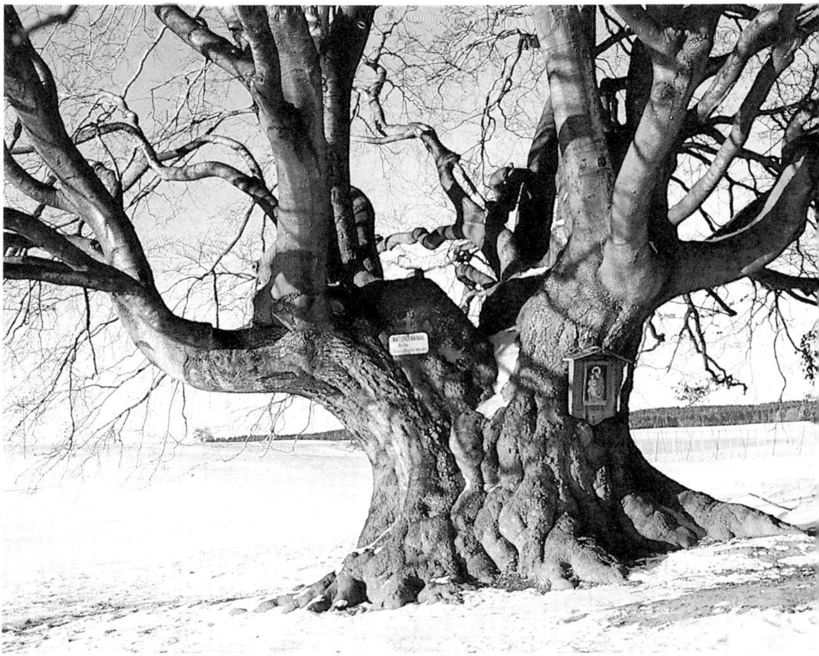

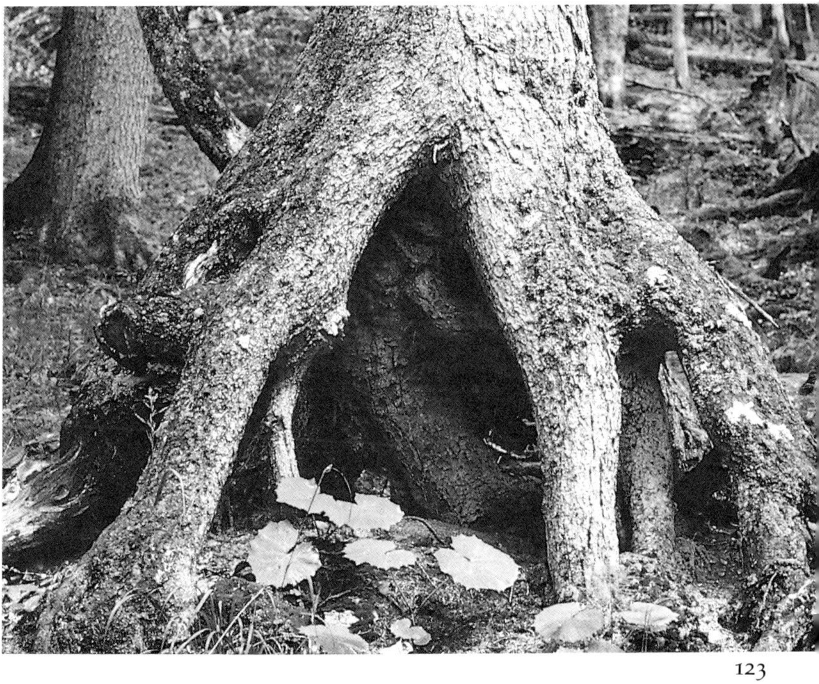

kenswerte Ausgeglichenheit in der Verzweigung. Obwohl die Krone als Ganzes dem Licht zuwächst, verzweigt sie sich so, daß keine einseitigen Belastungen entstehen. Das Holz mit seinen unvergleichlichen Eigenschaften ist im Gegensatz zu den stützenden Knochen im Wirbeltierkörper tote Substanz. Der lebendige Teil des Baumes wächst gleichsam als dünne Haut um das abgestorbene Holz herum. Der Vergleich mit der Haut trifft gut, weil sich über der lebenden Zellschicht, dem *Kambium*, eine ebenso absterbende Außenschicht bildet, die mit ihren toten Zellen die lebenden schützt wie bei unserer Haut. Bei den Bäumen stellt diese Schicht die Borke dar. Zwischen Borke und Holz liegt also der eigentlich lebende Teil, der den gesamten Baum wie ein Zylindermantel umgibt, der selbst wieder nach außen isoliert ist. Diese Schicht bewirkt das Wachstum der Stämme. Sie gibt nach innen Holzzellen ab, aus denen der Holzteil des Stammes gebildet wird, das *Xylem*, und nach außen Bastzellen, die das *Phloem* bilden. Die dabei entstehende Borke reißt auf, weil durch die Abgabe von Holzzellen nach innen der Stamm während seines Wachstums dicker wird. Nach und nach blättert die Borke ab. Je nach Baumart ist sie dünn wie bei der Rotbuche oder dick und rissig wie bei Eichen und Kiefern. Solche mit dicker Borke geschützten Bäume halten Frost und Hitze erheblich besser stand als jene mit dünnen Borken. So kann die Rotbuche im Einzelstand meistens nicht lange überleben, weil die Sonne durch die dünne Borke brennt und die lebenden Zellen schädigt. Den Eichen und Kiefern

macht das gar nichts aus; manche Arten haben sogar so dicke und widerstandsfähige Borken, daß sie Feuer vertragen können, ohne zu verbrennen.

Das Geschehen über dem Boden läßt sich leicht beobachten und untersuchen. Viel schwieriger ist es, den Vorgängen im Wurzelbereich auf die Spur zu kommen. Lange Zeit glaubte man, daß zum Beispiel die Pilze, die unter den Bäumen wachsen, ein Zeichen dafür wären, daß der Wald krank ist und die Bäume bereits von unten her zersetzt werden; gerade so, wie sich dies bei oberirdisch an Stämmen und Ästen wachsenden Pilzen beobachten ließ. Das Holz fault und die Pilze zerstören immer mehr davon, bis schließlich der Ast abbricht oder der ganze Baum stürzt und verrottet.

Auch wenn es Wurzelpilze gibt, welche die Pflanzen schädigen, so ist gerade bei den Bäumen meist das Gegenteil der Fall: Sie brauchen die Wurzelpilze! Die feinen Enden der Wurzeln sind, wenn man sie genauer untersucht, mit einem noch viel feinerem Geflecht von Pilzfäden überzogen, von dem haarfeine Fortsätze zwischen den Bodenteilchen hinauswachsen. Sie nehmen mineralische Nährstoffe viel wirkungsvoller auf, als dies die Baumwurzeln selbst könnten. Im Gegenzug für diese Leistung erhalten die blattgrünlosen Pilze das, was sie selbst, obwohl so pflanzenähnlich, nicht herstellen können: organische Verbindungen aus der Photosynthese, vor allem Zucker. Die enge Verbindung der Wurzelpilze mit den Bäumen gewährt den Partnern Vorteile.

▷ *oben Schmetterlingstramete,*
unten Rotkappe in Symbiose mit Eiche

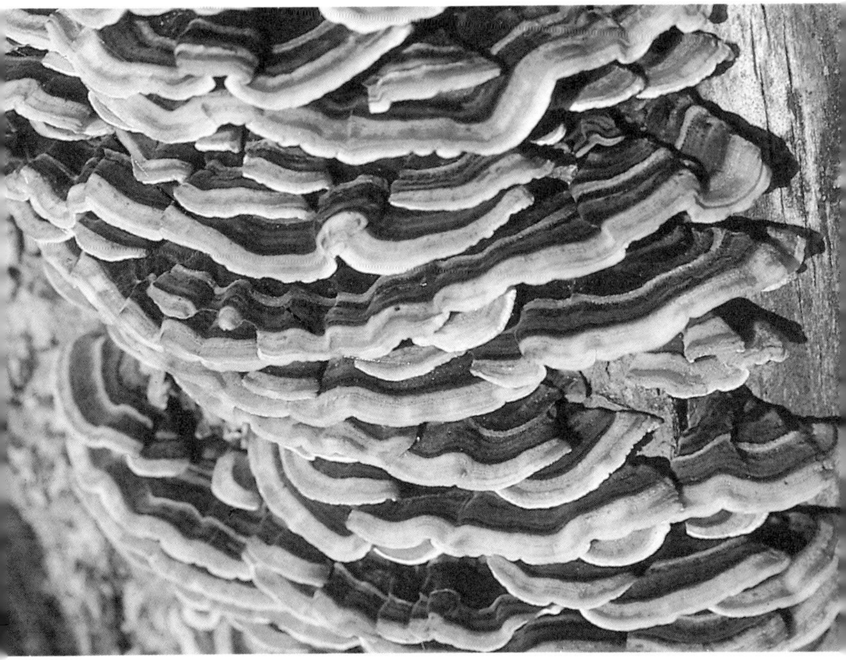

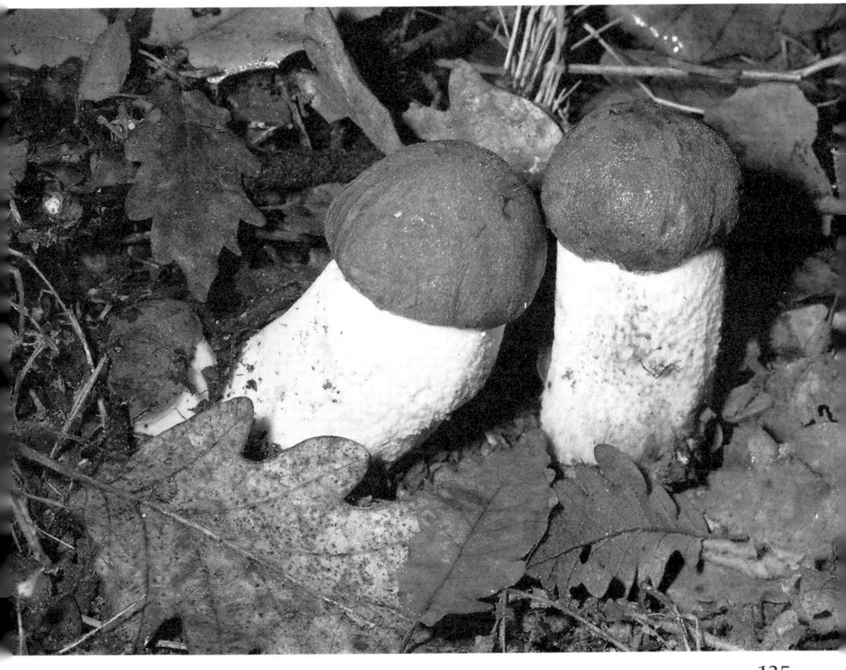

Sie schließt unterschiedliche Organismen zu einer *Symbiose* zusammen. Die Wurzelpilz-Symbiose oder *Mykorrhiza* ist eine der wichtigsten Partnerschaften in der Lebensgemeinschaft des Waldes. Ohne sie würden die meisten Bäume schlechter wachsen und gedeihen, die Nährstoffe blieben nicht annähernd so wirkungsvoll im Ökosystem erhalten. Die Niederschläge würden sie stärker auswaschen, sobald sie von den abbauenden Organismen freigesetzt werden und ins Grundwasser ausschwemmen. Über kurz oder lang müßten die Waldböden so sehr verarmen, daß der Wald mit seinen hohen Stoffumsätzen nicht fortbestehen könnte. Wir haben also allen Grund, uns mit der Symbiose zwischen Pilzen und Bäumen intensiv zu befassen, damit wir alles Wichtige darüber erfahren, bevor es zu spät ist und das Waldsterben diese Lebensgrundlage vernichtet. Die Schäden, die an den Wurzelpilzen angerichtet werden, sind langfristig wohl bedeutsamer als die Schäden, die an den Bäumen selbst entstehen. Diese können sich regenerieren, wenn die Symbiose funktioniert. Ist sie aber zerstört, wird es sehr schwer sein, gesunde Wälder aufzubauen und zu erhalten. Vielleicht ist es sogar unmöglich.

Nicht alle Bäume sind gleichermaßen auf die Wurzelpilze angewiesen. Das hängt von den Standortbedingungen ab. In nährstoffreichen Auwäldern wuchert die Vegetation. Die Bäume haben zumeist keine Hilfe nötig, allenfalls bei den leicht wasserlöslichen und ausschwemmbaren Stickstoffverbindungen. Die im Pendelbereich des Grundwas-

Erle   ▷ *Auwald (Altrhein)*

sers wachsenden Erlen, die oft zuviel, dann wieder wochenlang zu wenig Wasser bekommen, weil der Flußpegel wieder gesunken ist, verfügen über eine ähnliche Symbiose. *Farbbilder S. 79 oben.*

An ihr sind allerdings keine echten Pilze beteiligt, sondern Strahlenpilze *(Actinomyceten).* Sie vermögen den überall vorhandenen Luftstickstoff zu binden und in einen Pflanzennährstoff umzusetzen. Das können die höheren Pflanzen nicht. Die Erlen bauen den Strahlenpilzen gleichsam eigene Reaktionsräume in Form von oberflächennahen, knollenförmigen Kammern; in ihnen leben die Strahlenpilze. Die im übrigen gute Nährstoffversorgung enthebt die Auwaldbäume von der Notwendigkeit, andere Pilzsymbiosen einzugehen. Ihre Lebensspannen sind erheblich kürzer als die der gewöhnlichen Waldbäume. So vergreisen Weiden und Pappeln schon

im Alter von 40 bis 50 Jahren. Manche Silberweiden bringen es kaum auf 30 Jahre, dann brechen sie zusammen und machen dem Jungwuchs Platz. Sie haben langes Leben nicht nötig, weil die Dynamik des Flusses unter Naturbedingungen immer wieder neue Auen schafft und vernichtet. Die häufig überschwemmten, flußnahen Bereiche der *Weichholzaue* vollbringen die schnellste Waldentwicklung überhaupt. Die Bäume schießen geradezu in die Höhe. Wenn sie zeitweise Überflutung vertragen, mangelt es ihnen an nichts: Licht und Wasser, Nährsalze und Wärme sind in günstiger Kombination vorhanden. Die Flußauen sind daher – nicht nur in Mitteleuropa – die wüchsigsten und produktivsten Lebensräume auf dem Festland.

Auf die flußnahe, häufig überschwemmte Weichholzaue folgt die nur noch bei starken Hochwässern überschwemmte *Hartholzaue.*

Eschen und Ulmen, aber auch Hainbuchen und Eichen nehmen die Plätze der Weiden, Erlen und Pappeln ein. Ihr langsameres Wachstum läßt ein härteres Holz entstehen. Die Hartholzaue verträgt keine lang anhaltenden Überflutungen, weil ihre Arten keine »Luftwurzeln« treiben können wie die Weiden und nicht über die zusätzliche Stickstoffversorgung der Strahlenpilzsymbiose verfügen wie die Erlen. Die Bestände wachsen aber noch so licht, daß sich reichlich Unterwuchs entwickeln kann. Die Strauchschicht ist üppig ausgebildet und zeigt, daß auch unter mitteleuropäischen Verhältnissen Vegetationsstockwerke im Wald zustandekom-

men können. Am Boden herrschen oft Knollenpflanzen vor, die im Frühling einen Blütenteppich hervorbringen, bevor sich das Laubdach schließt. Schneeglöckchen und Frühlingsknotenblumen können die ersten sein. Sie blühen mitunter schon im Februar, manchmal sogar unter der Schneedecke. Die blauen Blüten der Blausterne, des Immergrüns und der Leberblümchen folgen als nächste. Mit fortschreitendem Laubaustrieb der Bäume erscheinen die leuchtenden Gelbtöne von Goldstern, Scharbockskraut und Gelbem Windröschen. Schließlich öffnen sich stark riechende, grünlich unscheinbare Blüten wie die des Aronstabs. Sie lenken mit besonderen Duftstoffen die zur Bestäubung benötigten Insekten herbei. Die genannte Blühfolge zeigt, wie genau die Arten einen zeitlichen Ablauf einhalten müssen.

Während die meisten Waldbäume vom Wind bestäubt werden, der durch die Kronen streicht und die feinen Pollenkörner trägt, brauchen Arten, die in windarmen Bereichen der Biotope zuhause sind, die aktive Mithilfe der Insekten oder anderer bestäubender Tiere. Das Farbprogramm der Blüten hält die wenigen Insekten, die schon vor der Entfaltung des Laubdaches fliegen, auf dem richtigen, d.h., energetisch am wenigsten aufwendigen Kurs. Erst später, wenn die Lufttemperaturen hoch genug angestiegen sind, kann auf so einfache Farbsignale verzichtet werden. Das Bestäuben wird nun eine differenzierte Angelegenheit, die ihr Extrem in den blütenreichen Wiesen und Trockenrasen erreicht. Im Wald dagegen ist die Zeit der Lichtfülle vorbei. Die Kronen fangen 90 bis 99% ab und verursachen am Boden ein Dämmerlicht, das kaum mehr Wachstum zuläßt. Das spielt sich jetzt oben in den Kronen ab. Dabei zeigen sich die großen Unterschiede in der Leistungsfähigkeit der Arten. Laubbaumarten und Nadelbäume, die beiden Grundtypen, sind in vieler Hinsicht sehr verschieden. Daß sie nebeneinander vorkommen können – nicht nur im gepflanzten Wirtschaftswald, sondern auch unter natürlichen Bedingungen – entspringt einer uralten Trennung in zwei grundverschiedene Lebensstrategien, die gerade in den gemäßigten Breiten, wie wir sie hier in Mitteleuropa haben, zum nahezu gleichen Erfolg führen.

Worin bestehen diese beiden Grundstrategien? Die Form der Blätter deutet sie schon an. Die Nadelbäume (Koniferen) entwickeln schmale nadelförmige Blätter, die mit mehr oder minder dickem Wachsüberzug recht gut gegen Wasserverlust schützen, aber dafür nur kleine, nahezu strichförmige Flächen dem Sonnenlicht entgegenstrecken können. Die Laubbäume dagegen bilden breitflächige, vielgestaltige Blätter aus, die das Sonnenlicht ungleich wirkungsvoller aufnehmen können und Wasser verdunsten. Bei guter Wasserversorgung und in warmen Lebensräumen sind diese großflächigen Blätter sicherlich von Vorteil. In den Wäldern der feuchten Tropen findet man praktisch nur solche »Flächenblätter«. Problematisch werden sie erst, wenn Wassermangel und längere Frostperioden auftreten. Dann bewältigen diese Blätter die dabei auftretende Wasserknappheit nicht. Sie müssen abgeworfen werden.

Die Strategie der Laubbäume liegt darin, während der günstigen Monate des Jahres, in der sogenannten Hauptvegetationszeit, so intensiv wie möglich Photosynthese zu betreiben und während der ungünstigen Jahreszeit ganz darauf zu verzichten. Bei den Nadelbäumen ist es – mit Ausnahme der Lärche – umgekehrt. Sie behalten ihre Nadeln auch den Winter über, ersetzen sie nur nach und nach und verlängern so die Periode aktiver Photosynthese ganz erheblich. In Phasen milder Winterwitterung können sie »arbeiten«, während die Laubbäume blattlos dastehen. Den »Gewinn« dieser Phase schlagen sie den Einbußen hinzu, die sich im Sommer wegen der ungünstigeren Bauweise der Nadeln ergeben. So kommt es in den mittleren Breiten zum Ausgleich: Die geringere Produktion des Sommers wird durch die Zusätze in Herbst, Frühling und zum Teil sogar im Winter aufgebessert, so daß in der Bilanz Nadel- und Laubbäume ungefähr gleich abschneiden.

Das ändert sich jedoch, wenn wir uns in Richtung Äquator bewegen. Mit zunehmender Verlängerung der günstigen Sommerphase und dem Schwinden des winterlichen Engpasses gewinnen die Laubbäume eindeutig die Oberhand. Sie verdrängen die Nadelbäume, wenn es zur Konkurrenz kommt. Umgekehrt werden die Nadelbäume besser abschneiden, je kürzer die Sommerphase und je länger der Winter wird. Die nordischen Wälder sind Nadelwälder, wie auch die Wälder im Hochgebirge. Die Bilanz zwischen beiden Strategien entscheidet, welche erfolgreicher ist und sich langfristig durchsetzen kann. Der natürlichen Waldverteilung in Mitteleuropa entsprechen daher Nadelwälder in den kühlen und rauhen (Berg-)Regionen, Laubwälder im Tiefland und in den Mittelgebirgen, Mischwälder aus Laub- und Nadelbäumen in den Übergangszonen.

Jetzt wird auch verständlich, weshalb die Fichte so attraktiv für die Tiefland-Forste geworden ist: Sie wächst hier ohne die Konkurrenz durch die Laubbäume schneller als im Bergwald. Die umgekehrte Situation kann sich für die Laubbäume gar nicht ergeben, da sie sich natürlicherweise bereits im Tiefland befunden hatten und ihre Wachstumsgeschwindigkeiten auf die dort herrschenden Versorgungsverhältnisse mit Wasser und Nährsalzen einstellten.

Nadelwald und Laubwald sind also natürliche Formationen des Waldes. Wie sie sich jeweils zusammensetzen, darüber entscheiden die örtlichen Bedingungen. Entsprechend der Vielfalt der Bodenverhältnisse und Standortgegebenheiten lassen sich daher auch recht unterschiedliche Typen von Wäldern unterscheiden. In einem stimmen sie jedoch überein: Die Tiere in ihnen machen nur einen geringen Prozentsatz der Lebewesen aus. Sogar wildreiche Wälder bringen es auf kaum mehr als ein paar Prozent tierischem Biomasse-Anteil, die Insekten eingeschlossen. Im Wald spielen die Tiere mehr die Rolle von Feineinstellungen im Geschehen, die Bestäubung oder Konkurrenzverhältnisse im Jungwuchs beeinflussen, aber am Nährstoffkreislauf selbst nur in sehr geringem Umfang beteiligt sind *(Farbbilder S. 146 u. 147)*. Das sieht in den Grasländern ganz anders aus.

Kreuzspinne in ihrem
Netz am Waldrand

▷ *oben: alpiner Bergnadelwald*
unten: Ast einer Rotbuche

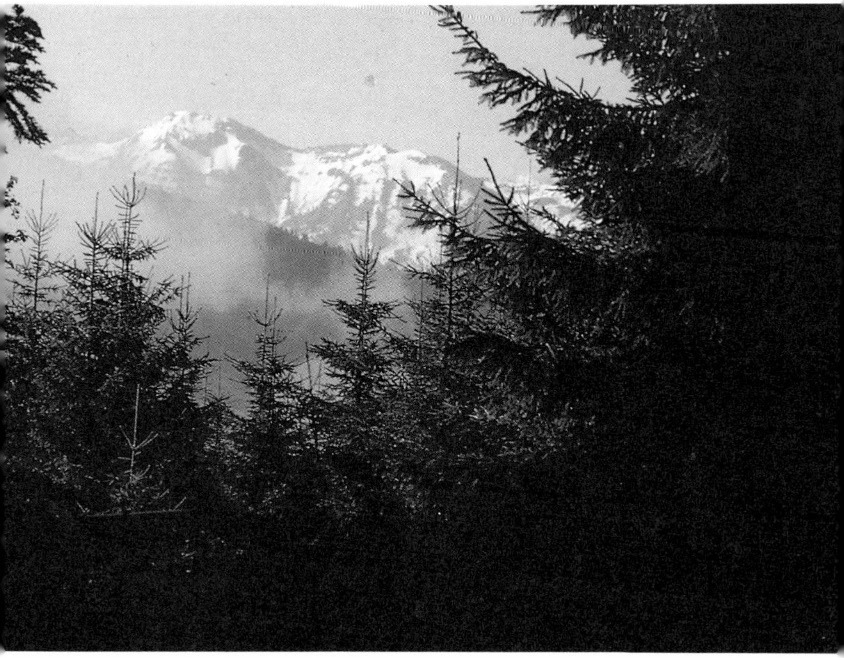

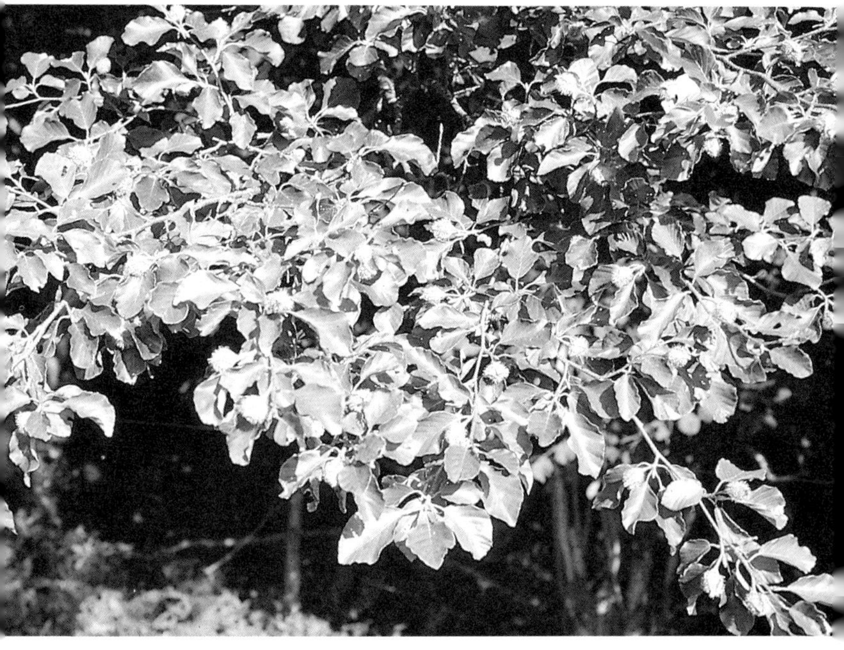

Grasländer und Heiden – Partnerschaft mit Großtieren

Im Grasland vollzieht sich die Produktion nahe der Bodenoberfläche. Die Wuchshöhe erreicht nur ausnahmsweise (in den Tropen) mehr als einen Meter. Meistens reichen die Gräser nur wenige Dezimeter hoch. Sie sind die bestimmenden Pflanzen, auch wenn zahlreiche »Kräuter« zwischen den Gräsern wachsen. Was ist der Unterschied? Die Gräser entwickeln nur ein Keimblatt beim Austreiben aus dem Samen, die Kräuter hingegen zwei; ein unbedeutender, höchstens Botaniker interessierender Unterschied, wie es scheint. Diese Trennung ist zwar kennzeichnend und wichtig für die Zuordnung und zur Klärung der Abstammungsverhältnisse bei den Pflanzen, aber noch viel bedeutender ist sie in ökologischer Hinsicht. Denn die zweikeimblättrigen Pflanzen tragen ihre Wachstumskegel, die sogenannten *Vegetationspunkte,* außen an den Trieben und Spitzen, während sie bei den einkeimblättrigen tief unten an der Basis sitzen, dort, wo die Blätter aus dem Boden kommen. Die Blätter der Gräser wachsen daher von unten her, während die Blätter der Kräuter und Bäumen oben aus den Knospen treiben. Gräser entwickeln keine Knospen! *Farbbilder S. 79 und 80.*

Dieser Unterschied hat wesentliche Folgen für den Naturhaushalt. Denn während es die Blätter, insbesondere aber die Knospen der Zweikeimblättrigen schlecht oder nicht vertragen, regelmäßig abgeweidet zu werden, vertragen dies die Gräser recht gut. Leichte Beweidung kann sogar ihr Wachstum anregen!

Wenn in unseren Wäldern nur 10 Rehe je Quadratkilometer leben, so bedeutet dies zumeist, daß sich der Wald nicht mehr selbst verjüngen kann, weil alle Jungbäumchen von den Rehen verbissen werden. Wuchskräftige, naturnahe Wälder vertragen nicht mehr als 2–3 Rehe je Quadratkilometer: eine außerordentlich geringe Pflanzenfresser-Häufigkeit im Vergleich zum Grasland. In der Steppe, gleich ob natürlich gewachsen oder vom Menschen als Agrarsteppe gestaltet, können 20, 30 und mehr Rehe pro Quadratkilometer, also das Zehnfache des natürlichen Waldbestandes leben, ohne die Vegetation zu schädigen. Auf Feldfluren mit Wintersaaten finden sich die Rehe zeitweise zu Winterrudeln von 50 bis 70 Stück zusammen. Trotzdem bleiben die Schäden gering, weil die Wintersaaten die Beweidung aushalten. Die abgebissenen Triebe werden nachgeschoben. Diese Regeneration funktioniert innerhalb weiter Grenzen. Sie sicherte vor der Ausbreitung des Menschen die Existenz des Millionenheeres der Bisons in den nordamerikanischen Prärien, der Massen von Saiga-Antilopen in den Südrussischen Steppen und auch die Lebensmöglichkeiten von Wisent, Ur *(Bild S. 145)* und Wildpferd in Europa und Nordasien. Gräser und Weidetiere bilden ein aufeinander abgestimmtes System, das sich in jahrmillionenlanger, wechselseitiger Anpassung entwickelt hat.

Die Weidetiere sichern sogar den Fortbestand der Gräser, indem sie die Konkurrenz zurückhalten: Sie verbeißen die Knospen der aufkeimenden Bäume und halten dadurch das Grasland offen. Um diese wech-

2–3 Rehe je qkm
Selbstverjüngung gesichert

Naturnaher Wald:

10 Rehe je qkm

Selbstverjüngung meist nicht mehr möglich

Grasland:
20–30 und mehr Rehe je qkm

Feldfluren:
50–70 Rehe je qkm

selseitige Anpassung verstehen zu können, muß man die Gräser noch etwas genauer betrachten. Was unterscheidet sie außer der Lage der Vegetationspunkte so sehr von den anderen Pflanzen? Es gibt ja auch Liliengewächse, die zu den Einkeimblättrigen gehören, und die dennoch keine Rolle im Stoffhaushalt des Graslandes spielen, auch wenn sie farbenfrohe Blüten aus dem Grasteppich hervorsprießen lassen. Der Hauptunterschied liegt wohl darin, daß bei den Gräsern der Wurzelbereich eine ungleich größere Bedeutung hat als bei Bäumen und Kräutern. Bei diesen steckt der größte Teil der Biomasse oberirdisch in den Sprossen, Stämmen oder Kronen. Der Wurzelbereich macht

Mit wachsendem Alter sinkt der Eiweißgehalt der Gräser (Futterwert)

höchstens ein Drittel oder weniger der Gesamtbiomasse der Pflanze aus.

Bei den Gräsern ist dies genau umgekehrt. 70% oder mehr der Biomasse befinden sich unter der Erdoberfläche im Wurzelbereich. Die schmalen, lanzettförmigen Blätter der Gräser, die wie eine Zwischenlösung zwischen Nadeln und flächigen Blättern anmuten, richten ihre Spreite nicht quer zum Licht, sondern zumeist schräg bis parallel. Viele Blätter haben sogar die Fähigkeit, sich bei zu starker Einstrahlung oder bei Wassermangel zusammenzurollen, so daß sie wie Halme aussehen. Auf diese Weise regulieren die Gräser sehr genau die Lichtmenge, die sie mit ihren Blättern aufnehmen. Die Assimilation, also die Umsetzung von Kohlendioxid und Wasser in Kohlenhydrate und Sauerstoff, verläuft bei ihnen chemisch anders als bei den Zweikeimblättrigen – und wirkungsvoller. Die Gräser können deutlich schneller

wachsen als die Kräuter. Manche Bambusarten, die auch zu den Gräsern gehören, wachsen so schnell, daß sie im Verlauf eines Tages um bis zu 40 cm Höhe gewinnen. Man kann geradezu zusehen, wie sie wachsen.

Diese Leistung steht in Zusammenhang mit den Lebensbedingungen, unter denen die Gräser wachsen. Ihr Lebensbereich beginnt nämlich dort, wo die Wasserversorgung unregelmäßig wird und das Grundwasser zu tief liegt. Das Steppenklima der Kontinente ist das Klima des Graslandes: Kalte Winter mit anhaltendem Frost und Schneelage, heiße, trockene Sommer und ausgiebige Frühjahrsniederschläge. Unter solchen Bedingungen gedeihen die Gräser am besten, wenn gleichzeitig keine Konkurrenz durch Baumwuchs gegeben ist. Der gerade während der Sonnenstunden fast beständig wehende Wind verstärkt die Austrocknung und macht die Anpassungen der Gräser

Gräser sind Windbestäuber

an ein knappes Wasserangebot notwendig. Die Gräser schicken die Produkte ihrer Photosynthese auf dem schnellsten Weg in den sicheren Wurzelbereich und speichern sie dort für den Bedarfsfall. Durch die obersten Bodenschichten treiben sie Ausläufer, die irgendwo die Oberfläche durchbrechen und ein neues Grasbüschel begründen, das nach unten gleich ein kräftiges Wurzelwerk auszweigt und den neuen Sproß festigt. Auf diese Weise greifen die einzelnen Graspflanzen so vielfältig ineinander, daß es praktisch unmöglich ist, sie individuell abzutrennen. Der Graswuchs wird zur »Matte«.

Die hohe Produktivität an organischem Material, das weitgehend im Boden verschwindet, bringt es mit sich, daß sich unter den Gräsern in besonders starkem Maße Humus bildet. Die mineralischen Nährstoffe liegen darin als Vorrat für den nächsten Wachstumszyklus. Anders als bei den Bäumen, welche die

Nährstoffe in den Stämmen speichern und sie damit lange Zeit dem System vorenthalten (bis die Stämme vermodern und die Nährstoffe wieder verfügbar werden), verläuft der Nährstoffumsatz bei den Gräsern schnell. Der Speicherraum ist der Humus. Nun brauchen aber die Zersetzer, die *Destruenten*, genügend Feuchtigkeit, um das organische Material in seine anorganischen Bestandteile zerlegen zu können. Und sie brauchen dazu Sauerstoff, also eine gute Durchlüftung des Bodens. Beides gleichzeitig optimal zu halten, ist selbst für einen Gärtner eine schwierige Aufgabe. In freier Natur würde die Einstellung von Bodenfeuchte und -durchlüftung nicht annähernd so gut funktionieren, wenn nicht tierische Organismen daran beteiligt wären. Allen voran die Regenwürmer: Sie lockern den Boden, schichten ihn vielmals um und durchziehen ihn mit Myriaden von Röhren, in denen Luft eindringen kann. Aber auch die

Maulwurf als Bodenlüfter

Maulwürfe, Hamster, Ziesel und die Mäuse tragen durch ihre Wühltätigkeit und durch die Anlage unterirdischer Baue zur Durchlüftung des Bodens bei. Der Boden der Grasländer ist viel reicher an verschiedenartigen Lebensformen als Waldböden.

Trotzdem gibt es Phasen, in denen die Bodenfeuchtigkeit für die Abbautätigkeit der Bodenorganismen zu gering wird. Insbesondere die obersten Bodenschichten sind der Gefahr des Austrocknens ausgesetzt, weil an der Oberfläche die Strahlungstemperatur erheblich über die Werte der Lufttemperatur ansteigen kann und der Wind zusätzlich austrocknet. Im Winter, wenn die obersten Bodenschichten gefroren sind, stellen die abbauenden Bodenorganismen ihre Tätigkeit ein. So läßt sich nicht vermeiden, daß es im Grasland zur Ansammlung von dürren, abgestorbenen Grashalmen kommt, die eine mehr oder minder dichte Auflage bilden. Wird diese Schicht unzersetzter Halme zu dicht, beeinträchtigt sie das Wachstum der Gräser und deren Produktivität.

Hier greifen nun die Weidetiere in besonderer Weise ein. Sie nutzen den Pflanzenwuchs zu Zeiten mit hoher Abbauleistung im Boden. Das nicht Verwertbare geben sie als Exkrement in das System Gräser-Boden zurück, aber in so gründlich durchgearbeiteter Form, daß die organischen Reste mühelos vom Bodenleben in den Humus eingearbeitet werden können. Sie erhalten seine Fruchtbarkeit! Ein Großteil der kohlenhydratreichen Nahrung wird von den Tieren veratmet, also in die Ausgangsbestandteile der Photosynthese zurückgeführt, und ein letzter Teil gelangt als Reservestoffe in den Körper der Weidetiere. Diese Form der Beweidung hält die Gräser produktiv und hindert sie daran, zu viel zu produzieren. Die Abschöpfung der Überproduktion stellt einen wesentlichen Beitrag zum Funktionieren des Grasland-Ökosystems dar. Der Landwirt macht dies

Feldhamster vor seinem Bau ▽ *Ziesel, ein Steppenbewohner*

nach, indem er die Rinder oder Schafe auf die Weide schickt, mit ihrem Mist die Gräser düngt und gegebenenfalls den Graswuchs mehrmals im Jahr abmäht. Wenn Nutzung und Produktivität in ein ausgewogenes Verhältnis gebracht werden, funktioniert dieses Zusammenspiel zwischen Gräsern und Nutzern bestens. Daß es überhaupt zustandekommt, liegt an der jahrmillionenlangen gemeinsamen Ausrichtung der Gräser auf die Weidetiere und umgekehrt.

Die Gräser machten es den tierischen Nutzern allerdings nicht leicht. Durch die Überschußproduktion von Kohlenhydraten sind sie zwar reich an Zuckern und Zellulose, aber arm an Eiweiß und Phos-

phorverbindungen. Als Nahrungsgrundlage erweisen sich die Gräser damit als recht einseitig und problematisch. Bei dem großen Energie-Überschuß, den sie während des Wachstums erzielen, können sie es sich auch leisten, Kieselsäure in ihre Zellen einzulagern. Das macht die Gräser fester, aber für die Weidetiere nicht leichter zu verdauen und wohl auch nicht schmackhafter. Die Weidetiere lösten diese Schwierigkeiten mit zwei herausragenden Entwicklungen, welche die Verwertbarkeit der Grasnahrung ganz außerordentlich steigerten: Mahlzähne im Gebiß zum Zerreiben der harten Gräser und Gärkammern mit Mikroben in den Eingeweiden, in denen aus eiweißarmer eiweißreiche Nahrung synthetisiert wird.

Bei der Entwicklung des Gebisses kam es vor allem darauf an, die Grashalme so stark wie möglich zu zerreiben. Die Gebisse typischer Weidetiere, wie Rinder, Antilopen, Pferde und Murmeltiere, weisen übereinstimmend breitflächige Bakkenzähne mit scharfkantigen Reibeflächen auf. Damit zerreißen sie die Zellwände und machen sie den Verdauungssäften zugänglich. Für diesen zweiten Schritt der eigentlichen Verdauung stellt sich aber das Problem des geringen Eiweißgehaltes, der die Weidetiere dazu zwingt, sehr große Mengen Nahrung aufzunehmen, um von den lebenswichtigen Stoffen genügend zu bekommen. Insbesondere bei dürren Gräsern entstünde ein äußerst ungünstiges Verhältnis zwischen aufgenommener Nahrungsmenge und verwertbarem Inhalt.

Die Lösung ist eine Symbiose, die geradezu fantastisch klingt: Die Weidegänger holen sich die Mikroben in ihren Verdauungstrakt hinein, die den Abbau der Zellulose und ihre Verwertung zur Herstellung von Eiweiß bewerkstelligen können. Sie betreiben in bestimmten Abschnitten des Magens oder des Enddarmbereichs regelrechte chemische Mikrolabors, in denen aus nährstoffarmer Nahrung ein hochwertiger Nahrungsbrei wird. Bei den einfacher arbeitenden *Enddarmfermentierern* sind es Bakterien in stark vergrößerten Blinddärmen,

die diese zusätzliche Verwertung der Nahrung vollziehen. Zu ihnen gehören die Pferde, aber auch viele Nagetiere wie die Steppenmurmeltiere und die Ziesel sowie Hasen und Kaninchen. Diese Tiere geben zwei verschiedene Formen von Exkrementen ab: die normalen und den Blinddarmkot. Mit Bakterien aus dem Blinddarmkot müssen sich die Jungtiere erst infizieren, damit sie die Fähigkeit zur Blinddarmverwertung der Nahrung erlangen. Die Nagetiere und insbesondere die Hasen haben diese Art der Verdauung besonders vollständig entwickelt. Bei den Pferden verläuft sie erheblich einfacher. Die Bakterien setzen bei der Enddarmfermentierung wichtige Fettsäuren frei. Aber die Ausnutzung der Nahrung gelingt auf diese Weise nicht annähernd so gut wie bei den Rindern und ihrer Verwandtschaft: den Wiederkäuern. Davon überzeugt ein Blick auf einen »Pferdeapfel« im Vergleich zu einem »Kuhfladen«. Während in ersterem noch reichlich

In Südosteuropa beginnen die Grasländer der Steppenzone.

Pflanzenfasern zu erkennen sind und die Haussperlinge unverdaute Haferkörner und andere Pflanzensamen daraus hervorholen können, zeigt sich im Kuhfladen nichts mehr von der Struktur der aufgenommenen Nahrung. Sie wurde völlig zu Brei verdaut. *Farbbilder S. 146 oben.*

Der Prozeß beginnt mit dem Abgrasen. Die Pferde beißen die Gräser gezielt und eher »bedächtig« ab, während die Kühe mit langer Zunge die Gräser umfassen und abrupfen. Sie brauchen dazu nicht einmal Schneidezähne im Oberkiefer: Sie würden wahrscheinlich nur beim nachfolgenden Vorgang stören. Das rasch hinuntergeschlungene und eingespeichelte Pflanzenmaterial wandert nämlich nur in eine große Vorkammer des Magens, in den Pansen. Dort wird es angefeuchtet und mit Wimpertierchen beimpft. Ist der Pansen voll geworden, legt sich der Wiederkäuer zur Ruhe und würgt nun den groben Nahrungsbrei hoch, um ihn ein zweites Mal durchzukauen. Dies geschieht nun sehr intensiv. Mit seitwärts gerichteten Kaubewegungen wird das Gras zu einem Brei zerrieben. Schneidezähne im Oberkiefer wären dabei erst recht hinderlich, so daß sie wahrscheinlich aus diesem Grund zurückgebildet wurden. Der gut eingespeichelte Nahrungsbrei gelangt nun in den nächsten Magenabschnitt und durchläuft, von einem System von Rinnen und Klappen gesteuert, den komplizierten Wiederkäuermagen. Dabei wird er mit Eiweiß angereichert, das die Pansen-Symbionten bilden. Auf diese Weise nutzen die Wiederkäuer die Pflanzennahrung viel wirkungsvoller als die Pferde. Diese bildeten eine absteigende Linie in der Stammesgeschichte, mit nur wenigen Arten, die sich halten konnten, während die Wiederkäuer einen gewaltigen Aufschwung nahmen und alle Grasländer der Erde mit Ausnahme des australischen Inselkontinentes besiedelten. Dort aber entwickelten die großen grasfressenden Känguruhs ein in vieler Hinsicht vergleichbares Verdauungssystem für Gräser.

Wir nutzen diese Fähigkeit in größtem Umfang. Nicht Bäume oder Kräuter stellen die Lebensgrundlage des Menschen dar, sondern Gräser (Getreide) und Grasfresser (Rinder, Ziegen, Schafe); jenes höchst wirkungsvolle System also, welches das Grasland charakterisiert. Die Kulturlandschaft des Menschen ist daher im weitesten Sinne Grasland; wir nennen sie die »Kultursteppe« und stellen sie neben die Natursteppe, von der sie grundlegende Vorgänge von Produktion und Nutzung übernommen hat.

Graspflanzen ernähren die Menschen

Vom See zum Moor

Stehende Gewässer bilden einen besonderen Lebensraum, der sich in vielen Einzelheiten vom Fließgewässer unterscheidet. Die besonderen Eigenschaften des Wassers kommen in ihnen im buchstäblichen Sinne »zum Tragen«. So bedingt die schwache Wärmeleitfähigkeit des Wassers in jeder Ansammlung von stehendem Wasser eine temperaturbedingte Schichtung. In Kleingewässern mag diese Schichtung unbedeutend sein, weil sie von den geringsten Außeneinflüssen zerstört wird, aber in größeren Gewässern, insbesondere in Seen, macht sie sich stark bemerkbar. Sie trennt dort das erwärmte Oberflächenwasser im Sommer vom kälteren Tiefenwasser und bewirkt im Winter die Umkehrung.

Mißt man die Schichttemperaturen eines größeren Sees, so zeigt sich, daß diese Schichtung eine ganz bestimmte Form annimmt. An der Oberfläche befindet sich im Sommerhalbjahr eine erwärmte Schicht, das *Epilimnion*, in der sich die Temperatur mit zunehmender Wassertiefe nur wenig verändert, weil Wind und Wellen für eine Durchmischung sorgen. Die obersten zwei bis drei Meter können nahezu die gleiche Wassertemperatur aufweisen. Dann sinkt sie aber rasch ab und fällt innerhalb einer schmalen Zone auf die Temperatur des Tiefenwassers ab, die in mitteleuropäischen Breiten bei 4 °C liegt, weil bei dieser Temperatur das Wasser seine größte Dichte hat. In tropischen Gewässern sinkt die Wassertemperatur nicht so tief ab, sondern verbleibt auf einem je nach Seeart und -tiefe unterschiedlichem, höheren Niveau. Die Zone des schnellen Temperaturabfalles wird *Sprungschicht (Metalimnion)* genannt, weil sich in ihr die Temperatur so sprunghaft ändert. Ihr kommt große

Vorgebirgssee (Allgäu)

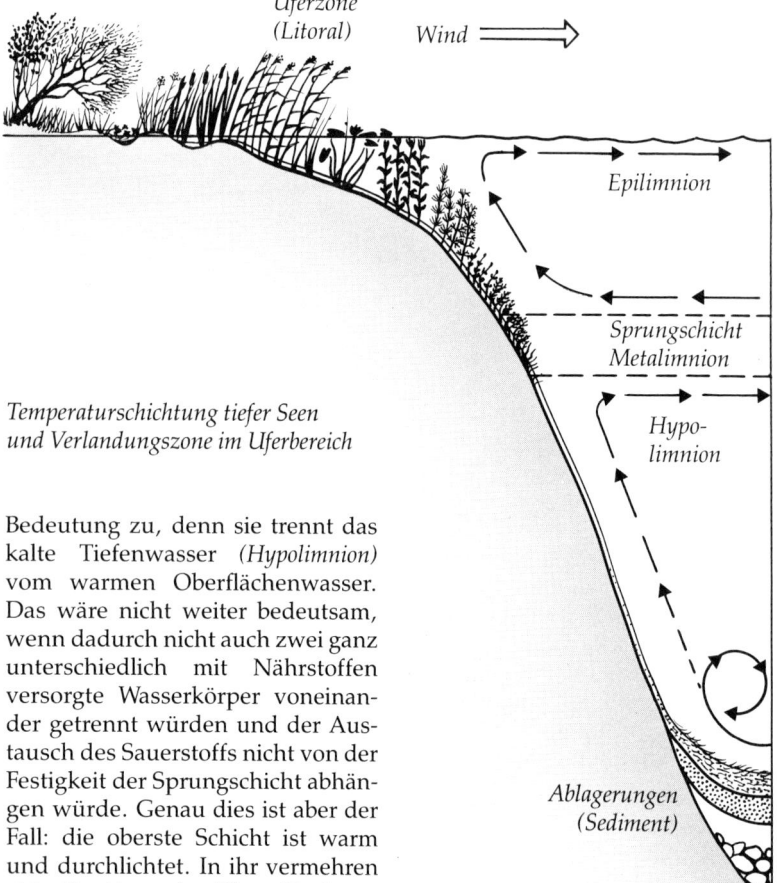

Uferzone
(Litoral)

Wind ⟹

Epilimnion

Sprungschicht
Metalimnion

Hypo-
limnion

*Temperaturschichtung tiefer Seen
und Verlandungszone im Uferbereich*

Ablagerungen
(Sediment)

Bedeutung zu, denn sie trennt das kalte Tiefenwasser *(Hypolimnion)* vom warmen Oberflächenwasser. Das wäre nicht weiter bedeutsam, wenn dadurch nicht auch zwei ganz unterschiedlich mit Nährstoffen versorgte Wasserkörper voneinander getrennt würden und der Austausch des Sauerstoffs nicht von der Festigkeit der Sprungschicht abhängen würde. Genau dies ist aber der Fall: die oberste Schicht ist warm und durchlichtet. In ihr vermehren sich die Algen des *Phyto-Planktons,* nehmen Nährstoffe auf und setzen durch Photosynthese Sauerstoff frei. Soweit sie nicht vom tierischen Plankton *(Zooplankton)* verzehrt werden und über die Kleinfische in die Nahrungsketten eingeschleust werden, sinken die Planktonalgen langsam zu Boden. Sobald sie die Sprungschicht durchdrungen haben, werden sie vom unteren Wasserkörper »gefangen«. Im oberen besteht durch Wirbel noch immer die Möglichkeit, daß die Algen aufwärts in die gut durchlichtete Zone

▷ *Zooplankton aus Wasserflöhen (oben)
und aus Büschelmückenlarven (unten)*

verfrachtet werden. Jetzt geht das nicht mehr, weil die Wirbel und Strömungen nicht durch die Sprungschicht hindurchreichen. Die in den Algen festgelegten Nährstoffe rieseln daher unablässig wie

(Weiter auf Seite 161)

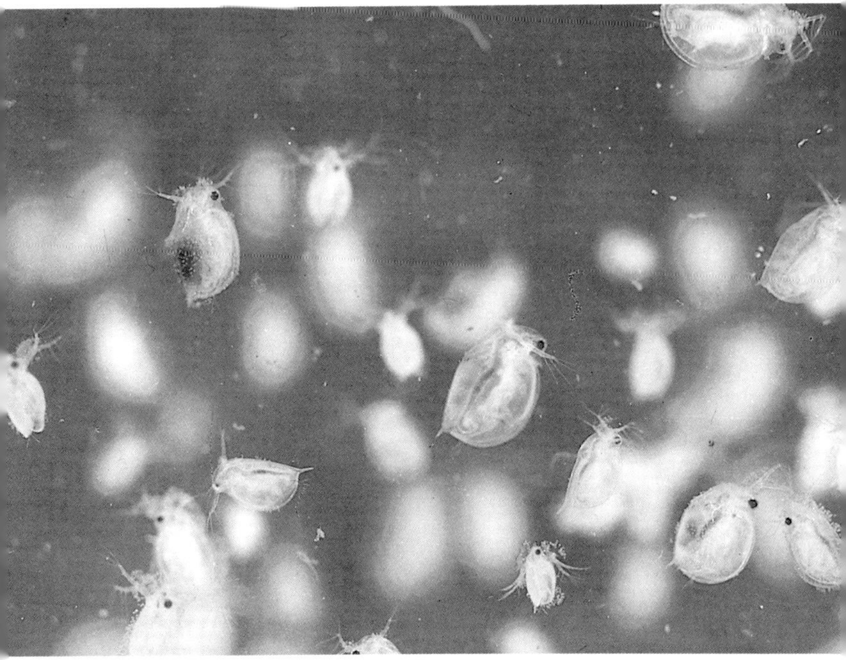

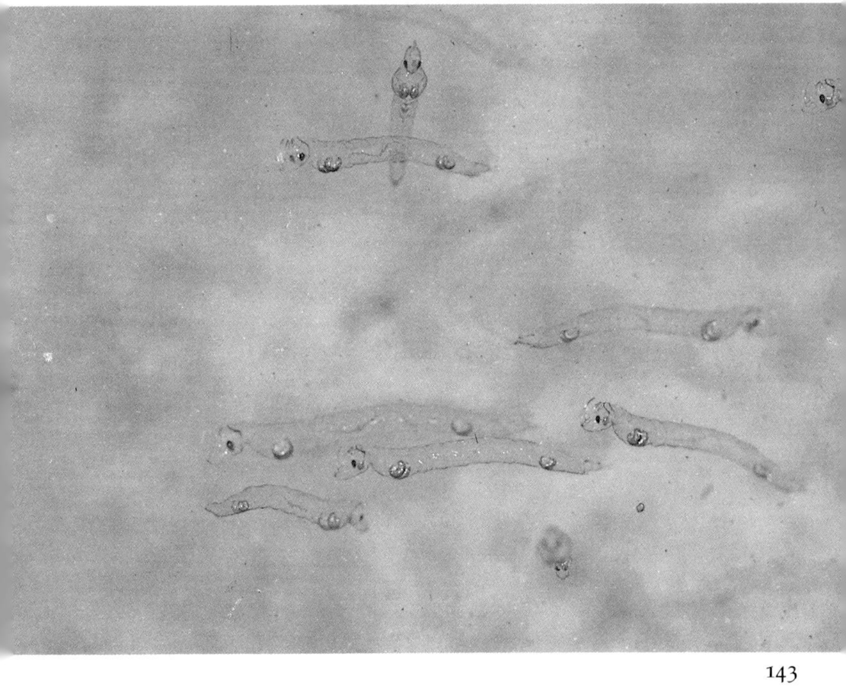

Bildtexte zu den Farbseiten 145 bis 160

Seite 145: *Auerochse oder Ur, die ausgestorbene Stammform unseres Hausrindes, lebte noch zu geschichtlichen Zeiten auch in europäischen Wäldern. Rekonstruktion von Helmut Diller (zum Text S. 132).*

Seite 146 oben: *Wiederkäuer erzielen einen hohen Nutzungsgrad ihres Futters. Die Struktur der Pflanzen wird im Verdauungssystem völlig aufgelöst (links Kuhfladen). Dagegen sind im »Pferdeapfel« (rechts) die einzelnen Pflanzenfasern noch gut erkennbar (zum Text S. 139).*

Seite 146 unten: *Verrottendes Holz bietet einen Nährboden für zahlreiche Kleintiere. Sie bereiten zusammen mit Pilzen und Bakterien seine Vererdung und anschließende Mineralisierung vor (zum Text S. 130).*

Seite 147: *Auch stehendes Totholz (Fichte) wird im Lauf der Jahre zersetzt und kann selbst wieder junge Bäume ernähren (Birke) (zum Text S. 130).*

Seite 148: *Bergbach im Fels (links oben), im Bergwald (rechts oben) und in einer Talschlucht (unten). Die kreisrund ausgeschliffenen Löcher im felsigen Bachbett rühren von Steinen her, die von der Strömung in kreisender Bewegung gehalten werden (zum Text S. 172).*

Seite 149: *Wasserflächen (oben) und Verlandungszonen (unten) am Neusiedler See (zum Text S. 165).*

Seite 150 oben: *Hochmoor in den bayerischen Voralpen. Von den trockeneren Rändern her dringen Gehölze wie Erlen, Birken und Faulbaum ein.* **Unten:** *das für Hochmoore typische Torfmoos (zum Text S. 166).*

Seite 151: *Der Anschnitt eines Hochmoorbodens aus früherer Torfgewinnung zeigt, daß auch in größerer Tiefe keine vollständige Verrottung eintritt. Unter Luftabschluß bleiben Wurzeln und Fasern der Pflanzen erhalten und bilden Torf (zum Text S. 166).*

Seite 152: *Erosion und Nährstoffarmut durch Auswaschung kennzeichnen das bergige Einzugsgebiet (oben) großer Flüsse, nährstoffreiche Schlickbänke ihren Unterlauf (unten) (zum Text Seite 169).*

Seite 153: *Wassersport verboten, Angeln erlaubt. Das friedliche Bild täuscht, denn auch Angler, die sich ruhig verhalten, behindern allein durch ihr Dasein in Ufernähe die erfolgreiche Brut vieler Wasservögel (zum Text S. 202).*

Seite 156 oben: *Winterfütterung von Rotwild in den Alpen (zum Text S. 199).*

Seite 156 unten: *Kamille, Kornrade, Sommeradonisröschen und Ackerrittersporn. Eine solche Pracht von Ackerwildkräutern findet man heute wohl nur noch in Südeuropa und auch dort nur, wo sie (noch) nicht chemisch bekämpft werden.*

Seite 157 oben: *Naturfreunde beobachten das Kleintierleben in einem Weiher.*

Seite 157 unten: *Ein Wochenende am Teufelssee (Berlin). Wo und wie immer Menschen die Natur in Anspruch nehmen, liegen Belastungs- und Konfliktsituationen nahe. Deshalb brauchen wir neben Erholungsgebieten auch Schutzgebiete, die diesen Namen verdienen (zum Text S. 211).*

Seite 158 oben: *Ein Berggipfel am Alpenrand wurde von Anhängern einer jungen Sportart, dem Fallschirmgleiten, buchstäblich belegt.*

Seite 158 unten: *Jährlich nimmt die Belastung der Gewässer durch Wassersportler und Erholungsuchende zu.*

Seite 159 oben: *Bergwanderer auf einem Alpengipfel. Die Alpendohlen nutzen das reiche Futterangebot des Touristenstromes. Schnee- und Birkhühner und viele andere Gebirgstiere werden zurückgedrängt und verlieren immer größere Teile ihrer angestammten Lebensräume.*

Seite 159 unten: *Auch das Drachenfliegen zieht zahlreiche neue »Bergfreunde« in alpine Gebiete.*

Seite 160 oben: *Umfangreiche Schutzanlagen halten den Urlauberstrom wenigstens längs der offiziellen Badestrände von den trittempfindlichen Dünen der Nordseeinseln fern (Bilder der S. 157–160 zum Text S. 211).*

Seite 160 unten: *Verockerung von Altwässern an den Inn-Stauseen (zum Text S. 211).*

153

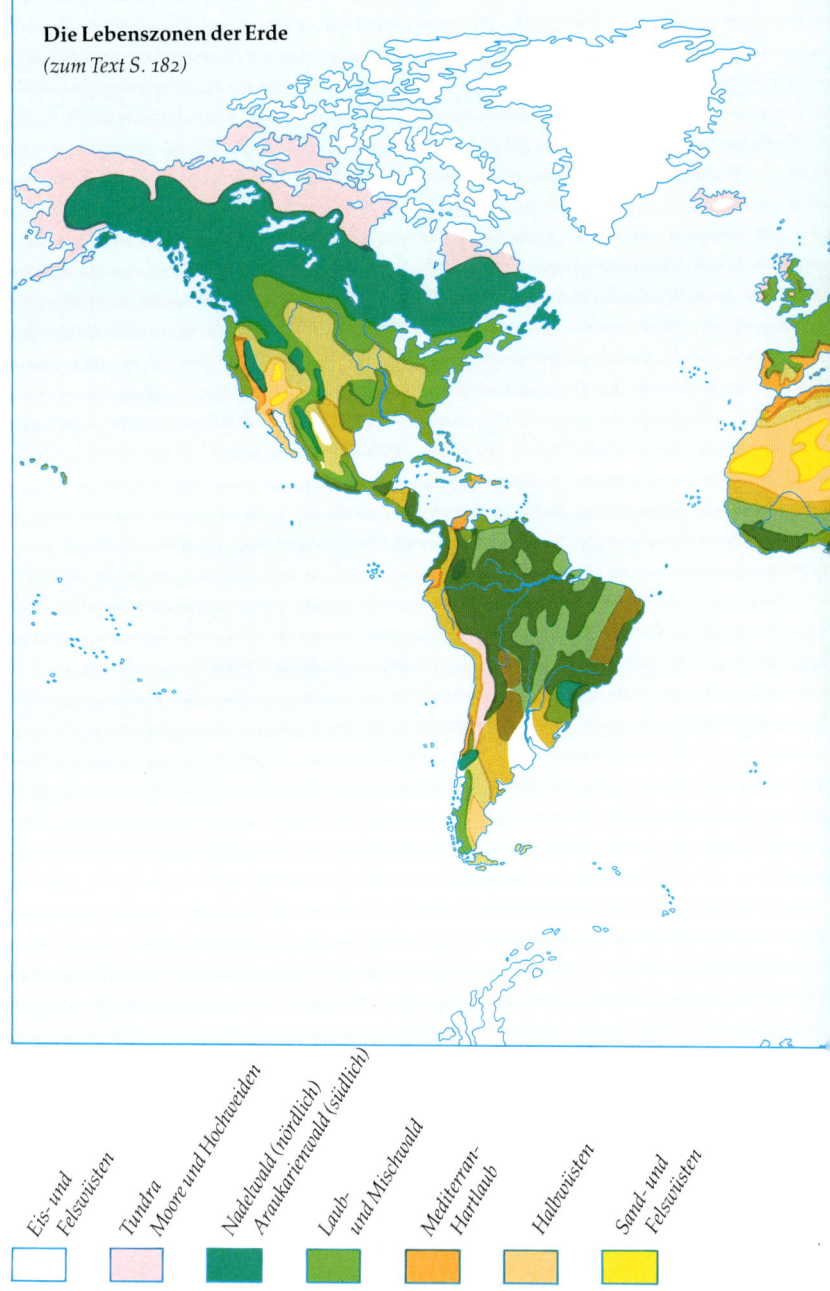

Die Lebenszonen der Erde
(zum Text S. 182)

Eis- und Felswüsten | Tundra | Moore und Hochweiden | Nadelwald (nördlich) Araukarienwald (südlich) | Laub- und Mischwald | Mediterran-Hartlaub | Halbwüsten | Sand- und Felswüsten

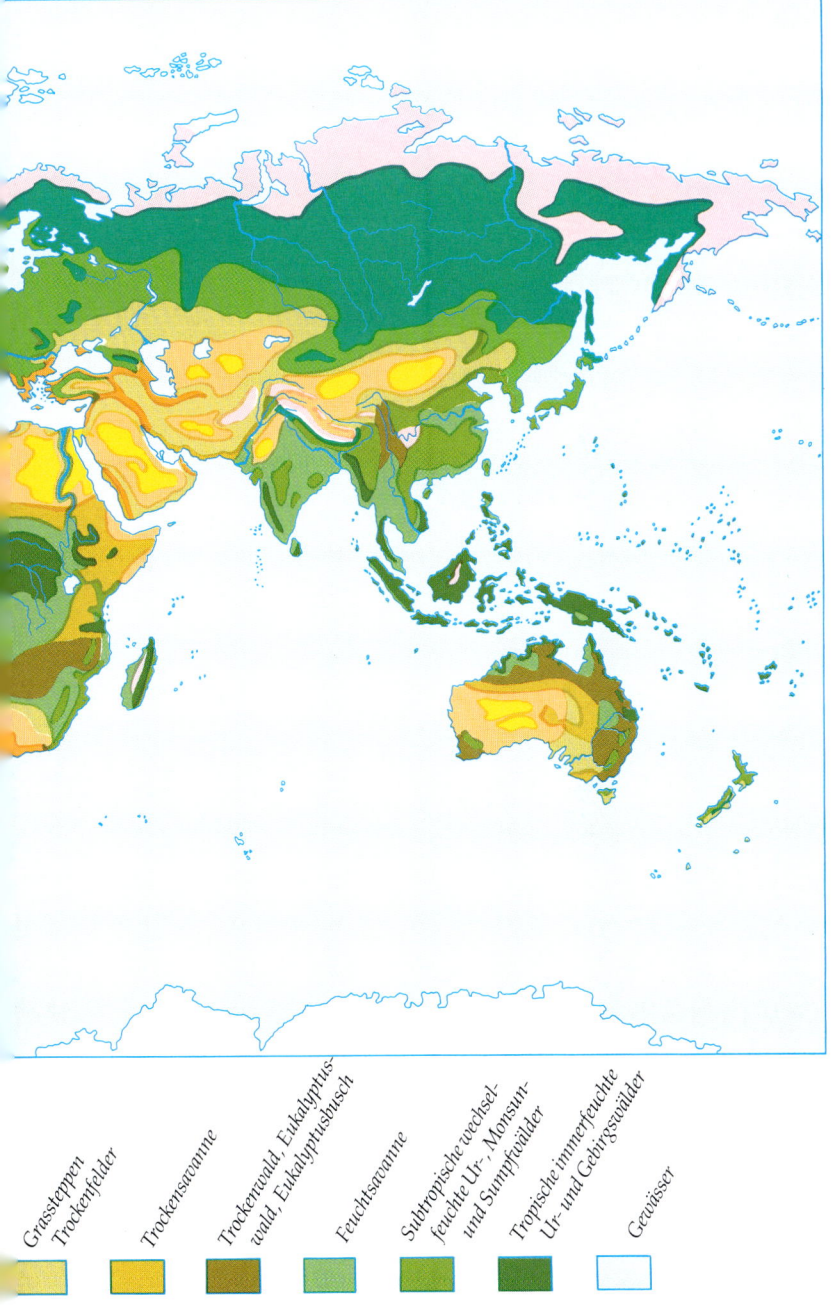

Grassteppen Trockenfelder

Trockensavanne

Trockenwald, Eukalyptuswald, Eukalyptusbusch

Feuchtsavanne

Subtropische wechselfeuchte Ur-, Monsun- und Sumpfwälder

Tropische immerfeuchte Ur- und Gebirgswälder

Gewässer

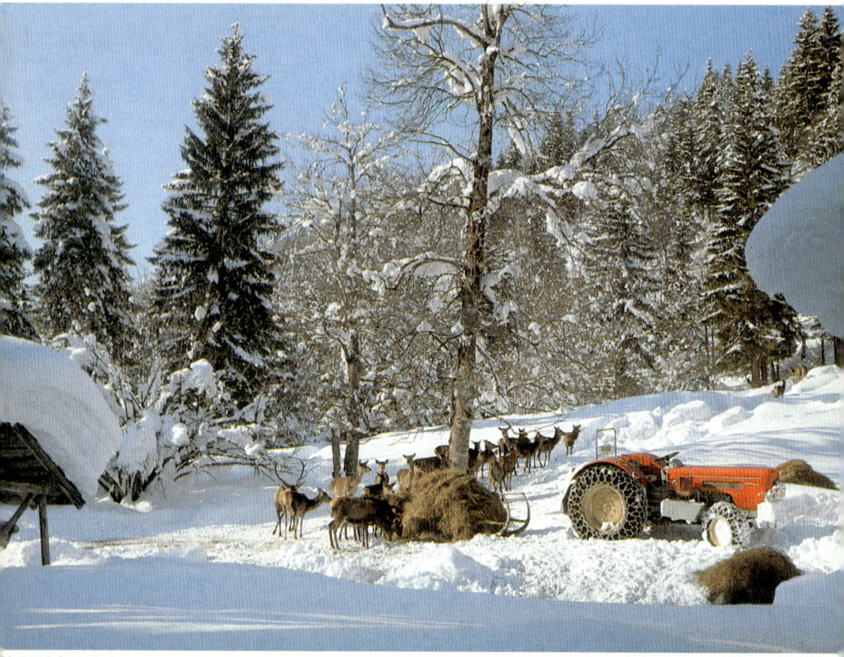

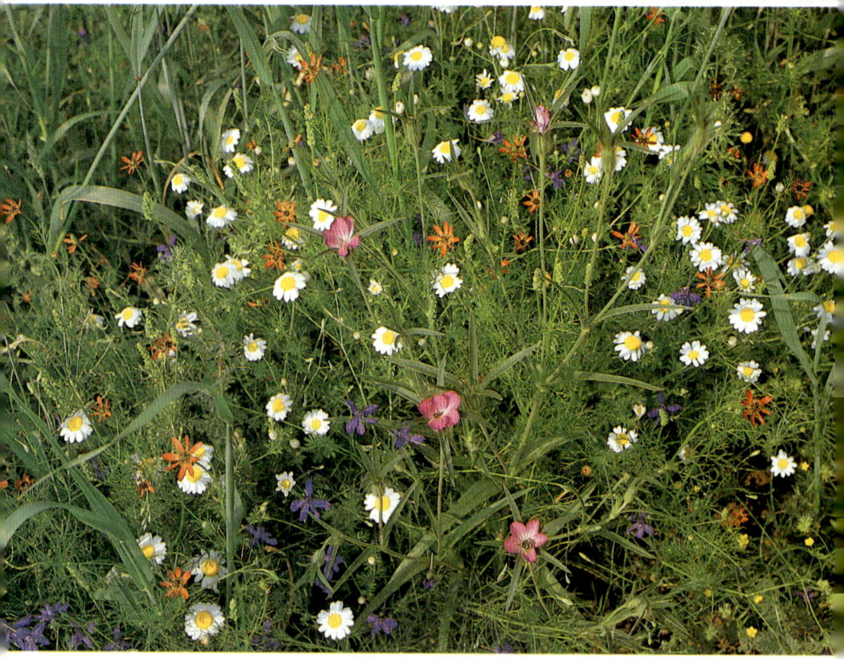

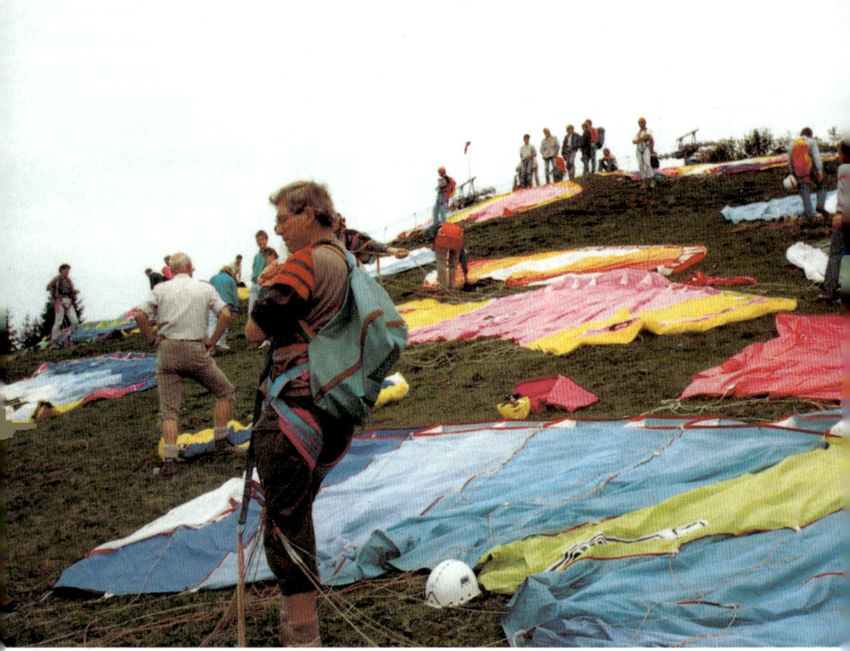

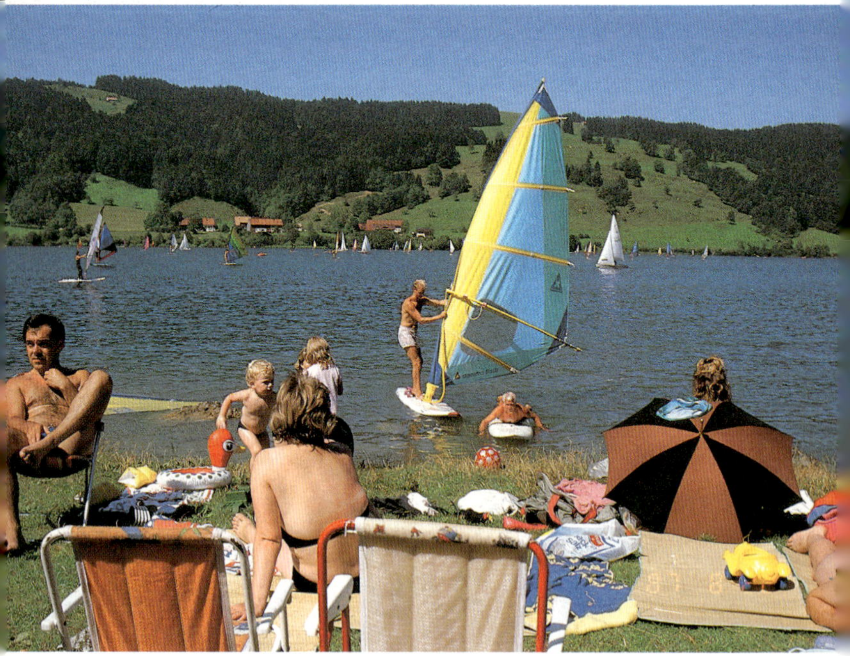

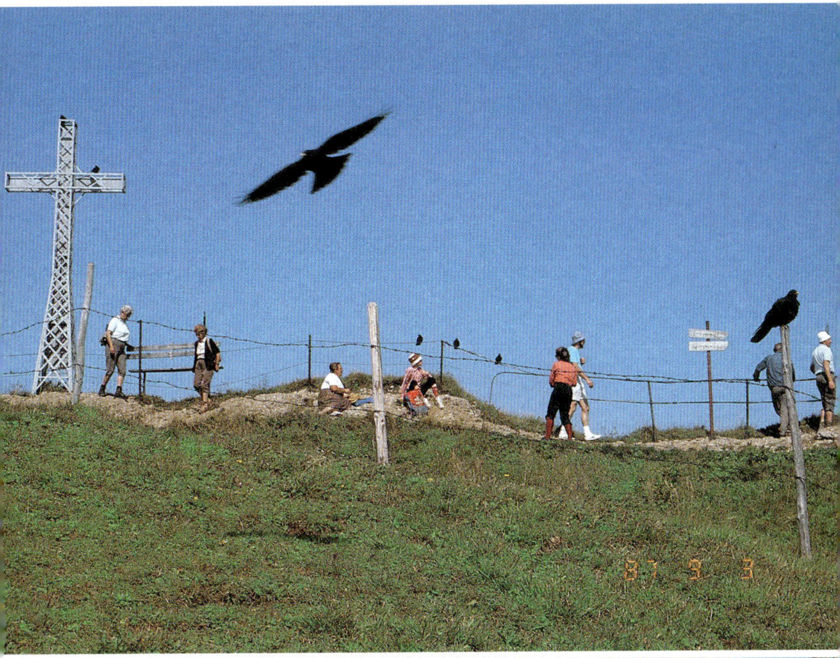
87 9 3

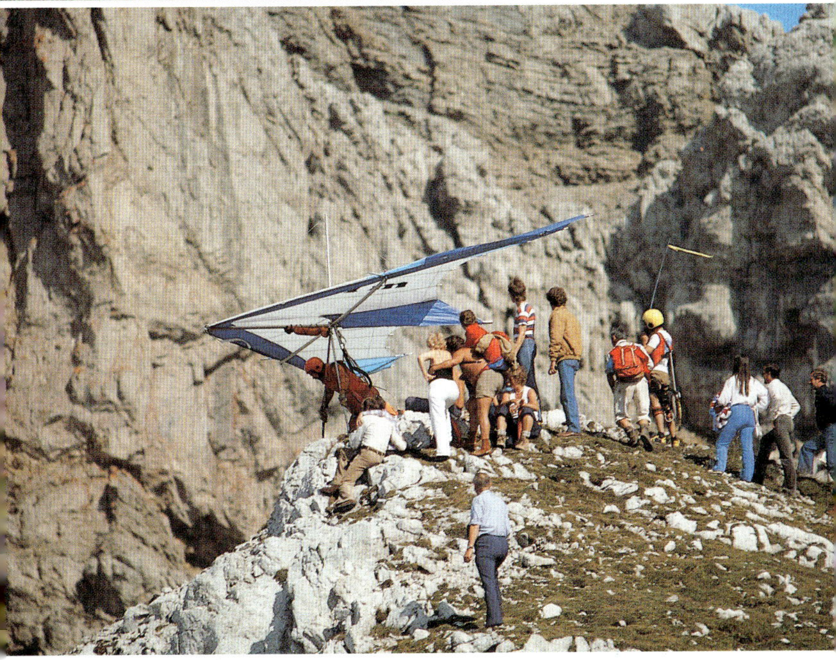

ein feiner Regen in die Tiefe. Für Fische sind diese Häppchen zu winzig, deshalb lohnt es sich auch nicht für sie, ihnen nachzustellen. Im Wasserkörper unter der Sprungschicht angekommen, verlangsamen sich zwar die Zersetzungsvorgänge, weil die Temperatur so niedrig liegt, aber sie laufen weiter und zehren am Sauerstoffvorrat. Dieser ist im Wasser ungleich geringer als im Luftraum, wo der Gehalt 20,9% ausmacht. Im Wasser finden sich selten mehr als 10 Gramm/Liter; meistens weniger, zumal mit steigender Wassertemperatur die Löslichkeit des Sauerstoffs sinkt. Der Sauerstoff ist daher im Gewässer eine kritische Größe; von seiner Verfügbarkeit hängen viele Lebensprozesse und ökologischen Vorgänge in hohem Maße ab.

Wenn nun die produzierende Oberflächenschicht mehr organisches Material liefert als Sauerstoff zu seiner Aufarbeitung vorhanden ist, muß sich zwangsläufig ein Defizit entwickeln. Daß sich ein solches nicht in jedem Fall gleich einstellt, liegt an weiteren Eigenschaften des geschichteten Sees mit fortschreitender Jahreszeit. So lange das Oberflächenwasser deutlich wärmer als das Tiefenwasser ist, bleibt die Schichtung stabil. Wenn aber im Herbst die Lufttemperaturen kräftig absinken und die Durchschnittswerte sich dem 4°C-Bereich nähern, wird die Schichtung labil. Der Unterschied in der Dichte des Wassers zwischen Oberfläche und dem Wasserkörper unter der Sprungschicht ist zu gering geworden. Die Sprungschicht beginnt zu wandern, um sich schließlich aufzulösen. Nun reichen schon einzelne Herbststürme, um das Wasser im See umzuwälzen. Der See geht in die *Herbst-Zirkulation*. Dabei werden Nährstoffe aus der Tiefe an die Oberfläche und Sau-

Typische Formen des Phytoplanktons

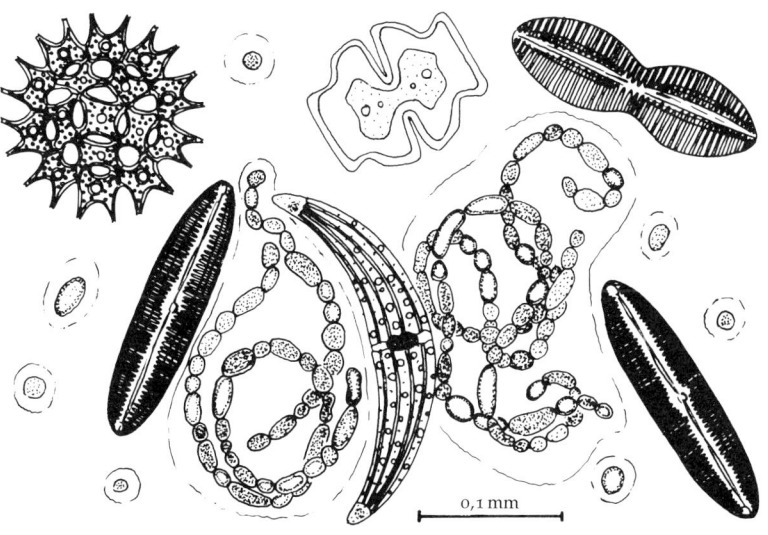

0,1 mm

Verlandungszone eines Sees

erstoff von der Oberfläche in die Tiefe verfrachtet. Auf diese Weise schichtet der See seinen Nährstoffhaushalt um. Wenig später stabilisiert sich alles wieder, weil mit weiter sinkenden Wassertemperaturen kälteres und damit leichteres Wasser sich erneut vom 4°-Tiefenwasser trennt. Kommt es zur Eisbildung, bleibt die winterliche Schichtung ganz stabil, bis im Frühjahr, nach dem Auftauen, das gleiche wie im Herbst geschieht. Jetzt geht der See in die *Frühjahrs-Zirkulation*, auf die schließlich die sommerliche Schichtung oder *Sommer-Stagnation* folgt. Ein solcher See macht im Jahreslauf also zwei Phasen der Umwälzung und zwei der Schichtung durch.

Ist der See sehr tief, unterbleibt die Vollzirkulation. Es spielt sich nur eine Teilzirkulation ab. Umgekehrt können flache Seen auch außerhalb der normalen Zirkulationszeiten durch Stürme umgewälzt werden. Für den Nährstoffhaushalt ist das von größter Bedeutung, denn Seen sind »Nährstoff-Fallen«, in die viel mehr hineinkommt, als von den Abflüssen oder über die abwandernden Fische und Wasservögel wieder heraustransportiert werden kann.

Das hat zur Folge, daß Seen, von einigen besonderen Ausnahmen abgesehen (Baikalsee, Tanganyika-See, mit extremen Wassertiefen), keine stabilen Gebilde sind, sondern nach Maßstäben der Erdgeschichte nur eine kurzzeitige Existenz aufweisen. Sie sind selten in

Schilfgürtel bilden für Vogelarten unersetzliche Lebensräume

sich stabil, sondern zumeist in Entwicklung begriffen, an deren Ende der See verschwindet. Es beginnt damit, daß sich am Boden des Gewässers immer mehr Material ansammelt. Es wird entweder von den Zuflüssen eingeschwemmt oder es rutscht von den Ufern her nach, wenn es sich um zuflußlose Seen handelt. Seen befinden sich immer in Geländevertiefungen. Einen wesentlichen Materialeintrag verursachen auch die Organismen. Sie binden Kohlendioxid aus der Luft und bauen es zu organischen Substanzen um. So klein der Beitrag im einzelnen aussehen mag, so wirkungsvoll summiert er sich über lange Zeiträume hinweg. Das zeigt sich besonders eindrucksvoll beim Wachs-tum von Hochmooren, wie noch beschrieben wird.

Der stärkste Beitrag zum Altern des Sees und zu seiner Verlandung kommt vom Ufer. Dort wachsen in einem mehr oder minder breiten Gürtel Wasser- und Uferpflanzen in feiner Abstimmung auf die jeweilige Wassertiefe. Auf die am weitesten seewärts vorgeschobene Zone der Unterwasserpflanzen (= *submerse Flora*) folgen die Schwimmblattbestände, die gerade die Oberfläche erreichen. See- und Teichrosen sowie bestimmte Laichkrautarten gehören zu ihnen. An sie schließt sich landwärts die Zone der Röhrichte an. Binsen, Schilf und Rohrkolben können diese für naturnahe Seeufer typische Röhrichtzone bilden.

Das Schilf hat den größten Anteil an den mitteleuropäischen Seen. Diese äußerst erfolgreiche Pflanze ist fast weltweit verbreitet. Obwohl die vorgeschobene Front des Röhrichts unter Umständen noch mehr als einen Meter tief im Wasser steht, erreicht es landseitig schon festen Boden. Der Pflanzenwuchs wird nun immer dichter und artenreicher, wobei Landarten die Wasserpflanzen ablösen.

Seggen und Gräser, wie das Rohrglanzgras oder der Wasserschwaden, bilden so dichte Bestände, daß keine freien Wasserflächen mehr sichtbar sind. In dieser Zone fassen auch die ersten Bäume Fuß. Die Entwicklung zum Wald beginnt. Der Querschnitt durch die Verlandungszone eines Sees zeigt im Momentanbild den zeitlichen Ablauf des Geschehens. Der See wird zum Land, weil die Pflanzen nach und nach immer weiter in den See hineinwachsen. Die Sukzession ist vorgezeichnet, und jeder See wird sie durchlaufen müssen. Es hängt nur von seiner Tiefe ab, wie lange der Vorgang dauert. Der See ist das Anfangsstadium einer Sukzession, die zum Land führt, zum Wald im Falle Mitteleuropas. Die meisten Seen wurden hier von der Eiszeit gebildet. Sie sind daher vergleichsweise recht jung; in der Regel kaum 10 000 Jahre alt.

Wegen dieses geringen Alters befinden sich viele noch im nährstoffarmen Anfangszustand der Verlandung. Ihr Wasser enthält so wenig gelöste Mineralstoffe, insbesondere die für das Pflanzenwachstum so wichtigen Phosphor- und Stickstoffsalze, daß die biologische Aktivität gering ist. Im nährstoffarmen *oligo-* *trophen* Zustand überwiegt die Produktion nicht den Abbau. Sauerstoff ist reichlich vorhanden, so daß die Produktion des Sommers leicht wieder abgebaut, wieder mineralisiert werden kann. Es kommt nicht zur Ansammlung von organischem, fäulnisfähigem Material am Seegrund. Der Bodenschlamm ist mineralisiert und frei von Faulschlamm. Die Verlandung schreitet nur ganz langsam von den Ufern her fort.

Mit zunehmendem Nährstoffeintrag ändert sich dies. Der See wird *mesotroph*; seine Produktivität steigt und sein Wasser läßt sich nicht mehr bedenkenlos als Trinkwasser verwerten. Produktion und Verbrauch stehen zwar noch in einem Gleichgewicht, doch dieses beginnt labil zu werden. Hört die Nährstoffzufuhr nicht auf, beschleunigt sich die Entwicklung. Bald ist der Punkt erreicht, an dem sich Überschüsse bilden, die nicht mehr abgebaut werden, bis die neue Produktion einsetzt. Nährstoffe sind nun im Übermaß verfügbar; der See ist *eutroph* geworden. Jetzt übersteigt die Produktion in der Bilanz den Abbau deutlich und es kommt zur Sauerstoffzehrung im Tiefenwasser. Immer mehr Faulschlamm sammelt sich an und macht die Verhältnisse ungünstiger. Das Seewasser läßt sich nur noch gereinigt als Trinkwasser verwenden. Die biologische Produktivität ist so angestiegen, daß energetisch aufwendige Organismen wie tauchende Wasservögel in immer größerem Umfang auftreten und die fortschreitende Verschlechterung der Verhältnisse signalisieren. Jetzt kann nur noch eine radikale Drosselung der Nährstoffzufuhr in Verbindung mit Nährstoff-

Schwimmende Leitung der Ringkanalisation im Chiemsee (Ostbayern)

exporten die sich beschleunigende Entwicklung bremsen.

In dieser Situation befanden sich zahlreiche Seen des voralpinen Raumes in den 6oer und 7oer Jahren. Mit Hilfe von Ringkanalisationen und großen, wirkungsvollen Abwasser-Kläranlagen war es möglich, die Entwicklung abzubremsen und manche der Seen wieder sauberer zu machen. Da sie unentbehrliche Trinkwasserspeicher und Erholungsgebiete darstellen, sind solch kostspielige Maßnahmen unvermeidbar.

Überließe man die Seen ihrer Entwicklung, würden sie unweigerlich mehr oder minder langsam zu Land werden. Wie schnell das tatsächlich geht, hängt vom Typ ab. Es lassen sich mehrere Typen unterscheiden. Die wichtigsten sind die (eiszeitlich entstandenen) tiefen Seen und die Flachseen. Bei letzteren bildet sich kein richtiges Hypolimnion. Oft ist ihr Wasser trüb, weil die Wellen vom Seegrund Schwebstoffe aufwirbeln können. Sie beeinträchtigen die Lichtdurchlässigkeit des Wassers und können die Entwicklung von höheren Wasserpflanzen hemmen. Der Neusiedler See im österreichischen Burgenland ist ein typisches Beispiel für einen solchen Flachsee, in dem sich trotz geringer Tiefe keine geschlossenen Wasserpflanzenbestände entwickeln können. *Farbbilder auf Seite 149.*

Nach der Größe werden die stehenden Gewässer ebenfalls unterschie-

Künstlich angelegter Teich auf staunassem Lehm (ohne Folie)

den. Erst ab rund einem Quadratkilometer Größe spricht man in der Regel von einem See; kleinere werden als Weiher oder Tümpel bezeichnet. Wurden sie künstlich angelegt, nennt man sie Teiche. Seen und Weiher gibt es in allen möglichen Größen und Formen. Weniger beachtet werden vielfach die Kleingewässer, die oft besonders reichhaltige Lebensgemeinschaften von Tieren und Pflanzen aufweisen. Ihre Existenzzeit umfaßt nur Jahre bis Jahrzehnte, und die Arten, die sich in Kleingewässern ansiedeln, müssen über sehr gute Ausbreitungsfähigkeiten verfügen. Schließlich gibt es noch die mehr oder weniger regelmäßig verschwindenden Gewässer, die man als *temporäre* den dauerhaften *(perennierenden)* Gewässern gegenüberstellt: vom Schmelzwassertümpel und von der Pfütze in der Wagenspur bis zu großen Lagunen, die zeitweise austrocknen. Alle diese Gewässer stehen in mehr oder minder enger Verbindung mit dem Grundwasser und mit den Fließgewässern.

Der Übergang zum Land geschieht durch Sukzession. Doch unter bestimmten Bedingungen muß nicht der glatte Übergang vom seewasserdurchtränkten, moorigen Boden zum Wald die vorletzte Stufe der Entwicklung darstellen. Gibt es einen sehr starken Überschuß an Niederschlägen, nimmt die Entwicklung einen anderen Verlauf. Es bildet sich ein Hochmoor. Dazu bedarf es nicht einmal eines Sees als Ausgangsstadium. Es muß nur eine Geländemulde vorhanden sein, aus der weniger Wasser abfließt oder verdunstet, als durch die Niederschläge hineinkommt. Und es darf nicht viel Grundwasser durchziehen, das Nährstoffe einbringen könnte. Unter solchen besonderen

Ausgedehntes Hochmoor mit Torfmoosen, Seggen und Wollgras

Bedingungen wird das Wachstum einer Pflanzengruppe begünstigt, die einen ganzen Lebensraumtyp prägt, die Torfmoose. Diese einfach gebauten Moose sind in der Lage, unablässig nach oben zu wachsen, während sie unten absterben. Unter den Bedingungen der übermäßigen Feuchtigkeit und akuten Sauerstoffmangels zersetzt sich das Material der Torfmoose nicht richtig. Es »vertorft«. Die Zellulose bleibt erhalten und unter Luftabschluß zersetzen sich die Eiweißstoffe zum »Sumpfgas« (Methan und Schwefelwasserstoff). Durch das beständige Emporwachsen der Torfmoose wölbt sich das Moor, und zwar besonders stark in der Mitte. Es entsteht eine Uhrglasform, die zur Bezeichnung »Hochmoor« geführt hat. Hochmoore können auch im Tiefland vorkommen, doch ihr Hauptverbreitungsgebiet sind die niederschlagsreichen Flanken der Gebirge, wo in den Sätteln und Hochtälern abflußlose Mulden ausgebildet sind, in denen die Torfmoose wachsen können. Sie beziehen die Nährsalze, die sie zum Wachstum brauchen, ausschließlich aus der Luft. Das Wasser, das den Torf durchtränkt, zeigt eine stark saure Reaktion.

Die von Humussäuren und freigesetzten Säureionen verursachte Reaktion verhindert die Lebenstätigkeit der zersetzenden Bakterien. Dadurch bleiben viele Strukturen im Moos erhalten, die ohne die konservierende Wirkung des sauren Milieus schnell zersetzt würden. Das Torfmoos besitzt eine außergewöhnliche Wasserspeicherfähigkeit. Sie macht die Moore zu Regulatoren des Wasserhaushaltes. Moore können nach längeren Trockenperioden die Niederschläge wie ein Schwamm aufsaugen. Das aufgenommene Wasser speichern sie lange. Es wird erst nach und nach, vor allem durch Verdunstung, wieder abgegeben.

Diesem Lebensraum der Moore hat sich eine besondere Pflanzen- und Tierwelt angepaßt. Wir kennen sie nur noch in bruchstückhafter Form, weil die Moore zu den besonders gefährdeten Biotopen zählen. Der größte Teil von ihnen wurde entwässert und durch Torfstich verändert. Nur in wenigen größeren Moorkomplexen findet sich eine einigermaßen erhaltene Lebensgemeinschaft. Die Moore bilden heute auch wichtige Rückzugsgebiete für seltene Arten. *Farbbilder S. 150/151.*

Der Wasserkreislauf zwischen Land und Meer umfaßt die oberirdischen und unterirdischen Entwässerungssysteme des Festlandes und den Rücklauf des Wassers über Flüsse und Atmosphäre.

Fließgewässer – Lebensadern der Landschaft

Die Fließgewässer sind ein sehr alter Lebensraum. Die ersten müssen sich bereits vor der Entstehung erster Organismen gebildet haben. Als die noch junge Erde Wasserdampf aus den Vulkanen entließ, der sich in der Atmosphäre abkühlte, kam es zu heftigen Niederschlägen. Sie sammelten sich in Vertiefungen und Rillen der Kontinente. Das in die Meere abfließende Wasser grub sich Flußbetten. Im Meer verdunstete das Wasser, ballte sich erneut in Wolken zusammen und driftete wieder über die Landmassen. Der Kreislauf des Wassers stellt somit den ältesten Kreislauf der Biosphäre dar. In seiner heutigen Funktion wird er stark von den

Organismen, insbesondere von den Wäldern beeinflußt.

Mit diesem Kreislauf verbindet sich ein beständiger Abtrag von mineralischen Stoffen aus den Kontinenten. Das Wasser ist dabei das Lösungs- und Transportmittel. In jahrmillionenlanger Arbeit schneidet es kilometertiefe Schluchten in hartes Gestein, trägt ganze Gebirge ab und formt die Oberfläche der Erde. In den Fließgewässern sammelt sich der allergrößte Teil dieses Abtrags. Die Flüsse führen Steine, Kies, Sand und Schwebstoffe, aber auch im Wasser gelöste Mineralstoffe, und transportieren sie unablässig zu den Weltmeeren. Das am Boden bewegte und mitgeführte Material wird als Geschiebe bezeichnet, weil es der Fluß gewissermaßen »schiebt«. Dabei arbeitet das Wasser beständig an der Flußsohle, die sich immer tiefer eingräbt, wenn nicht das Geschiebe einen Großteil der Schlepp- und Grabkraft (*Erosionskraft*) des Wassers abfängt. Hört die Geschiebezufuhr auf, graben sich die Flüsse tiefer in ihr Bett. Das feinere Material, das beim Zerreiben des Gesteins freigesetzt wird, kann von den Wirbeln und wechselnden Strömungen im Fluß in Schwebe gehalten werden. Schwebstoffreiche Flüsse sind trübe. Die feinen Ton- und Gesteinspartikel behindern die Lichtdurchlässigkeit. Im stehenden Gewässer würden sie schnell zu Boden sinken, aber im Fließgewässer bleiben sie in Bewegung. Die Schwebstoffe können einen erheblich größeren Teil der gesamten Materialfracht eines Flusses ausmachen als das Ge-

Kiesbänke und Geschiebe am oberen Inn im Unterengadin

schiebe. Spitzenwerte liegen bei mehr als zehn Gramm pro Liter Wasser. Flüsse wie der sehr schwebstoffreiche Inn können in einem einzigen Monat bis über vier Millionen Tonnen Schwebstoffe abtransportieren. *Farbbilder S. 152.*

Es ist insbesondere dieses Feinmaterial, das an den Mündungen der Flüsse die Schlickbänke bildet. Durch die Abbremsung der Strömungsgeschwindigkeit fallen die Schwebstoffe aus. Sie *sedimentieren* und bilden dicke Lager aus Schlick, die allmählich hochwachsen, die Wasseroberfläche erreichen und sich zu Inseln verfestigen. Auf diese Weise schieben die Flüsse das Land ins Meer hinaus: Es bilden sich sogenannte *Deltas.* Der mitgeführte Schlick ist sehr reich an mineralischen Nährstoffen, so daß die Flußdeltas zu den fruchtbarsten und damit zu den produktivsten Biotopen zählen, die es gibt.

Aber nicht nur an den Mündungen wird Material abgelagert; vielmehr finden Ablagerungen entlang des ganzen Flußlaufes statt. Voraussetzung ist allerdings, daß sich der Fluß im Naturzustand befindet und nicht begradigt oder kanalisiert wurde.

Im Naturzustand genügen kleine Unregelmäßigkeiten der Uferlinie, um Wirbel entstehen zu lassen. Sie verändern die Fließrichtung des Wassers. An der Außenseite eines Bogens steigt seine Geschwindigkeit, während sie sich an der Innenseite verlangsamt. Es kann sogar zum Rücklauf des Wirbels für eine kurze Strecke kommen, so daß der Fluß scheinbar ein kleines Stück wieder zurückfließt. Dort, wo sich die Strömung verlangsamt, verliert das Wasser die mitgeführten Schwebstoffe zum Teil und das Geschiebe wird langsamer bewegt als an den beschleunigten Stellen. An diesen steigt die Erosionskraft des

Mäandrierender Bach in einer Feuchtwiese

Wassers; der Fluß gräbt sich ein und nagt an der Uferbank, während er an der gegenüberliegenden Seite Material ablagert. Das Ergebnis der Verschiebung ist ein mehr oder minder unregelmäßiges Pendeln des Flusses vom einen Ufer zum anderen. Prallhang und Gleithang wechseln einander ab: Der Fluß *mäandriert*!

Ist das Tal eng, bleiben die Schleifen klein. In dem Maße, in dem sich das Tal aufweitet, werden die Flußschleifen größer. Im Tiefland ziehen (oder zogen, weil heute kaum mehr frei mäandrierende Flüsse in Europa vorhanden sind!) die Flüsse dann in weit ausholenden Schlingen und Schleifen dahin. Die Mäander können so stark ausholen, daß der Fluß fast kreisförmig aus dem eingeschlagenen Bogen zurückkehrt. Bei starkem Hochwasser kann es dann an der engsten Stelle zwischen den beiden Teilen der Schleife zum Durch-

bruch kommen. Der Fluß gräbt sich ein neues Bett und die alte Schleife bleibt abgeschnitten. Sie ist zum Altwasser geworden. Bei Hochwasser bekommt das Altwasser wieder Kontakt mit dem Fluß, während der Niedrigwasserphasen bleibt es von ihm getrennt.

Bei stärkerem Gefälle kommt es weniger zur Schleifenbildung als vielmehr zur Aufspaltung des Hauptlaufes in mehrere Arme. Dazwischen entstehen Inseln. Die Arme sind unterschiedlich groß und können in ihrer Wasserführung stark wechseln. So kann jahrelang einer von ihnen der Hauptarm sein, bis ein Hochwasser die Lage verändert und ein anderer das Hauptwasser aufnimmt.

Dieser Wechsel hängt mit den Schwankungen der Wasserführung zusammen. Kein Fluß weist im Jahresgang immer gleiche Abflußmengen auf. Je nach Menge und Vertei-

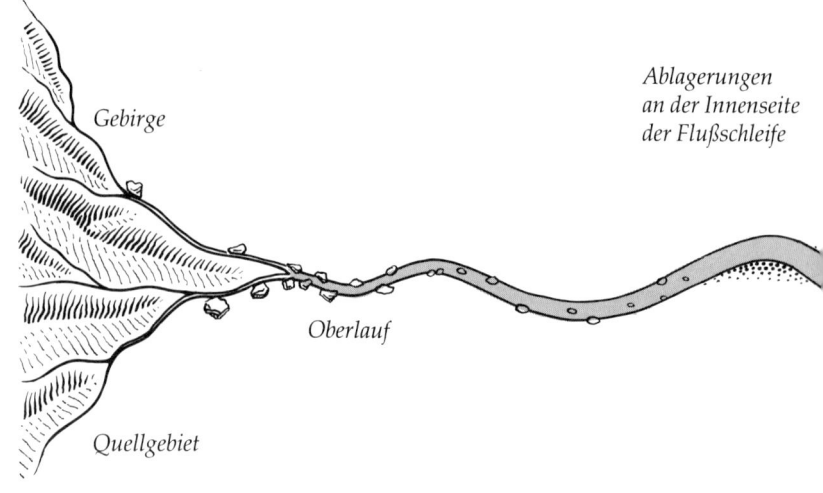

Gebirge

Ablagerungen
an der Innenseite
der Flußschleife

Oberlauf

Quellgebiet

Schematische Darstellung eines Flußlaufes vom Gebirge bis zu seinem Mündungs-

lung der Niederschläge kommt es zu Hoch- oder Niedrigwasser. Das Grundwasser, das die Flüsse in den Quellen speist, glättet zwar die Schwankungen der Wasserführung etwas; es nimmt aber keinen Einfluß auf die Hochwässer, von denen die stärkste gestaltende (und vernichtende) Kraft ausgeht. Die Wasserführung ist daher das entscheidende Kennzeichen eines Flusses. Ihr Jahresgang bestimmt den ökologischen Typ: Winterhochwässer wirken sich anders aus als solche, die regelmäßig im Frühjahr oder im Sommer kommen. Doch extreme Wasserführungsverhältnisse gibt es zu allen Jahreszeiten. Die Fließgewässer sind daher hochgradig dynamische Ökosysteme. Ihre Bewohner müssen sich auf die enormen Schwankungen einstellen, sonst könnten sie nicht überleben.

Betrachten wir nun nach diesen rein physikalischen Vorgängen, die un-

abhängig davon ablaufen, ob Organismen vorhanden sind oder nicht, die Lebensgemeinschaften der Fließgewässer. Ihre Zusammensetzung hängt von drei Hauptfaktoren ab: Strömungsgeschwindigkeit, Wassertemperatur und Nährstoffangebot. *Farbbilder S. 148.*

Die Strömungsgeschwindigkeit ist von besonders großer Bedeutung. Starken Strömungen von mehr als einem Meter pro Sekunde sind die meisten Lebewesen nicht gewachsen. Nur sehr kräftige Schwimmer wie etwa die Lachse schaffen es, gegen diese Strömung anzukämpfen und flußaufwärts in günstigere Gebiete voranzukommen. Oder die Organismen heften sich am Gestein an, so daß die starke Strömung darüber hinwegzieht, ohne sie mitzureißen. Das ist die Strategie vieler Kleintiere, insbesondere von Insektenlarven. In schnell fließenden Bächen und Flüssen saugen sie sich an

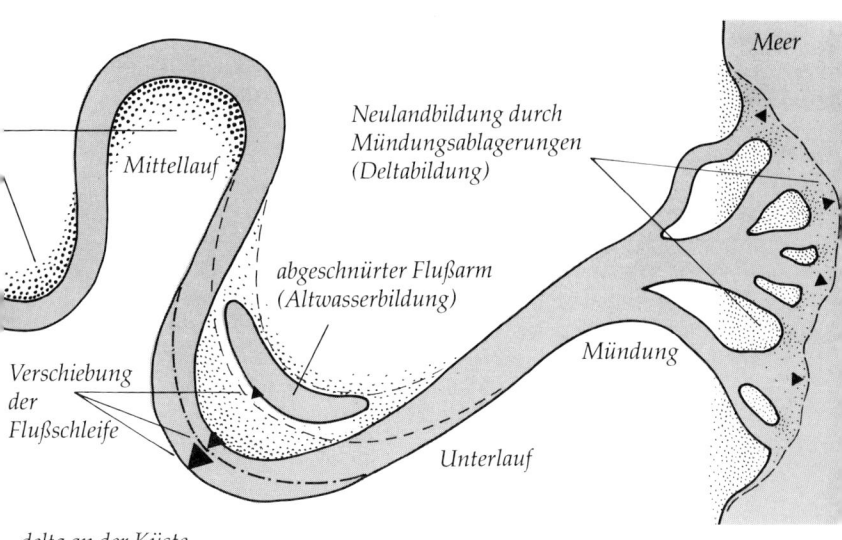

Meer

Mittellauf

Neulandbildung durch
Mündungsablagerungen
(Deltabildung)

abgeschnürter Flußarm
(Altwasserbildung)

Mündung

Verschiebung
der
Flußschleife

Unterlauf

delta an der Küste

den Steinen fest. Wenn sie die ärgste Strömung meiden, erlangen sie dadurch ganz bedeutende Vorteile. Denn die Strömung bringt Nährstoffe mit sich. Die festsitzende Lebensweise ist unter solchen Bedingungen kein Nachteil, weil die Umwelt sich bewegt. Viele Bewohner der Strömung entwickelten Fangnetze oder Filterapparate, die sie in die Strömung halten. Damit fischen sie die benötigte Nahrung heraus. Die Strömungen in unmittelbarer Nähe von Steinen sind besonders »interessant«, weil sie weniger heftig als die Strömung im Freiwasser verlaufen. Die Reibungskräfte mit dem Geröll vermindern die Wassergeschwindigkeit auf das für die Organismen erträgliche Maß. Algenaufwuchs kann weiter dämpfend auf die Strömung einwirken. In dieser Zone, die nur wenige Millimeter bis höchstens ein paar Zentimeter umfaßt, konzentriert sich das Le-

ben. Hier sitzen die Larven von Wasserinsekten, die sich mit Saugnäpfen festhalten oder mit kräftigen Krallen am Gestein anklammern. Manche Arten, wie etwa die Köcherfliegen, bauen Gehäuse, die mit Steinchen beschwert sind. Tiere ohne Haftorgane suchen die Spalten zwischen den Steinen oder die unterseits vorhandenen Nischen und Höhlungen auf, wo die Strömung praktisch nicht mehr wirkt. Die mit Saugnäpfen ausgestatteten Arten können sich an der der Strömung zugewandten Seite halten. Der durch die Strömung verringerte Druck sorgt automatisch dafür, daß die Saugnäpfe haften bleiben. Die Larven stellen dann ihre Filterapparate in die Strömung und kämmen sie nach Nahrungspartikelchen durch.

Dieser *lotische*, strömungsbewegte Lebensraum im Fließgewässer wird von einer Vielzahl von Organismen

173

Steinfliegenlarve (Fließgewässer)

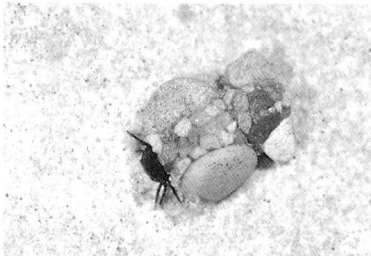

Köcherfliegenlarve (Fließgewässer)

Köcherfliegenlarve (stehendes Gewässer)

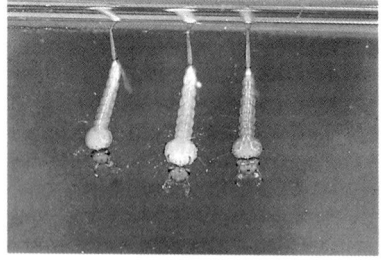

Stechmückenlarven (Kleingewässer)

besiedelt. Die kleinen unter ihnen und auch viele Jugendstadien graben sich in das Sediment ein und überstehen dort sogar heftige Hochwässer. Warum haben sie aber überhaupt diesen extremen Lebensraum besiedelt? Was bietet er besonderes? Die Antwort zeigt sich, wenn man die stark durchströmten Bereiche mit den schwach fließenden oder fast stehenden *(lenitischen)* Flußabschnitten vergleicht. Dort steigt die Temperatur des Wassers stark an und gleichzeitig sinkt der Gehalt an Sauerstoff. Das warme Wasser löst erheblich weniger von diesem lebenswichtigen Element als das kalte und die Abbauvorgänge, die am Sauerstoffvorrat zehren, verlaufen stürmischer. Außerdem fehlen im Stillwasserbereich die Wirbel, die Sauerstoff aus der Luft ins Wasser eintragen. Die schnellfließenden Abschnitte haben den langsamer fließenden daher die gute Sauerstoffversorgung voraus. Und da die Strömung auch die Nährstoffe bringt, die im Stillwasserbereich aktiv gesucht werden müßten, lohnt es sich für die Wassertiere, den schwierigen Bereich der Strömung aufzusuchen.

Der Zusammenhang mit der Sauerstoffversorgung führt zum zweiten wesentlichen Faktor, zur Temperatur. An der Quelle hat das Wasser die mittlere Jahrestemperatur. Bergbachquellen sind daher viel kälter als Quellen von Tieflandbächen, aber in jedem Fall liegen die Temperaturen niedrig. Je schneller das Wasser fließt, um so weniger kann es sich in seinem Lauf erwärmen. Stark strömende Fließgewässer bleiben daher kühl. Manche Alpenflüsse erreichen sogar im Hochsom-

Bachforelle

mer kaum mehr als 15 °C Wassertemperatur, weil sie von den eisigen Schmelzwässern der Gletscher gespeist werden. Dieses kalte Wasser enthält erheblich mehr Sauerstoff als das warme. Bei 5 °C sind 14 Milligramm pro Liter enthalten, bei 25 °C nur noch die Hälfte davon. Da jedoch die Temperatur alle Lebensvorgänge massiv beeinflußt, brauchen die an das kalte Wasser angepaßten Organismen besonders gute Sauerstoffversorgung, um ein Höchstmaß an Leistung zu erzielen. Die Sauerstoffversorgung gleicht in einem gewissen Rahmen die kältebedingten Aktivitätsverluste wieder aus. Deshalb können Forellen hier genauso schnell schwimmen wie Hechte oder Zander im warmen Wasser träge fließender oder stehender *(stagnierender)* Bereiche im Unterlauf der Flüsse.

Umgekehrt werden im wärmeren Wasser keine so großen Sauerstoffmengen gebraucht, um die Lebenstätigkeiten aufrecht zu erhalten. Die dortigen Arten führen ein eher träges, ruhiges Dasein, das nur kurzzeitig von blitzschnellen Aktivitätsausbrüchen unterbrochen wird, etwa wenn ein Raubfisch der Beute nachstellt und diese flieht. Die höhere Temperatur verkürzt auch die Entwicklungsdauer der Larven von Wasserinsekten. Brauchen sie oben

in den kalten Bergbächen mitunter zwei Jahre oder mehr, um ihre Entwicklung abzuschließen, so reicht im warmen Tieflandbereich ein Sommer aus. Die Insekten neigen dort mehr zum gleichzeitigen Massenschlüpfen, das ihre Feinde »übersättigt« und dadurch den Feinddruck vermindert, als die gleichmäßiger schlüpfenden Arten der Bergbachregion. Für die Nutzer bedeutet dies, daß im kalten Bergbach kontinuierlicher Nahrung zu finden ist, allerdings in geringerer Menge als im Tieflandbach oder im Unterlauf des Flusses.

Das führt zum dritten Hauptfaktor, dem Nahrungsangebot. Es ändert sich nicht nur im Jahreslauf, sondern auch im Verlauf des Fließgewässers. Im Quellbereich und im Oberlauf kommt vor allem organisches Zerreibsel *(Detritus)* von außen in das Fließgewässer. Die Eigenproduktion ist gering. Nur Quellmoose oder Algen bedecken die Steine und bilden einen Aufwuchsrasen. Planktonalgen wie im See oder höhere Wasserpflanzen können sich wegen der starken Strömung nicht halten und im kalten Wasser zu wenig wachsen. Der Oberlauf ist daher in sehr starkem Maße von der äußeren Nährstoffzufuhr abhängig. Die gelösten Pflanzennährstoffe können nicht im not-

Bergbach (Oberlauf)

wendigen Umfang genutzt werden, weil das Wasser zu schnell fließt. Die Eigenproduktion bleibt im Vergleich zur Fremdversorgung gering. Das Ökosystem ist »abhängig« vom Fremdmaterial *(allochthones Material)*. So kommt es, daß im schnellfließenden Bergbachbereich die Produzenten weitestgehend fehlen, das Ökosystem aber dennoch funktioniert, weil die Konsumenten genug von außen bekommen. Extrem ausgedrückt ernährt der umliegende Wald die Forellen in den

Bergbach im Mittellauf

Bergbächen. Die hohe Bedeutung der Fremdversorgung bleibt den ganzen Flußlauf entlang erhalten. Die Fließgewässer sind insgesamt *abhängige Ökosysteme* und untrennbar mit ihrem Einzugsgebiet in ökologischer Hinsicht verbunden.

Aber je mehr die Wassertemperatur steigt, die Wassermenge zunimmt und die Strömung absinkt, um so besser werden die Bedingungen für eine eigene Produktion im Fließgewässer. Höhere Wasserpflanzen können sich einfinden, weil die gering gewordene Trübung Lichtzutritt bis zum Boden ermöglicht. In ihrem Gewirr von Stengeln und Blättern heften sich Algen und Kleintiere an. Die Pflanzenbestände selbst dämpfen die Strömung weiter, so daß weich flutende »Rasen« entstehen, in denen Primärproduktion stattfindet und ein Teil der Pflanzennährstoffe umgesetzt wird, die das Wasser mitbringt. Die Menge dieser Nährstoffe ist so groß, daß langsam fließende Abschnitte mitunter regelrecht zugewuchert werden. Das Fließgewässer ist in diesem Zustand ökologisch kein abhängiges Ökosystem mehr. Viele Arten, die sich auch in den Seen finden, bewohnen die Pflanzenbestände. Ja, man muß sogar davon ausgehen, daß ein wesentlicher Teil der Fauna und Flora der stehenden Gewässer aus diesen ruhigen Buchten und langsam fließenden Abschnitten der Fließgewässer stammt. Denn diese Lebensräume sind ungleich älter als die Seen.

Zu einer wirklich langfristigen Stabilisierung der Verhältnisse kommt es aber nicht, weil irgendwann ein Hochwasser die Pflanzenbestände vernichtet und ausschwemmt. Die

Besiedlung muß von neuem beginnen. Darin äußert sich ein Grundproblem, dem die Fließwasserorganismen ausgesetzt sind: Sie werden immer wieder von der Strömung abgedriftet oder weggerissen. Hätten sie nicht Organe und Fähigkeiten entwickelt, die es ihnen ermöglichen, sich immer wieder flußaufwärts auszubreiten, gingen sie schnell verloren. Die Schwärmflüge vieler Fließwasser-Insekten sind flußaufwärts gerichtet; Fische wandern gegen die Strömung und befördern andere Organismen mit sich, Wasservögel dienen als Träger für die Rückkehr flußaufwärts. Auch am Ufer selbst, in den gegengerichteten Wirbeln, ist ein langsames Aufwärtswandern möglich. Fast alle Bewohner der Fließgewässer neigen dazu, gegen die Strömung zu wandern. Sie haben, so der Fachausdruck, eine *positive Rheotaxis*. Sie garantiert ihnen Bestand in einem höchst unbeständigen Lebensraum. Die Fließgewässer transportieren Stoffe aus ihrem Einzugsgebiet in tiefere Lagen. Sie erfüllen in gewisser Weise ähnliche Aufgaben wie die Adern im Organismus. Und sie verfrachten gleichzeitig Abfallstoffe. Diese Eigenschaft hat sich der Mensch schon früh zunutze gemacht und, wo immer es ging, an Flüssen gesiedelt. Die einseitige Fließrichtung bedeutet eine beständige Selbstreinigung. Was ins Wasser gelangt, wird fortgetragen. Solange man sich nicht darum kümmern brauchte, welche Folgen dies zeitigt, waren die Flüsse die idealen Entsorger für Abfälle. Heute ist dies anders: Die Fließgewässer sind so sehr in Mitleidenschaft gezogen worden, daß ihre Reinhaltung zu einer der wichtigsten Aufgaben des Umweltschutzes zählt.

Im Kiesbett des Talflusses halten sich schon Wasserpflanzen.

Das Meer – der größte Lebensraum

Alles Leben stammt aus dem Meer. Die heutigen Landlebewesen zeigen noch viele Eigenschaften und Merkmale, die auf ihre Herkunft aus dem Meere hinweisen. Zwei Drittel der Erdoberfläche bedeckt das Weltmeer. Mit einer mittleren Tiefe von rund 4000 Metern und größten Tiefen bis über 11 000 Metern erstreckt es sich über weitaus größere Bereiche als jeder Lebensraum an Land. Doch das Meer trägt nicht unmittelbar seiner Größe entsprechend zur globalen Produktion bei. Nur rund die Hälfte des Sauerstoffes liefern die Pflanzen im Meer; die andere kommt von den Landpflanzen. Da das Land jedoch keineswegs von einem dichten Pflanzenmantel überzogen ist, sondern weite Gebiete pflanzenleere Wüsten darstellen, muß die Produktion an Land erheblich höher liegen als im Meer. Das ist in der Tat der Fall, auch wenn es sehr produktive Meeresgebiete gibt. Diese liegen bezeichnenderweise nicht in den warmen, tropischen Ozeanen, sondern im Bereich kalter Auftriebswasser und in den Gebieten, in denen sich wärmeres und kälteres Wasser mischen. Am meisten produziert das Meer dort, wo das antarktische Kaltwasser auf die südlichen Ozeane trifft. Diese sogenannte *antarktische Front* oder *antarktische Konvergenz* beherbergt Algenmassen, von denen sich Krillkrebschen ernähren, die ihrerseits den größten Säugetieren, den großen Bartenwalen, als Nahrung dienen. Riesige Bestände von Robben, Pinguinen und Fischen schöpfen aus dem Reichtum dieser eisig kalten Meereszone. Nicht ganz so extrem, aber immer noch von kaltem Wasser geprägt sind die Verhältnisse im Humboldt-Strom vor der südamerikanischen Westküste und im Benguela-Strom an der Westküste des südlichen Afrika. Auch dort liegt die Produktion des Meeres hoch. Ähnlich günstige Verhältnisse zeigen sich zwischen Neufundland und Island oder im Gebiet der Aleuten im nördlichen Pazifik. Die produktivsten Zonen des Meeres liegen also in kalten Gewässern, nicht im warmen Bereich. Die tropischen Ozeane sind blau – und Blau ist die »Wüstenfarbe des Meeres«.

Der Grund für diese scheinbar merkwürdige Situation liegt in der Versorgung mit Nährstoffen. Das Weltmeer ist so groß, daß alles, was hineinkommt, außerordentlich stark verdünnt wird. Wasser ist im Überfluß da, aber wenn die Nährstoffe extrem knapp sind, nützen auch günstige Temperaturen einer produktiven Lebensentfaltung nichts. Die Erzeugung an Biomasse muß gering bleiben. In den genannten Meeresregionen dagegen steigt, durch die Strömungsverhältnisse bedingt, nährstoffreiches Tiefenwasser an die Oberfläche. Es verbessert die Produktionsverhältnisse ganz entscheidend. Deshalb finden sich in diesen »Auftriebsgebieten« die reichen Meeresgründe für Fischfang und Meerestiere gleichermaßen.

Dieser Umstand erklärt, weshalb die ungleich geringere Fläche des

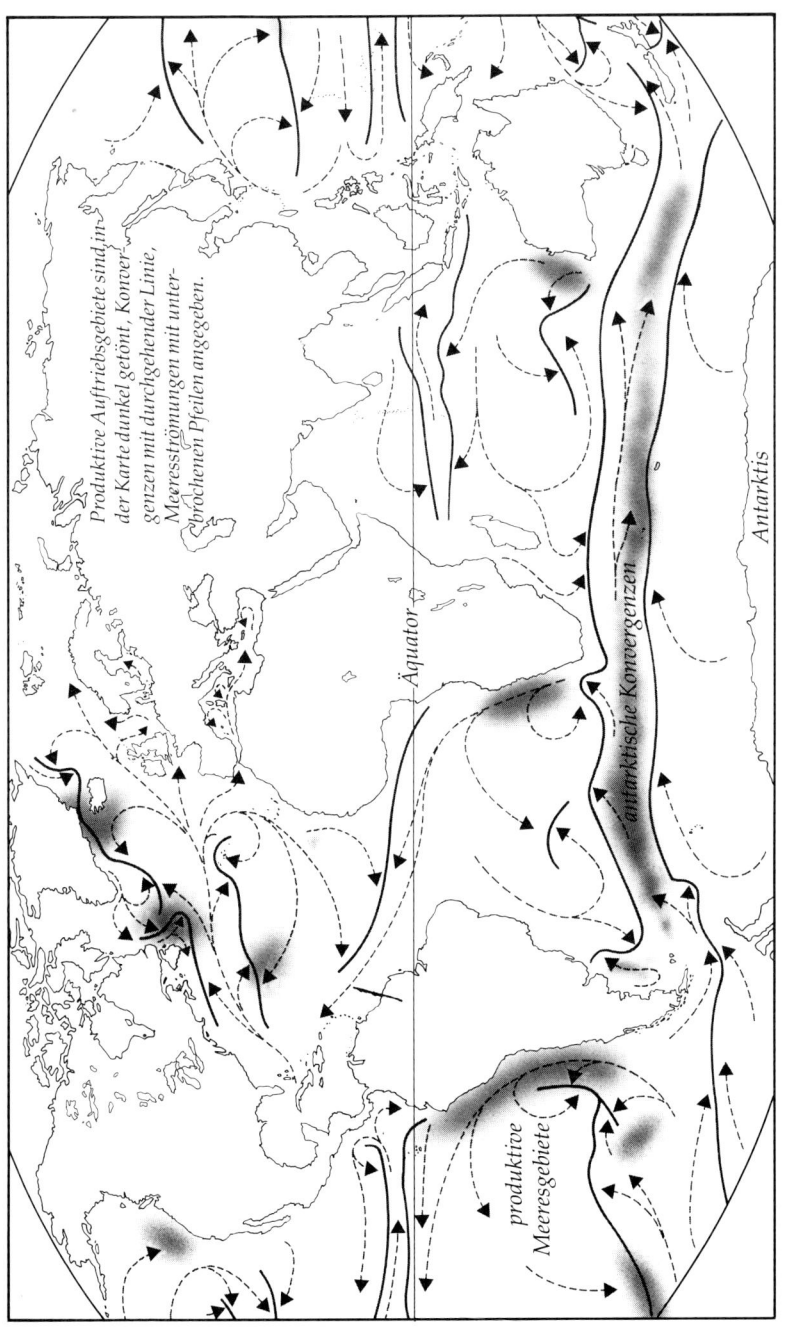

Produktive Auftriebsgebiete sind in der Karte dunkel getönt, Konvergenzen mit durchgehender Linie, Meeresströmungen mit unterbrochenen Pfeilen angegeben.

Äquator

antarktische Konvergenzen

Antarktis

produktive Meeresgebiete

von grünen Pflanzen bedeckten Landes praktisch genauso viel Photosynthese leistet wie das gesamte Weltmeer. Und er macht auch verständlich, warum die Eroberung des Landes für die Meeresbewohner im Verlaufe der Stammesgeschichte so attraktiv war. Das Land beherbergt die Rohstoffe für die Produktion in konzentrierter Form. Die Flüsse transportieren diese Nährstoffe dem Meer entgegen – und sie bildeten, zusammen mit flachen Küstenlagunen, die Einwanderungspforten bei der Eroberung des Landes.

Dort, wo sich Meer und Land auf breiter Front durchdringen, entstanden besondere Lebensräume. In diesen Biotopen profitiert das Leben gewissermaßen von beiden Seiten, vom Meer und vom Land. Es ist dies das Watt. Zweimal am Tag lagern Ebbe und Flut die obersten Schichten des Schlicks um, wechseln sich Sauerstoffzutritt und Wasserbedeckung ab und können die Kräfte der Wellen die Stoffe in Bewegung halten, die sonst unweigerlich im Schlick verschwinden würden. In diesem Lebensraum findet sich eine ganz besondere Lebensgemeinschaft von Muscheln, Würmern und anderen wirbellosen Tieren des Meeres einerseits und von Vögeln andererseits, die diese Nahrung nutzen. Die gute Zugänglichkeit im Vergleich zur felsigen Steilküste erlaubt eine feine Abstimmung der Nutzer aufeinander. Das Artenspektrum ist ähnlich reich strukturiert wie bei den Wasservögeln, welche die flachen Binnengewässer zu ihren Zug- und Überwinterungszeiten aufsuchen. In der Tat handelt es sich bei nicht wenigen von ihnen um die gleichen Arten.

Sie nutzen das Watt als Nahrungsraum auf dem Zuge von ihren Brutgebieten in der arktischen Tundra zu ihren Überwinterungsregionen in den Subtropen oder an den eisfreien Küsten im Westen Europas. Das *Wattenmeer* in der Deutschen Bucht der Nordsee ist einer der größten Umschlagplätze für Vögel auf der gesamten nördlichen Hemisphäre. Viele Millionen von Watvögel suchen dieses Gebiet zweimal im Jahr auf. Sie richten ihre Nahrungssuche auf den Verlauf von Ebbe und Flut ein, nutzen die verschiedenen Möglichkeiten mit unterschiedlichen Anpassungen und tragen erheblich zum Umsatz des organischen Materials bei. Zu den Watvögeln kommen Enten, die – wie die Brandenten und die Eiderenten – im Flachwasser nach Nahrung gründeln oder tauchen. Als Konsumenten der Muscheln spielen die Eiderenten eine wichtige Rolle, weil die Muscheln riesige Mengen von Meerwasser filtrieren und daraus ihre Nahrungsstoffe entnehmen. Von der Funktionsfähigkeit dieser Filtrierer hängt es ab, ob die organischen Schwebstoffe in Fäulnis übergehen oder in Nahrungsketten eingeschleust werden.

Das Flachwasser vor dem Watt ist auch der Fortpflanzungsraum vieler Fischarten. Hier laichen sie und hier können die winzigen Jungfische die Nahrung finden, die sie brauchen. Im tiefen Freiwasser wäre dies ungleich schwieriger als im flachen Wasser dieses *Schelfmeeres*, das dem Festlandsockel von Europa aufliegt.

Außerordentlich komplex sind die Beziehungen, welche sich zwischen den vielen und verschiedenartigen

Organismen aufgebaut haben. Die Benutzung der Nordsee als Großkläranlage für Mitteleuropa gefährdet das Funktionieren dieses komplizierten Gefüges – und schlägt in Form sinkender Fischereierträge und vergifteter Meerestiere auf uns Menschen zurück. Dem Schutz des Meeres kommt daher eine ganz besondere Bedeutung zu. Er ist eine der ganz großen Herausforderungen unserer Zeit.

Meernahes Schlickufer der Unterelbe vor Cuxhaven

Lebenszonen der Erde

Von den Eiskappen der Pole bis zu den feuchttropischen Regenwäldern, von den Gipfeln der höchsten Gebirge bis in alle Tiefen des Meeres besiedeln Lebewesen die Erde. Ihre Verteilung folgt den großen Klimazonen, die sich wie Gürtel um die Erde legen. Die Lebensgemeinschaften, die sich in diesen Klimazonen ausbilden, werden *Biome* genannt, um sie von den kleinräumigeren *Biotopen* zu unterscheiden. Ein Biom setzt sich aus verschiedenen Biotopen zusammen. Seine Ausbildung entspricht weitgehend den großklimatischen Gegebenheiten.

So legt sich ein grüner Gürtel unterschiedlicher Breite um die Kontinente im Äquatorbereich. Diesem grünen Gürtel, wie ihn ferne Satelliten abbilden, entspricht der tropische Regenwald. Er ist das artenreichste Biom der Erde. Die Lebensbedingungen darin werden von nahezu beständigen Temperaturen im warmen Bereich und einer hohen Luftfeuchtigkeit gekennzeichnet. Hohe Niederschlagsmengen und regelmäßige, fast tägliche Regenfälle bringen einen Überschuß an Wasser, bedingen aber oft auch einen Mangel an Pflanzennährstoffen. Richtig heiß wird es selten, auch wenn die nahezu senkrechte Sonneneinstrahlung eine große Menge Wärme liefert. Feuchtigkeit puffert die Wärme ab. Das Klima ist ein ausgeprägtes Tageszeitenklima mit größeren Unterschieden innerhalb eines Tagesablaufes als übers Jahr hinweg. Der Wald ist das bestimmende Element im feuchttropischen Bereich. Die Tierwelt macht,

trotz ihrer gewaltigen Artenfülle, nur einen ganz geringen Prozentsatz der Biomasse aus. Wechselwarme Organismen sind viel häufiger als gleichwarme. Die beherrschende Rolle in der Tierwelt spielen Termiten und Ameisen sowie einige weitere Insektengruppen, die von den Bäumen leben und die rasche Wiederaufbereitung von organischem Material besorgen. Große Säugetiere sind selten; die Vögel konzentrieren sich in den Baumkronen, wo es Nahrung in Form von Früchten, Nektar und Insekten das ganze Jahr über gibt.

Wenn sich mehr als drei Monate andauernde Trockenzeiten ausbilden, geht der tropische Regenwald in einen wechselfeuchten Wald über, zum Beispiel in den Monsungebieten. Anstatt immer zu grünen, werfen viele Bäume in der Trockenzeit ihr Laub ab. Das Blühen und Fruchten konzentriert sich auf bestimmte Jahreszeiten – und zwingt die Nutzer zu entsprechenden saisonalen Wanderungen. Je weiter man sich von den Inneren Tropen wegbewegt, um so deutlicher prägt sich die Trockenzeit aus. Anstelle einer einzigen Trockenperiode entwickelt sich eine zweimalige, weil die Niederschläge dem Sonnenhöchststand folgen.

An den Grenzen der Tropen, den Wendekreisen, schrumpfen die Niederschlagsperioden auf eine einzige zusammen, weil die Sonne dort nur einmal ihren Höchststand erreicht. Hier liegt der Übergang zur nächsten großen Zone, zum Trockengürtel der Erde. Die Veränderung deutet sich bereits beim Übergang des Waldes in die Savanne an. Trocken- und Regenzeiten trennen sich in diesem Biom so klar voneinander, daß sich kein geschlossener Baumwuchs mehr ausbilden kann und Gräser die Oberhand gewinnen. Das ist die Zone der Weidegänger und jene Region der Welt, in der sich die größten Tierherden bilden – so etwa in der Serengeti, dem weltbekannten Wildschutzgebiet und Nationalpark in Ostafrika. Hier leben Millionen von Gnus, Zebras, Antilopen und Gazellen mit überaus kopfstarken Herden von Büffeln und Elefanten. Sie bilden zusammen die größte Konzentration an Großtieren; das Lebendgewicht beträgt bis über 20 Tonnen pro Quadratkilometer. Die Produktivität der Gräser erhält sie am Leben, aber es bedarf ausgedehnter Wanderungen, damit das Nutzungssystem funktioniert. Die Vegetation muß sich genügend lange erholen können, wenn sie abgeweidet worden ist. Sinken die Niederschlagsmengen, so gerät das Wachstum der Gräser in Gefahr, weil die Hitze aus dem Grundwasser nun nicht nur Wasser nachsaugt, sondern auch darin gelöste Mineralstoffe. An der Bodenoberfläche verdunstet das Wasser und die Salze bleiben übrig. Sie fallen aus und »versalzen« den Boden. Dadurch wird das Pflanzenwachstum beeinträchtigt. Diese Versalzung wird in den Hitzegürteln kritisch und bedingt die Hauptschwierigkeit für eine künstliche Bewässerung.

Die Hitzegürtel liegen im Bereich der Wendekreise, wo absinkende Luftmassen aus dem innertropischen Bereich stabile Hochdruckgebiete aufbauen. Geringe bis fehlende Bewölkung und sehr geringe Luftfeuchtigkeit lassen die Sonneneinstrahlung in voller Härte bis zum Boden durch, der sich entsprechend erhitzt. Die Bodentemperaturen können so hoch ansteigen, daß Eiweiß gerinnen würde. Die Wüsten, die sich in diesem Hitzegürtel ausbilden, sind jedoch nicht so lebensfeindlich, wie es zunächst den Anschein macht. Schon wenige Dezimeter im Boden ist genügend Feuchtigkeit vorhanden und die Temperatur auf ein normales Maß abgesunken, so daß Lebewesen die Hitzestunden des Tages überstehen können. Nachts kühlt es durch die ungehinderte Ausstrahlung stark ab, so daß die tagsüber so geringe Luftfeuchtigkeit bis zum Taupunkt ansteigen kann. Viele Wüstenpflanzen und manche Wüstentiere beziehen daraus ihr lebensnotwendiges Naß.

Die Wüsten sind wegen dieser extremen Bedingungen recht artenarm. Das liegt weniger an der Unfähigkeit der Tiere sich anzupassen. Daß sie hierbei einiges leisten können, zeigen Kamel und Wüstenfuchs, Oryxantilopen und Wüstenspringmäuse (Bild), aber auch verschiedene

Schlangen, Echsen und Insekten wie die Wanderheuschrecken.

Halbwüstenvegetation bei San Diègo (Kalifornien)

Das Hauptproblem liegt in der geringen Produktivität der Wüstenpflanzen. Sie liefern nicht genügend Nahrungsgrundlage für die Nutzer, weil Wassermangel, Hitze und oft auch ein Übermaß an Nährsalzen im Boden das Wachstum behindern. Nur wenn die seltenen Regenfälle niedergehen, zeigt die Wüste ihr Potential. Schlagartig wird sie grün und Millionen Blüten überziehen den Boden mit einem bunten Teppich. In wenigen Wochen ist die Pracht vorüber. Die Pflanzen haben geblüht und gefruchtet; ihre Samen verteilt der Wind. Sie werden nun so lange ruhen, bis wieder einmal Niederschläge fallen. Die kurzlebigen »einjährigen« Blütenpflanzen sind die eigentlichen Wüstenspezialisten. Die Dauerhaftigkeit ihrer Samen ist unübertroffen. Kakteen,

Wolfsmilchgewächse oder andere Wüsten- und Halbwüstenbewohner erreichen dies Unabhängigkeit nicht, weil sie sich auf dauerhaften Wuchs eingerichtet haben. Sie müssen das höchst rare Wasser lange genug speichern können und ihr Wachstum auf diesen Engpaß einstellen. In den Halbwüsten Amerikas zeigt sich der Erfolg dieser Strategie. Die Kakteen sind dort die beherrschenden Pflanzen.

Zwischen Trockengürtel und gemäßigten Breiten schiebt sich an verschiedenen Stellen der Welt, besonders ausgeprägt aber bei uns in Europa, ein Biom ein, in dem Hartlaubgehölze die Zusammensetzung der Vegetation bestimmen. Es ist dies der Bereich des sogenannten Mittelmeerklimas mit Winter- und Frühjahrsregen in ausreichender Regelmäßigkeit, auf die aber lange, heiße Sommer folgen. Hartlaubgewächse kommen mit diesen Bedingungen am besten zurecht. Sie finden sich nicht nur im Mittelmeerraum, sondern auch im Süden von Afrika, in Kalifornien und Chile. Die ausgleichende Wirkung des Meeres verhindert einen direkten Übergang vom subtropischen Wüstenklima zum kontinentalen Steppenklima, in welchem die Grassteppen das vorherrschende Element der Landschaft darstellen. Hier wird es, da außerhalb der Tropenzone gelegen, im Winter sehr kalt. Frost und Schnee treten regelmäßig auf, während die Sommer subtropisch heiß und trocken sind. Für den Baumwuchs bedeuten diese Bedingungen recht ungünstige Verhältnisse. In weit vom Meer entfernten Räumen, die zudem noch von Bergketten abgeschirmt sind, gehen die Steppen aus Mangel an Niederschlägen in Wüsten über, in denen es im Winter Schneestürme geben kann. In den ozeannahen Randbereichen der Kontinente hingegen ermöglichen die günstigen Niederschlagsverhältnisse in den gemäßigten Breiten die Ausbildung von Laubwäldern. Sie finden sich in Europa, im östlichen Nordamerika und teilweise an seiner Westküste, in Ostasien und auch in den südöstlichen Regionen von Australien und Südamerika. Weiter polwärts nimmt die Winterkälte so zu, daß die empfindlicheren Laubbäume nicht mehr gedeihen. Wassermangel durch Frosttrocknis und sommerliche Trockenheit benachteiligen die Laubbäume und verschaffen den Nadelbäumen mehr Vorteile. In dieser Zone, ebenfalls ein weltumspannender Gürtel,

bilden sich riesige Nadelwälder aus, die als Taiga bezeichnet werden. Sie stellen das größte Waldgebiet der Erde dar. An die Taiga grenzt in Richtung der Pole die Tundra, eine den alpinen Matten ähnliche Vegetationsform, in der trotz der kurzen Sommer erstaunlich viel produziert wird. Die Tundrapflanzen wachsen niedrig. Vielfach sind es Zwergsträucher, die zusammen mit großen Flechten, wie den Rentierflechten, den Hauptteil der Pflanzendecke ausmachen. Von diesen nährstoffhaltigen Pflanzen ernähren sich die Rentiere und Karibus, die Moschusochsen und auch die Wildgänse, die in großer Zahl in der Tundra brüten. In den Tümpeln aus Schmelzwasser entwickeln sich ungeheure Mengen von Mückenlarven, die für zahlreiche Wat- und Wasservögel zur Nahrungsgrundlage werden. Die geschlüpften Mücken saugen an den Großtieren Blut und holen sich auf diese Weise die notwendigen Eiweißverbindungen für die Entwicklung der Eier. Wühlende Kleintiere sind in der Tundra fast noch bedeutender für den Nährstoffhaushalt als in der Steppe. Die wichtigste Rolle spielen die mit den Feldmäusen verwandten Lemminge. Sie vermehren sich in manchen Jahren so stark, daß sie die Pflanzendecke übermäßig nutzen. An Nahrungsmangel gehen

Berglemming

dann viele Lemminge zugrunde oder versuchen vorher noch auszuwandern, was zu den berühmt gewordenen Berichten über Massenzüge von Lemmingen geführt hat. Es dauert einige Jahre, bis sich die Pflanzen erholt haben, dann kann ein neuer Zyklus von Lemmingen beginnen. Dieses Beispiel zeigt in recht eindrucksvoller Weise, wie schwierig es in einer artenarmen Gemeinschaft ist, die Bestandsentwicklung der Hauptnutzer zu steuern. Die von allen Seiten zusammenströmenden Schnee-Eulen, Raubmöwen, Rauhfußbussarde und Eisfüchse reichen nicht aus, um die Massenvermehrung der Lemminge zu bremsen. Erst Nahrungsmangel setzt die Grenzen.

Auf die Tundra folgt als letzter Lebensraum das polare Eis. Selbst dort finden sich noch Organismen. Eisbär und Eisfuchs sind die bekanntesten Großtiere in der Arktis. Sie ernähren sich von Robben und Seevögeln, die sich an den arktischen Küsten in sehr großen Mengen fortpflanzen, weil das Meer dort besonders reichlich Nahrung bietet. Auf der Antarktis fehlen Säugetiere. Dort rücken die großen Pinguine weit aufs Eis vor und ziehen in der Polarnacht ihre Jungen groß. Kein Feind bedroht sie, aber sie müssen Schneestürmen standhalten und Temperaturen bis unter $-70\,°C$ ertragen.

In vergleichbarer Weise folgen die Lebenszonen beim Aufstieg ins Gebirge aufeinander. Unten im Tal herrschen die normalen Tieflandverhältnisse der Region, aus der das Gebirge aufsteigt. Im innertropischen Bereich ist dies dann ein tropischer Regenwald, der am Fuß der Gebirge in einen *Bergregenwald* übergeht, in den gemäßigten Breiten ein Laubwald oder Laubmischwald. Die erste Höhenstufe bildet der *Hügelbereich (colline Stufe)*. Sie führt zum *Bergbereich (montane Stufe)*. In dieser Stufe machen sich die besonderen Lebensbedingungen des Gebirges schon deutlich bemerkbar: hohe Niederschläge, starke Temperaturschwankungen und steiles Gelände. Noch deutlicher treten sie in der *alpinen Stufe* zutage. Hier finden sich die Matten und das Krummholz. Der Wald tritt zurück; er hat seine Grenze erreicht. Darüber schließen sich Fels und Eis *(nivale Stufe)* an. Beim Aufstieg ins Gebirge durchwandert man daher auf kurzer Entfernung die Klimazonen polwärts. Diesen Biomen an Land stehen entsprechende, jedoch wegen der ausgleichenden Wirkung des Meeres weniger deutlich abgegrenzte in den Ozeanen gegenüber. Die Inseln bilden gewissermaßen den Übergang. Einerseits sind sie ozeanisch geprägt, andererseits aber natürlich Land. Dieser Umstand kennzeichnet die besonderen Lebensbedingungen auf den Inseln. Sie lassen sich nicht in das Schema der Biome auf den Kontinenten einordnen.

Beim Meer selbst verlaufen zwei großräumige Verschiebungen gegeneinander: Die Zunahme der Tiefe und die Entwicklung der Oberflächentemperaturen. Die Meere gliedern sich in kalte polare Zonen, in gemäßigte, subtropische und tropische Zonen an der Oberfläche, aber mit zunehmender Meerestiefe ändert sich die Wassertemperatur. Das hat zur Folge, daß kaltes Oberflächenwasser des Nordat-

Der Schwertwal jagt Fische, Pinguine und Robben in allen Weltmeeren

lantik zum tropischen Atlantik hin in größere Tiefen absinkt und im Südatlantik wieder an die Oberfläche steigt. Die Klimazonen tauchen daher gleichsam untereinander durch. Im innertropischen Bereich liegt die Zone hoher Wassertemperaturen. Gäbe es die Kontinente nicht, bliebe diese Schichtung stabil. So aber drückt die Erddrehung, verstärkt durch die Passat- und die Westwinde, die Wassermassen der Oberfläche in bestimmte Richtungen. Es entstehen Meeresströmungen, die von den Kontinenten abgelenkt werden. So wird Wasser aus verschiedenen Klimabereichen weltweit verfrachtet. Der warme Golfstrom sorgt dafür, daß das Klima West- und Nordwesteuropas viel milder ist als jenes der gegenüberliegenden Seite bei Labrador,

wo der kalte Labradorstrom eisiges Wasser aus dem arktischen Ozean südwärts verfrachtet. Die Meeresströmungen »stören« daher die Verteilung der Wassermassen und verursachen ein vielfältiges Muster von Lebensbedingungen an den Küsten.

Ein wichtiger Unterschied ist jedoch noch zu betonen, die Abgrenzung der küstennahen Schelfmeere vom eigentlichen Ozean. Die Schelfmeere liegen wie Nord- und Ostsee auf den Festlandsockeln. Sie erreichen nur geringe Tiefen und stellen daher einen anderen Lebensraum dar als die offenen Ozeane mit ihren großen Tiefen.

In diesem globalen Muster der Großlebensräume stellt Mitteleuropa nur einen kleinen, nahezu unbedeutenden Fleck dar. Was hier geschieht, hängt jedoch eng zusammen mit dem Geschehen auf dem Erdball. Europa ist eingebunden in das globale Netzwerk von ökologischen Vorgängen und Beziehungen. Sie sind für uns nicht ohne Belang. Die Existenz der tropischen Regenwälder oder vielmehr ihre fortschreitende Vernichtung wird sich auch bei uns in Europa auswirken. Die Niederschläge in den gemäßigten Breiten hängen mit der Tätigkeit von Vulkanen in Amerika oder mit Verlagerungen der Meeresströmungen im Pazifik zusammen. Die Biosphäre ist eine Einheit: Das »Raumschiff Erde«.

Satellitenbild eines Sturmtiefs über dem Pazifik

8. . . . und über allem der Mensch

Der Mensch verändert

Die mitteleuropäische Landschaft ist Menschenwerk. Wir drücken diese Tatsache in der Unterscheidung von »Natur« und »Landschaft« deutlich aus. Landschaft ist etwas Gemachtes, etwas Gestaltetes; Natur ist so, wie sie aus sich heraus entstand. Keine Art von Organismen hat jemals so nachhaltig in die Natur eingegriffen wie der Mensch. Der größte Teil der Erdoberfläche wurde von menschlicher Tätigkeit beeinflußt und zum Teil nachhaltig umgestaltet. Wo noch vor 1000 Jahren dichte Wälder in Mitteleuropa wucherten, erstreckt sich seit Jahrhunderten die Kulturlandschaft. Sogar die Wälder dieser Kulturlandschaft sind weitestgehend gepflanzt und gestaltet. Sie sind »Forste« und der menschlichen Pflege und Nutzung unterworfen.

Neue Typen von Lebensräumen treten hinzu: die Agrar- und die Siedlungs-Ökosysteme. Sie unterscheiden sich stark von den natürlichen. In den Agrar-Ökosystemen ersetzt der Mensch mit seiner aktiven Steuerung die unspezifische, allgemeine Selbststeuerung. Damit hindert er das Ökosystem, eine Entwicklung durchzumachen und die Sukzession zum weitgehend stabilen Endstadium, zum Wald zu durchlaufen. Die Zurückhaltung der Sukzession auf den Anfangsstadien sichert die hohe Produktivität, genauer: Sie ermöglicht das Abschöpfen eines Produktionsüberschusses, wie er in den Endstadien der Entwicklung, der Klimaxgesellschaft, gar nicht mehr auftreten könnte.

Das Agro-Ökosystem ist ein nutzungsorientiertes Ökosystem, das der Steuerung durch den Menschen bedarf, weil es in sich nicht stabil wäre. Es ist so erfolgreich, weil in den gemäßigten Breiten ein Umstand als Nachwirkung der Eiszeit hinzukommt. Hier in Mitteleuropa und in den hochproduktiven Räumen Nordamerikas, wo sich heute die »Kornkammern der Welt« befinden, schufen die Gletscher der Eiszeit neuen, nährstoffreichen Boden. Als sie sich zurückzogen, wehten die Winde feinste Bodenteilchen (Löß) ein und steigerten damit nochmals die Bodenfruchtbarkeit. In Nordchina können die Lößschichten mehrere hundert Meter Mächtigkeit erreichen. Sie wurden aus den weiten Räumen Nordasiens ausgeweht und im Osten zusammengetragen, wo sich die größte Zusammenballung von Menschen auf der Erde von diesen furchtbaren Böden ernährt. In den nicht von der Eiszeit beeinflußten Regionen fehlt diese hohe Bodenfruchtbarkeit. Die Produktivität der Böden ist daher ungleich geringer. Das Roden tropischer Regenwälder legt nahezu nährstoff-freien Sand bloß, auf dem sich keine Landwirtschaft nach europäischen Maßstäben betreiben läßt. Das Roden der mitteleuropäischen Wälder hingegen machte Böden verfügbar, die mit die besten Voraussetzungen für eine nachhaltige Nutzung bieten. Es war daher

Unsere Kulturlandschaft wurde einst vielfältig genutzt (Nordtirol).

kein Zufall, daß die Landwirtschaft im modernen Sinne hier ihren Ursprung nahm. Auf andere ökologische Verhältnisse übertragen schlägt sie jedoch fehl.

An diesen ökologischen Rahmenbedingungen führt kein Weg vorbei. Der massive Einsatz von Dünge- und Pflanzenschutzmitteln ist nur ein Ersatz, der im Endeffekt mehr kostet, als er bringt, weil die Transport- und Gestehungskosten einerseits und der Energie-Einsatz andererseits in der Bilanz zu Buche schlagen. Nur so lange billige Energie in

Form der fossilen Brennstoffe zur Verfügung steht, fällt nicht auf, daß die Herstellungskosten von einer Kalorie Nahrungsmittel bereits weitaus mehr Kalorien Energie kosten. Dies gilt es zu bedenken, wenn man die Kulturlandschaft als Ganzes betrachtet. Sie entstand in dem Bemühen, die Nahrungsmittelproduktion zu sichern. Ohne die chemischen Hilfsmittel und die mechanischen Geräte war es notwendig, die Nutzung kleinräumig vorzunehmen. Denn nur im mosaikartigen Nebeneinander unterschiedli-

Die heutigen Kultursteppen verursachen großflächigen Artenschwund.

cher Nutzungsformen ließen sich die natürlichen Nachteile der Monokulturen hinreichend abmildern. Diese Nachteile lagen in der Anfälligkeit für Krankheitserreger und Schädlinge, in der Wirkung von Gewittern, Hagelschlag und Dürre. Die kleinräumige Bewirtschaftung konnte auch den wechselnden Bodenverhältnissen besser Rechnung tragen und die Rückführung der Nährstoffe über die Düngung mit geringeren Verlusten ins Grundwasser durchführen. Auf kleinflächigen Feldern ließen sich gleichzei-

tig keine großen Mengen Mist oder Jauche ausbringen. Das Grundwasser wurde dadurch nicht gefährdet, wohl aber die Humusbildung gefördert.

Ein dichtes Netzwerk von Ackerrainen, Feldrändern und Hecken durchzog diese Kulturlandschaft kleinbäuerlicher Prägung, wie sie in Mitteleuropa bis in die erste Hälfte unseres Jahrhunderts vorherrschte. In engem Wechsel mit Waldstücken bot sie das Bild eines bunten Mosaiks. In dieser Landschaft konnte eine ganze Reihe von Pflanzen und

Feldhase

aus größere Zahl der Neuankömmlinge gegenübersteht, die sich eingebürgert haben. Es ist erstaunlich, wie viele Arten aus dieser Entwicklung Nutzen zogen. Sogar die Städte wurden als Lebensräume angenommen. Sie bieten einer Fülle von Arten Lebensmöglichkeiten. So brüten auf dem Stadtgebiet von München fast genau 100 verschiedene Vogelarten. Das entspricht etwa der Hälfte aller in Mitteleuropa als Brutvögel vorkommenden Arten. Die Artenzahl liegt sogar über dem Durchschnitt, der für ein 300 km² großes Gebiet in Mitteleuropa zu erwarten wäre.

Tieren bestens leben, die vor Öffnung der Wälder in Mitteleuropa fehlten oder sehr selten waren. Arten wie der Feldhase oder die Kornblume wanderten aus den südöstlichen Steppen ein. Ihnen folgten zahlreiche weitere Arten, die wir inzwischen längst als ursprünglich bei uns heimisch erachten. Die meisten Ackerwildkräuter sind solche Einwanderer. Auch Arten wie die Feldlerche dürften vor der Schaffung der Kulturlandschaft hier praktisch gefehlt haben. Natürlich gab es keine Mehl- und Rauchschwalben oder Mauersegler. Diese »Kulturfolger« konnten erst Fuß fassen, als der Mensch Siedlungen schuf.

Die Agrarlandschaft nimmt heute mehr als die Hälfte der Landesfläche ein. Die Fülle der Arten, die in diesen neuen Großlebensraum einwanderte, veränderte das Bild der heimischen Tier- und Pflanzenwelt nachhaltig. Mitteleuropa wurde durch diesen Vorgang artenreicher, nicht artenärmer, weil den wenigen Arten, die aufgrund dieser Veränderungen verschwanden, eine weit-

Die Menschenlandschaft schneidet also nicht schlecht ab, zumal dann, wenn es sich um vielfältige, kleinräumig strukturierte Gebiete handelt. Kulturfolger wie der Weißstorch zeigen dies besonders deutlich. Ursprünglich kam der Weißstorch nur in geringen Beständen in den Auen der großen Flüsse Europas vor. Erst die Entwicklung der Kulturlandschaft machte ihm in großem Umfang offenes Gelände mit Feuchtwiesen und Fluren zugänglich, wo der Storch Frösche, Heuschrecken, Mäuse und Regenwürmer fangen konnte. Der Storchenbestand muß mit der Entstehung der Kulturlandschaften stark angestiegen sein. Diese Entwicklung kehrte sich in den letzten Jahrzehnten allerdings um. Auch für viele Kleinvogelarten brachten die Veränderungen vom mitteleuropäischen Waldland zur Kulturlandschaft große Gewinne. Bei einer ganzen Reihe von Arten müssen die Bestände stark zugenommen haben. Welche Folgen dies hatte, wissen wir nicht. Was bedeuten die Millio-

Mehlschwalbe

Rauchschwalbe

nenheere europäischer Schwalben
im afrikanischen Winterquartier für
die dort heimischen Schwalben-
arten? Welche Auswirkungen ergaben sich aus der Bestandssteigerung
manch anderer Zugvogelart für die
südeuropäischen Singvögel und für
die Insektenfresser in der Sahel-
Zone? Wir wissen es nicht und werden es niemals wirklich wissen, weil
all diese Ereignisse vor Jahrhunderten stattfanden, als die Kulturlandschaft ihr heutiges Gepräge erhielt.
Es spricht für die Anpassungsfähig-
keit der Arten, daß sie in der Lage
waren, im Verlauf von ein paar Jahrhunderten so grundlegende Um-
stellungen zu nutzen. Es waren ja
bei vielen Arten der Kulturlandschaft nicht nur die Probleme der
Einpassung in den neuen Lebensraum zu lösen, sondern auch die
Einstellung von Zugverhalten und
Winterquartierwahl. Die geschlossenen Wälder der gemäßigten Breiten beherbergten wahrscheinlich einen erheblich geringeren Anteil an
Zugvögeln als die Kulturlandschaft.
Wesentliche Veränderungen erfuhr

Mauersegler   ▽ *Reh im Kleeacker*

auch die Kleintierwelt. Die Kulturlandschaft bietet Verhältnisse, die
für die Arten aus dem Steppen- und
Mittelmeerbereich sogar günstiger
sein können als in ihrer ursprünglichen Heimat. Denn durch die Öffnung der Wälder und die großflä-
chige Anlage von »Kultursteppen«
wurde das Kleinklima günstiger.
Die Temperatur im bodennahen Bereich liegt um mehrere Grad höher
als im geschlossenen Wald. Wärmeliebende Arten wie etwa viele Tagfalter konnten einwandern und davon profitieren, daß während des
Sommers genügend Niederschläge
fallen, um den Pflanzenwuchs vital
zu halten. In ihrer Heimat herrscht
dagegen sommerliche Dürre. Daher
lohnte es sich in der Tat für viele
Arten, dem Menschen zu folgen.

Feldsperling

Star

Der Mensch nutzt

Der Mensch veränderte die Landschaft nachhaltig, weil er das natürliche Potential nutzt. In einem natürlichen oder naturnahen Ökosystem hat diese Nutzung enge Grenzen; zu enge im Regelfall, um einen
wirklichen »Gewinn« abzuwerfen.
Die einfache Jäger- und Sammlertä-
tigkeit, wie sie sich noch in kleinem
Umfang bei manchen Naturvölkern
finden läßt, erlaubt nur eine sehr
geringe menschliche Siedlungsdichte. Schon ein bis zwei Menschen je Quadratkilometer können
zu viel sein und Übernutzung verursachen. Der Mensch bleibt in dieser
Umwelt ähnlich selten wie ein großes Raubtier in Spitzenposition der
Nahrungsketten. Die Steigerung
der Siedlungsdichte läßt sich nur
mit einer Abwärtsbewegung in der
Nahrungskette, hin zur Basis der
Produktion, ermöglichen. Dennoch
bleibt die auf diese Weise erzielbare
Siedlungsdichte erheblich unter den
heutigen Werten zurück, weil die
natürlichen, »sonnengetriebenen«
Ökosysteme keinen höheren Nutzungsgrad erlauben. In Energie-
Einheiten ausgedrückt bedeutet
das: Die Leistung der natürlichen
Ökosysteme, die unter günstigen
Bedingungen erzeugen, müssen auf
das Niveau von etwa 40 000 Kiloka-
lorien Energiefluß pro Quadratmeter und Jahr angehoben werden,
um jenen Überschuß produzieren
zu können, den der Mensch
braucht. In natürlichen Ökosystemen gibt es eine so hohe Energie-
flußdichte nur im Überschwem-
mungsbereich von Flüssen der warmen Regionen (Flußoasen-Kultu-
ren).

In diesen Gebieten versorgt der Fluß das Produktionsgebiet mit Wasser und Nährstoffen. Die Energie des Flusses wird zur Verteilung dieser beiden Grundstoffe für die pflanzliche Produktion als Hilfsenergie ausgenutzt. Wo solche Verhältnisse nicht gegeben sind, läßt sich eine vergleichbare Steigerung der Produktion nur durch die Verteilung von Düngemitteln und mechanische Bodenbearbeitung erreichen. Das erfordet den Einsatz von Hilfsenergien. Tierische Zugkraft, wie sie über Jahrhunderte hinweg genutzt wurde, kann hier keinen entscheidenden Beitrag zur Verbesserung leisten, weil sie für große Flächen zu viel Zeit in Anspruch nimmt und die Fütterung der Zugtiere einen Teil der Ernte verschlingt.

Wenn daher die traditionelle Form der Landbewirtschaftung immer im natürlichen Rahmen blieb und nicht die Leistungsfähigkeit des Naturhaushaltes überstig, so änderte sich dies, als Hilfsenergien in Form fossiler Brennstoffe verfügbar wurden und Maschinen die Arbeit der Zugtiere übernehmen konnten. Jetzt nahm die Produktivität einen gewaltigen Aufschwung. Die Spitzenleistungen natürlicher Ökosysteme ließen sich mit dem neuen Energie-Einsatz ohne weiteres übertreffen. Der Umschwung begann. Die neue Nutzung machte aus der Landbewirtschaftung die »Agrarfabrik«. Im Zuge dieser Umstellung begannen die ökologischen Kreisläufe aufzubrechen, weil immer mehr Arten verschwanden und die

Mechanisierung der Landwirtschaft führte zu neuen Formen der Bodennutzung.

Rationalisierung im Weinbau verarmte diese Lebensräume.

Landschaftsstruktur immer einfacher wurde. Der Niedergang der Kulturlandschaft als Zentrum des Artenreichtums setzte ein.

Arten wie der Weißstorch drückten diese Entwicklung recht augenfällig aus. Die Entwässerung der Feuchtwiesen, die Düngung der Fluren und die Vergrößerung der Feldflächen zur maschinengerechten Form entzogen dem Weißstorch seine Existenzgrundlage. Die Schutzbemühungen mußten weitestgehend wirkungslos bleiben, weil die Strukturveränderung des Lebensraumes durch sie nicht rückgängig gemacht wurden. Gleichzeitig stiegen auch die Probleme auf den Durchzugsstrecken und den Überwinterungsgebieten. Die nahrungsspendenden Feuchtgebiete an den östlichen und westlichen Rändern des Mittelmeerraumes schmolzen dahin, weil auch sie für die landwirtschaftliche Massenproduktion umgestaltet worden waren. Für die Störche wurde es immer schwieriger, unterwegs Nahrungsgebiete zu finden. Die Heuschreckenbekämpfung in Afrika tat ihr übriges. Sie vernichtete über weite Strecken die Nahrungsgrundlage der Störche in ihren Winterquartieren und vergiftete sie zusätzlich. Der Weißstorchbestand mußte unter diesen neuen Bedingungen unvermeidlich schrumpfen.

Daß aber die Verhältnisse im Brutgebiet am bedeutungsvollsten sind, zeigt die Entwicklung des Bestandes in Polen. Dort halten sich die Storchenbestände gut oder nehmen sogar zu, während sie in Mitteleuropa auszusterben drohen. Auf dem Zuge und im Winterquartier kann die Art den ungünstigen Bedingungen ausweichen, am Brutplatz nicht. Hier muß alles für die erfolgreiche Jungenaufzucht stimmen,

Weißstörche auf ihrem Baumhorst

ren und natürlicherweise in den meisten Gebieten gegeben wären. Mit der Belastung der Nahrungsmittel aus Rückständen der chemischen Stoffe, die in der Landwirtschaft eingesetzt werden, verhält es sich ähnlich. Daß überhaupt um Grenzwerte gerungen werden muß, zeigt, in welch starkem Maße die ökologischen Kreisläufe bereits aufgebrochen und zu »Durchflußsystemen« gemacht worden sind.

Jagd und Fischerei

Die Landwirtschaft ist nicht die alleinige Quelle direkter Einflußnahme auf den Naturhaushalt. Traditionelle Nutzungsformen wie Jagd und Fischerei tun ihr übriges. Wie sie sich auswirken, blieb lange unbekannt, weil sie als »immer schon dagewesene« Nutzungen des Menschen erachtet wurden. Doch sieht ihr Einfluß auf die Natur anders aus, wenn es sich um eine Kulturlandschaft handelt, in der viele Vorgänge vom Menschen gesteuert oder gestützt ablaufen.

So hatte die Steigerung der Produktivität der Acker- und Wiesenflächen zur Folge, daß sich das Nahrungsangebot für manche Tierarten verbesserte. Auf den gut gedüngten Fluren wächst nährstoffreichere Nahrung als auf Flächen mit mangelhafter Nährstoffversorgung. Arten wie der Feldhase oder das Reh reagierten auf diese Verbesserung der Ernährungslage mit einer starken Bestandszunahme. Sie wurde gefördert durch die gesetzliche Verpflichtung der Jagd zur Hege. Das bedeutet Fütterung in Notzeiten, vor allem im Winter. Die Entschärfung des winterlichen Nahrungs-

sonst kommt es nicht zum Erfolg. Der weitaus größte Teil des Artenrückganges der letzten Jahrzehnte ist die Folge der landwirtschaftlichen Entwicklungen. Die Landwirtschaft gilt für mehr als die Hälfte der in den »Roten Listen« erfaßten Arten als Hauptursache ihres Rückgangs. Da die moderne Form der agrarischen Produktion darüber hinaus andere, für den Menschen lebenswichtige Naturgüter wie das Grundwasser nachhaltig negativ beeinflußt, muß in absehbarer Zeit eine Abkehr von der gegenwärtigen Praxis erfolgen.

Die Qualität des Trinkwassers hat in vielen Gebieten durch die Überdüngung so sehr gelitten, daß bedenkliche Werte erreicht worden sind. So läßt sich der empfohlene Grenzwert von 50 Milligramm Nitrat pro Liter Wasser kaum mehr einhalten, obwohl 10 mg oder weniger besser wä-

Rehe an der Fütterung

engpasses verstärkte die Wirkung des verbesserten Nahrungsangebotes. Als Folge stiegen die Jagdstrekken gewaltig an. In den 70er Jahren wurde rund eine Dreiviertelmillion Rehe im Bundesgebiet erlegt. Das ist mehr als das Doppelte der Zahl der Vorkriegszeit. Beim Feldhasen sieht die Steigerung noch eindrucksvoller aus, wenn man längere Bestandsreihen vergleicht. In Dänemark wuchs der Bestand im 20. Jahrhundert um mehr als das Dreifache. Aber seit der Mitte der 70er Jahre greift eine rückläufige Tendenz um sich. Die Wildbestände gehen fast überall in Mitteleuropa deutlich zurück. Der Gewinn, der sich aus den verbesserten Nahrungsbedingungen ergeben hatte, kann die Verluste an Lebensraum, die durch die Ausräumung der Kulturlandschaft zur maschi-

nengerechten Einheitsfläche entstanden sind, nicht mehr abfangen. Jetzt überwiegt der Lebensraumverlust.

Diese Entwicklung hatte sich schon vor gut zwei Jahrzehnten bei den Rebhühner angedeutet. Die Jagdstrecken von dieser Feldhuhnart sanken schon in den 60er Jahren und erholten sich, von kleinräumigen Gebieten abgesehen, seither nicht wieder. Wir kennen die Ursachen. Das Rebhuhn ernährt sich erwachsen zwar zu über 90% von Pflanzensamen und zarten Pflanzentrieben, aber die Jungen brauchen Kleininsekten. Als Nestflüchter ernähren sie sich selbst. Die Henne führt und hudert die Jungen nur, füttert sie aber nicht. Die Insektennahrung wird gebraucht, weil die Küken zu ihrem Wachstum viel Eiweiß nötig haben. Die harten Samen liefern nicht genug davon. Sie spielen erst dann eine größere Rolle, wenn die Jungen schon herangewachsen sind. Die Behandlung der Felder mit Spritzmitteln und der Wegfall kleininsektenreicher Ackerraine entzog den Jungen die Nahrungsbasis und machte sie sehr anfällig für Witterungsschwankungen. Naßkaltes Wetter überleben
Unten: Brütendes Rebhuhn

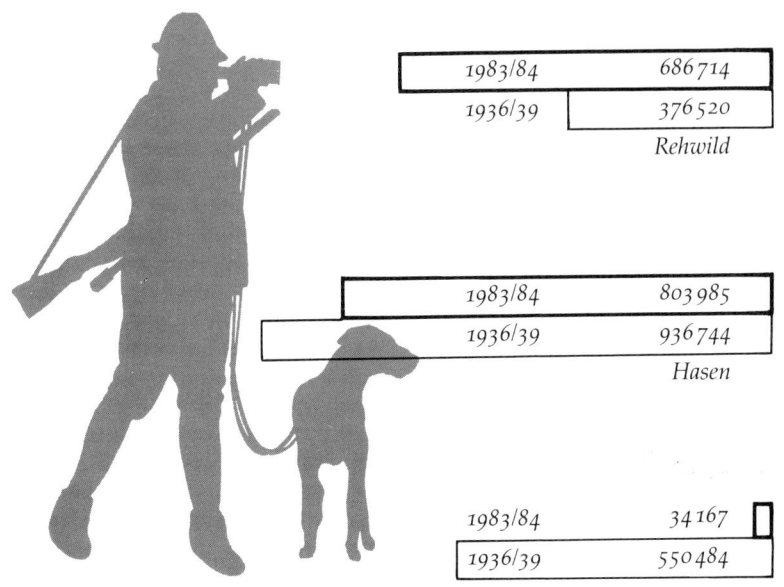

1983/84	686 714
1936/39	376 520

Rehwild

1983/84	803 985
1936/39	936 744

Hasen

1983/84	34 167
1936/39	550 484

Jagdstrecken in der BRD

Rebhühner

nur wenige Jungen; zu wenige, um den Bestand halten zu können. Und viel zu wenige, um auch noch eine jagdliche Nutzung zu erlauben.

Die Jagd muß sich heute viel mehr als früher an der Lage der Wildbestände orientieren. Die Hegeverpflichtung allein reicht nicht aus, weil sie nicht in die wirklichen Veränderungen eingreifen kann, die den Wildbestand verringern: die Tragkraft, die Umweltkapazität! Für einige Arten wurde sie durch die Hegemaßnahmen ganz erheblich gesteigert. Arten wie der Rothirsch hätten ohne die jagdliche Hege in der Kulturlandschaft nicht überlebt. *Farbbild S. 156 oben.*

Die Bestandsentwicklung unserer Hauptwildarten drückt diesen Erfolg der jagdlichen Bemühungen deutlich aus. Die Bestandsentwicklung allein ist aber nur ein Kriterium unter mehreren für die Beurteilung der jagdlichen Eingriffe. Das soll ein weiteres Beispiel zeigen.

Wenn die Wasservögel im Herbst die flachen Stauseen und die Buchten der Seen aufsuchen, verbrauchen sie einen Teil der organischen Produktion des vorausgegangenen Sommers. Sie greifen dabei unter Umständen ganz massiv in die Nährstoffkreisläufe ein. Die Bläßhühner, Schwäne und Enten können bis über 90% der vorhandenen Biomasse abweiden. Sie setzen diese um und entnehmen dabei dem Gewässer seine Überschußproduktion. Weil es sich in aller Regel um Gewässer handelt, die durch menschliche Aktivitäten zu viele Nährstoffe abbekommen haben, die *eutrophiert* sind, stellt diese Nutzung

199

Krickenten ♂ und ♀

einen bedeutenden Beitrag zur Verbesserung der Nährstoffverhältnisse in belasteten Gewässern dar. Wenn nun aber die Wasservögel bejagt werden, verlassen sie zeitweise oder ganz das betreffende Gewässer und ziehen weiter. Damit fallen sie als Konsumenten in mehr oder minder großem Umfang aus. An den Innstauseen wurde dieser Vorgang näher untersucht. Bei der herbstlichen Wasservogeljagd wurde ein viel größerer Teil der Wasservögel einfach vertrieben als tatsächlich abgeschossen. Auf eine Strecke von 1200 bis 1500 erlegter Enten kamen mehr als 30000, welche diese Stauseen verlassen hatten. Die Nutzung der organischen Produktion sank entsprechend stark ab und erreichte nur noch etwa 15%. Der weitaus größte Teil blieb ungenutzt und fiel der Verrottung anheim. Auf den nicht bejagten Wasserflächen hinge-

gen stieg die Nutzungsrate auf 90 bis 95% an. Dort funktionierten die Stoffkreisläufe und es kam nicht zur Anhäufung von organischem Material, aus dem sich Faulschlamm bilden konnte. Der vergleichsweise geringe Effekt der Entenbejagung mit einer Abschußquote von 3 bis 5% hatte also weitreichende Folgen für das Ökosystem. Es ist daher nicht damit abgetan, die bloße Menge der abgeschlossenen Tiere als Maß für den Eingriff zu bewerten. Die bejagten Arten sind Glieder in mehr oder minder reich entwickelten ökologischen Systemen. Ob diese die jagdliche Nutzung vertragen oder nicht, läßt sich nicht aus Jagdstatistiken ermitteln. Aus dem gleichen Grunde sagt die Abschußquote der Rehe nichts darüber aus, ob sich in den betreffenden Revieren die Wälder selbst verjüngen können oder nicht. Die abgebissenen Knospen

Jahrelang verbissene Jungbuche *Künstlicher Fischbesatz*

machen mengenmäßig nur einen winzigen Bruchteil der Pflanzenbiomasse aus. Aber an ihnen hängt das Überleben der jungen Bäumchen.

Die Jagd muß daher in Zukunft als Eingriff in den Naturhaushalt gesehen und in ihrer Auswirkung erfaßt werden. Nur dann werden sich langfristige Schäden abwenden und die jagdliche Nutzung in Einklang mit den Erfordernissen des Naturhaushaltes bringen lassen. Aus der bloßen Nutzung von Wildbeständen muß ein »Management« werden, das die ökologische Vernetzung berücksichtigt und sich an ihr orientiert.

Das gilt in vergleichbarer Weise auch für die Fischerei. Die Zeiten sind längst vorbei, in denen die Fischbestände natürlicherweise so produktiv waren, daß die menschliche Nutzung nichts ausmachte. Heute werden nahezu alle Binnen-

gewässer mit künstlichem Fischbesatz versehen, da sich nur noch wenige Arten selbst im nötigen Umfang draußen in den Gewässern fortpflanzen können. Außerdem werden gebietsfremde Fische eingesetzt, wie etwa der Aal im Donausystem, in dem er natürlicherweise nicht vorkam. Sie verändern die Konkurrenzverhältnisse unter den einheimischen Arten. Nur in den seltensten Fällen lassen sich die Binnengewässer tatsächlich so bewirtschaften, daß die Fischbestände im Bereich der höchsten Produktivität gehalten werden. Dieser Bereich entspricht etwa der halben Umweltkapazität. Die Umweltkapazität ist für praktisch keine Art unserer heimischen Fische bisher bestimmt worden, und so muß man sich mit indirekten Methoden wie der Beurteilung der Kondition der Fische begnügen. Die dafür bestens geeigneten Indikatoren, die fischfressenden Wasservögel, werden verfolgt und auf unnatürlich niedrigen Bestandsniveaus gehalten. Ihre Auslesewirkung auf kranke und schwache Fische können sie daher kaum irgendwo noch entfalten. Die Belastung der Gewässer mit Nähr- und Schadstoffen ist zwar in den letzten beiden Jahrzehnten dank des Einsatzes von Kläranlagen und verbesserten Überwachungsmethoden zurückgegangen, aber sie liegt immer noch zu hoch für zahlreiche anspruchsvolle Fischarten.

Die Lage ist in den meisten freien Fischgewässern noch nicht gut genug, um auf eine selbständige Bestandserneuerung zu setzen. Das ginge vielfach auch gar nicht, weil die Zahl der Fischer so stark angewachsen ist. Die Fischerei ist für eine große Zahl von Menschen zum Hobby, zur Erholung in der Natur geworden. Viele Fischarten verdanken dieser Umstellung ihre heutige Existenz, denn zahlreiche mitteleuropäische Gewässer werden von der Fischerei intensiv betreut. Doch dabei entstehen neue Probleme, mit denen nicht gerechnet wurde. So bedeutet die lange Anwesenheit von Anglern in Wasservogel-Brutgebieten einen großen Verlust an Brutmöglichkeiten und Gelegen. Die ruhig verweilenden Angler vertreiben in den stillen Buchten und abgelegenen Winkeln die Vögel von ihren Gelegen oder stören sie bei der Nistplatzsuche, ohne daß sie sich dessen bewußt werden. Denn in aller Regel bemerken sie die sich heimlich vom Nest entfernenden Vögel gar nicht. Die Ausübung des Angelsportes kann in Wasservogel-Brutgebieten die Möglichkeiten für

die Wasservögel um 80% vermindern, ohne daß dies wahrgenommen wird. Konfliktstoff entsteht besonders, wenn in Vogelschutzgebieten geangelt wird. Die störungstoleranten Arten bleiben übrig, während die seltenen und scheuen vertrieben werden. Oft entsteht dann der Eindruck, daß Bläßhühner, Schwäne oder Stockenten die empfindlichen Wasservogelarten vertreiben, obwohl das normalerweise nicht der Fall ist. Diese Arten bleiben einfach übrig, weil sie die Anwesenheit des Menschen nahe an ihren Brutplätzen tolerieren.

Stockenten ♂

Erholung und Tourismus

Das Angeln stellt eigentlich bereits eine Form der Erholung in der freien Natur dar, auch wenn es an das Fischereirecht gebunden ist, das als eine Form der Bodennutzung zu verstehen ist. Freier Zugang zur Natur und das Recht auf Naturgenuß erscheinen den meisten Menschen als eine Selbstverständlichkeit, die man gar nicht erst einzufordern braucht. Der Natur ist aber durch den Erholungsdruck in unserer Zeit eine große Belastung erwachsen; eine Last, die sie kaum noch tragen kann. Das liegt am zunehmenden

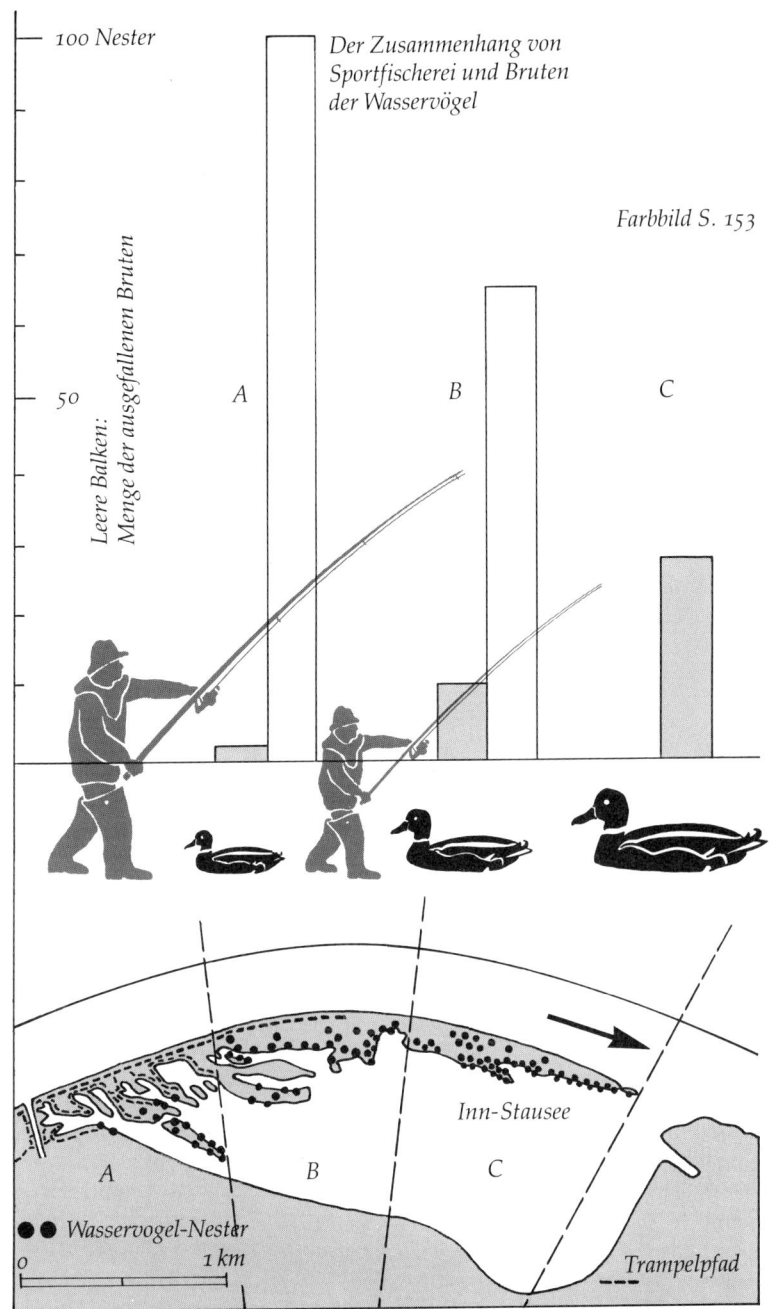

100 Nester

Der Zusammenhang von
Sportfischerei und Bruten
der Wasservögel

Farbbild S. 153

*Leere Balken:
Menge der ausgefallenen Bruten*

A

B

C

50

Inn-Stausee

●● *Wasservogel-Nester*

0   1 km

A   *B*   *C*

Trampelpfad

Mißverhältnis zwischen der Größe der naturnahen Flächen und Gebiete einerseits und der Zahl der Menschen, die diese Naturräume aufsuchen, andererseits. Die wenigen natürlichen Seeufer werden zur Badezeit »belagert«, die Berge »überlaufen« und die Zufahrten zu den Wanderwegen »verstopft«, weil sich immer mehr Menschen auf immer weniger Raum zur Erholung in der »freien Natur« zusammenballen.

So gibt es in ganz Mitteleuropa kein einziges größeres Gewässer mehr, das im Hochsommer von Badenden und Booten, von Surfern und Seglern freigehalten bliebe. Zur gleichen Zeit mausern die Enten ihr Großgefieder. Dabei werden sie flugunfähig. Sie brauchen für die gut drei Wochen, die sie sich in diesem Zustand befinden, ein sicheres Gewässer, auf dem sie nicht gestört werden und das ihnen die notwendige Nahrung bietet. Kein einziges natürliches Gewässer erfüllt heutzutage diese Bedingungen. Alle dafür in Frage kommenden sind vom Bade- und Erholungsbetrieb in Beschlag genommen worden. Nur der künstlich angelegte Ismaninger Speichersee bei München bleibt davon verschont, weil er die Nachklärung der Münchener Abwässer besorgt und als Werksgelände gesperrt ist. Hier sammeln sich nun die Enten aus ganz Mittel- und weiten Teilen Osteuropas zur Mauser. Bis über 50000 können gleichzeitig Ende Juli versammelt sein. Sie stellen einen Großteil des Wasservogelbestandes im Binnenland dar. Seit nun in den 70er Jahren im Mausergebiet der Wasservogel-Botulismus (siehe S. 59) ausbrach, sind die Vögel aufs höchste gefährdet. Es gibt

nämlich keine Ausweichmöglichkeit für sie, weil nicht einmal Naturschutzgebiete im nötigen Umfang vor der Nutzung gesperrt werden können. Im Spätsommer 1973 kostete diese gefährliche Situation allein am Ismaninger Speichersee mehr als 20000 Schwimmvögeln das Leben. Ähnlich hohe Verluste gab es Anfang der 80er Jahre in Rückzugsgebieten der Wasservögel bei Hamburg und an anderen Stellen. Störungen und Zerstörungen begleiten den Massentourismus, wenn er empfindliche Gebiete trifft. Das müßte nicht so sein. Der Tourismus ließe sich lenken. Zahlreiche Ansätze bestätigen das. So können in vielen amerikanischen Schutzgebieten die Besucher auf vorbereiteten Wegen und Stegen die grandiose Natur bestaunen und die Tiere aus nächster Nähe kennenlernen. Die strikte Einhaltung der festgelegten Routen macht den Menschen für die Tiere »kalkulierbar«. Sie gewöhnen sich schnell an die Besucher. Da ihnen nicht nachgestellt wird, legen sie die Scheu ab und verhalten sich in natürlicher Weise vertraut. Eine solche Verhaltensänderung wäre durchaus auch in Mitteleuropa möglich, wenn die Verfolgungen eingestellt würden, denen die meisten größeren Arten der Vögel und Säugetiere hier noch immer ausgesetzt sind. Die Arten, die sich von sich aus den Lebensraum der Städte und Siedlungen erschlossen haben, beweisen dies. Es gibt keinen biologischen Grund dafür, daß Fischadler in den Vereinigten Staaten in Bootshäfen auf künstlichen Horstplattformen nisten wie bei uns die

▷ *Fischadler*

Weißstörche, während die Fischadler hierzulande Hunderte von Metern Fluchtdistanz einhalten. Es handelt sich um die gleiche Art! Rehe werden außerordentlich schnell vertraut, wenn sie nicht bejagt werden. Es bedarf also keiner extrem hohen Wilddichten, um Wild überhaupt zu Gesicht zu bekommen. Im Gebirge führen dies inzwischen hinlänglich die Murmeltiere vor Augen. So lange man ihnen wegen des höchst zweifelhaften Heilwertes ihres Fettes intensiv nachstellte, blieben sie »unsichtbar«. Ihre Pfiffe warnten schon auf mehr als 100 Metern Distanz vor dem Nahen eines Menschen. Heute sind sie an vielen Berghütten ganz vertraut und lassen sich in allen Einzelheiten beobachten. Ein zentrales Problem für die Störwirkung des Tourismus in der freilebenden Tierwelt ist daher die unnatürliche Scheu der Tiere. Es läge an uns, dies zu ändern.

9. Doch alles hat seine Grenzen

Kleine Ursachen – große Wirkungen

Als sich vor Jahren die Gräben und Altwässer in den Auen am unteren Inn ockerrot zu färben begannen, konnte der Eindruck entstehen, hier wären große Mengen Farbstoffe ins Wasser gegossen worden. Besonders im Frühjahr wurde die Färbung sehr intensiv. Hervorgerufen wird sie von Bakterien mit der merkwürdigen Fähigkeit, aus der chemischen Umwandlung des elektrischen Ladungszustandes von gelöstem Eisen ihre Lebensenergie zu beziehen. Diese »Eisenbakterien« gehören zu einer uralten Gruppe von Bakterien, die unter anderem ganze Eisenerzlager in Lothringen in ferner erdgeschichtlicher Vergangenheit hergestellt hatten. Denn bei ihrer Tätigkeit wird ursprünglich im Wasser gelöstes Eisen ausgefällt. Es bleibt als intensiv rotbraun gefärbter »Ocker« in den Schleimscheiden hängen, in denen diese Bakterien stecken. Der Vorgang ist also gewissermaßen ganz normal, aber für die Kleingewässer in den Innauen höchst gefährlich. Mit dem Ausfällen des Ockers verschwindet nämlich nach und nach alles höhere Leben in den Altwässern und Sickergräben. Zwei Gründe sind dafür verantwortlich: Die Schleimscheiden der Bakterien und das Schwinden des Sauerstoffs. In ihrer Wirkung hängen sie eng zusammen. Bei der Ockerbildung wird Sauerstoff verbraucht. Er lagert sich an das Eisen an und wird dadurch dem umgebenden Wasser entzogen. Der Sauerstoffgehalt sinkt bei starker Verockerung praktisch auf Null ab. Das rote Eisenoxid wandelt sich unter dem Einfluß von freiwerdendem Schwefelwasserstoff in schwarzes Schwefeleisen um. Der giftige Schwefelwasserstoff entsteht bei der Zersetzung von Eiweißstoffen, wenn nicht genügend Sauerstoff vorhanden ist. Die Verockerung führt daher zu lebensfeindlichen Verhältnissen, die dadurch verschärft werden, daß die Schleimscheiden der Eisenbakterien die Kiemen der Wassertiere schon verkleben, wenn diese noch durchaus lebensfähig sind, weil das Wasser genügend Sauerstoff enthält. Nicht nur die Fische haben mit ihren Kiemen solche atmungsaktive Oberflächen, an denen der Austausch der Atemgase erfolgt (Sauerstoff wird dem Wasser entnommen und in den Körper transportiert, während Kohlendioxid ins Wasser abgegeben wird). Ob Larven von Libellen, von Eintagsfliegen oder Mücken, ob kleine Würmer oder Rädertierchen, alle sind sie auf diesen Gasaustausch angewiesen. Wird er eingeschränkt oder unterbrochen, gehen die atmenden Wasserbewohner unweigerlich ein. Nur solche, die sich Luft mitnehmen, können noch überleben, aber für sie gibt es im sterbenden Gewässer keine Nahrung mehr. Die Verockerung endet damit, daß im Wasser außer Bakterien keine anderen Lebewesen mehr vorkommen. Sogar die Uferpflanzen, wie das Schilf oder die Rohrkolben, werden davon beeinträchtigt, weil ihre Wurzeln nicht mehr atmen können. *Farbbilder S. 160 unten.*

In diesem Vorgang liegen zwei interessante Aspekte zum Funktionieren des Naturhaushaltes. Es handelt sich dabei, wie schon betont, um einen natürlichen Prozeß, der nichts mit Umweltverschmutzung zu tun hat. Ausgelöst wurde er aber durch einen menschlichen Eingriff, nämlich durch die Errichtung der Stauseen. Durch sie wurden zahlreiche Gewässer in den Innauen zu Altwässern. Die Dämme trennen sie vom Fluß ab. Als sich die Dämme durch die mitgeführten Schwebstoffe abdichteten und kein Wasser mehr aus den Stauräumen in die Auen kam, setzte die Verockerung ein. Sie nimmt ihren Ursprung eigentlich außerhalb des Inntales im angrenzenden Hügelland. Dort bilden eisenhaltige Lehme und Lösse die Böden. Durch die Niederschläge wird Eisen gelöst und ins Grundwasser eingewaschen. Langsam sickert es ins Inntal und kommt an der tiefsten Stelle zutage. Diese befindet sich seit der Errichtung der Stauseen nicht mehr im Fluß selbst, sondern in den vorgelagerten Altwässern. Sie funktionieren als Binnenentwässerung und werden von den Bächen des Vorlandes und einer ersten, oberen Grundwasserschicht gespeist, die aus dem Inntal selbst stammt. Die Grundwasserströme aus dem Tertiärhügelland treten in einer zweiten, darunterliegenden Grundwasserschicht zutage. Es dauerte daher mehr als ein Jahrzehnt, bis sich die Verockerung bemerkbar machte. Zudem ist der Eisengehalt des Grundwassers nicht auffallend hoch. Er liegt durchaus im Bereich normaler Konzentrationen. Die Verstärkung verursachen die Eisenbakterien, die in den Altwässern günstige Lebensbedingungen fanden. Sie kamen dort seit jeher vor, blieben aber unbemerkt, weil vor der Einstauung die jährlichen Hochwässer den gebildeten Ocker ausschwemmten, bevor es zur Anreicherung kommen konnte. Die Hochwasserreinigung fehlt jetzt, und so reichert sich der Ocker an, bis er die Altwässer und Gräben füllt. Nur die Einleitung größerer Mengen Frischwasser kann die Verockerung bremsen, aber nicht mehr rückgängig machen; dazu bedürfte es wirklicher Hochwässer.

Dieser Fall zeigt, daß ein Eingriff des Menschen in ein natürliches Ökosystem nicht vorhersehbare Folgen haben kann. Niemand wäre in der Lage gewesen, aus den geringen, im Vergleich zu normalem Grundwasser nur leicht erhöhten Eisenwerten vorauszusagen, daß sie zur totalen Verockerung der verbliebenen Altwässer führen würden. Die Lebenstätigkeit der Organismen, hier der Eisenbakterien, unterscheidet sich grundlegend von physikalisch-chemischen Vorgängen. Die Organismen besitzen die Fähigkeit zur *biologischen Verstärkung (Bio-Akkumulation)*, so daß aus kleinen, nichtig erscheinenden Ursachen große Wirkungen hervorgehen können. Im nachhinein können wir den Ablauf erklären. Das ist nicht das Problem! Entscheidend ist, daß wir es nicht vorhersagen können. Die natürlichen Systeme sind so komplex, daß es prinzipiell unmöglich ist, alle möglichen Stadien und Zustände vorauszusagen, die sie einnehmen können.

Mensch und Naturhaushalt

Es liegt ebenfalls in der Natur ökologischer Systeme, daß sich an ihnen kein wirkliches Innen und Außen unterscheiden läßt. Wir ziehen die Grenzen willkürlich. Wo beginnt der Fluß? Natürlich bei der Quelle. Für die Anfertigung einer Landkarte ist diese Feststellung richtig. Aus der Sicht des ökologischen Systems, das der Fluß bildet, ist das ein höchst willkürlich gewählter Punkt, an dem für uns Menschen gut sicht-

bar das Grundwasser austritt. Sehr viel zutreffender wäre es, den Beginn des Flusses an der Wasserscheide zu den anderen Flüssen zu sehen. Denn von hier aus sammeln sich die Niederschläge und vereinigen sich zu jener Ader konzentrierter Wasserführung, die sich äußerlich und oberflächlich betrachtet klar vom Umland abhebt. Die Nährstoffe, die das Geschehen im Fluß steuern, die Einstrahlung von Wärme und Licht, der Eintrag von Staub durch den Wind und von organischem Material aus dem gesamten Pflanzenkleid der Landschaft, die das Einzugsgebiet des Flusses ausmacht, gehören als ökologische Faktoren genauso mit dazu wie das Wasser selbst. Die allermeisten Ökosysteme sind in Wirklichkeit so eng verzahnt mit ihrer Umwelt, daß wir die Grenzziehung nach der gewünschten Fragestellung oder Zielsetzung vornehmen müssen. Der Naturhaushalt kennt keine Grenzen, und schon gar nicht solche, die wie politische Grenzen als Trennlinien wirken.

Die Umweltkrise unserer Zeit machte diesen Sachverhalt höchst eindringlich bewußt. Es kann nicht angehen, das eigene Land oder gar nur den eigenen Schrebergarten als Insel zu betrachten und auf die Auswirkungen nach außen keine Rücksicht zu nehmen.

Die Stoffe, die wir künstlich in die Umwelt bringen, kehren auf den verschlungensten Wegen zurück oder treffen Ziele, die gar nicht anvisiert wurden. Wer sein eigenes Haus in Ordnung halten will, darf dies nicht auf Kosten und zu Lasten anderer Haushalte tun, zumal auch Rückwirkungen nicht ausgeschlos-

Als Siedlungsfolger profitierte die Silbermöwe von Mülldeponien

sen werden können. Die Umwelt, die Natur, ist ein großes (und großartiges) »System von Systemen«. Einfache Ursache-Wirkung-Beziehungen gibt es darin so gut wie nicht. Wer glaubt, mit einem bestimmten Gift nur eine Zielart bekämpfen zu können, der irrt nicht nur, sondern der hat keine rechte Vorstellung davon, wie die Natur beschaffen ist. Wer annimmt, daß ein bißchen Abfall, die kleine Menge Gift, die er in die Landschaft bringt, bedeutungslos wären, der unterschätzt die biologischen Verstärkermechanismen. Die Vielzahl kleiner und kleinster Eingriffe und Veränderungen wirkt viel stärker und nachhaltiger als die »großen Katastrophen«, die nur mehr ins Auge springen.

In den Ökosystemen summieren sich die Wirkungen nur selten; meistens verstärken sie sich oder schwächen sich ab. Sie folgen einem Prinzip, das wir erst seit wenigen Jahrzehnten kennen, dem Prinzip der »Rückkoppelung«. Die moderne Regeltechnik macht uns mit den Effekten der Rückkoppelung vertraut. In der Natur finden sie sich sehr häufig. Kein einziges Ökosystem könnte ohne die Rückkoppelung funktionieren. Denn sie steuert die Material- und Energieflüsse. Positive Rückkoppelung verstärkt den betreffenden Vorgang. Je mehr Eisenbakterien Ocker bilden, um so besser werden die Bedingungen für die Ockerbildung und um so schneller kann der Prozeß ablaufen. Aus kleinen, kaum merklichen Anfängen steigert sich der Ablauf durch positive Rückkoppelung zu lawinenhafter Geschwindigkeit. Genauso würde es mit der Vermehrung der Lebewesen gehen. Einmal in Schwung gekommen, steigert sie sich selbst bis zur »Bevölkerungsexplosion«, weil immer mehr fortpflanzungsfähige Individuen entstehen und die Verdopplungszeiten des Bestandes dadurch immer kürzer werden. Unsere gegenwärtige Bevölkerungsexplosion konfrontiert uns mit einem solchen Vorgang einer positiven Rückkoppelung. Sie muß zur Katastrophe werden, wenn nicht rechtzeitig der umgekehrte Mechanismus die Steuerung übernimmt: die negative Rückkoppelung. Sie wirkt umgekehrt wie die positive. Je mehr ein Vorgang in Schwung kommt, um so stärker wird er gebremst. Je höher die Konzentration eines Stoffes ansteigt, um so stärker wird er abgebaut oder je mehr Individuen in die Population kommen, um so stärker wird die Fortpflanzung gehemmt. Positive Rückkoppelung ist ein im Grunde zerstörerischer Vorgang, die negative Rückkoppelung dagegen eine erhaltende Funktion. Alle wichtigen Regelprozesse in der Natur beruhen auf diesem Prinzip, auch wenn sie für bestimmte Vorgänge Kreisläufe mit positiver Rückkoppelung mit einschließen. Dann werden diese aber stets von negativen Regelkreisen unter Kontrolle gehalten und am Ausbrechen gehindert.

Mit diesen Regelkreisen verknüpft sich ein zweites außerordentlich wichtiges Prinzip: die Zeitverzögerung. Die meisten biologischen und ökologischen Vorgänge laufen so ab, daß die Reaktion nicht sofort, sondern erst mit einer gewissen Zeitverzögerung erfolgt. Beanspruchen wir einen Muskel intensiv, hält er seine Leistung eine Zeitlang aufrecht, ohne daß die Anstrengung Ermüdungserscheinungen zeitigt.

Dafür kommen sie später um so stärker. Und es dauert eine bestimmte Zeit, die der Muskel zur Wiedererholung braucht, bis alle Spuren der vorausgegangenen Anstrengung verschwunden sind. Auf ähnliche Weise reagieren die ökologischen Vorgänge. Lange Zeit scheint nichts zu passieren, wenn ein Ökosystem unter Druck gesetzt oder belastet wird. Das System hält der Belastung stand. Doch plötzlich setzt die Reaktion ein. Eine kleine Änderung führte zum Umschwung. Unaufhaltsam läuft die Entwicklung – trotz Gegensteuerung – weiter, bis sie ausklingt und ein neuer Zustand eingestellt ist. Alle Anstrengungen scheinen nichts zu nutzen bei dem Versuch, den alten Zustand wieder herbeizuführen. Aber dann gelingt es doch. Das System verändert sich wieder. Es reagierte nur mit erheblicher Zeitverzögerung. Das ist ganz normal und zu erwarten. Es wäre im Gegenteil verdächtig, wenn die Reaktion gleich käme. So nahm die Häufigkeit der seltenen Greifvögel erst mehrere Jahre nach Einstellung der Bejagung zu und der Bruterfolg der Wanderfalken stieg erst, als das DDT schon fast ein Jahrzehnt verboten war. Umgekehrt haben unsere Wälder jahrelang die Belastungen durch Autoabgase und Immissionen aus Heizkraftwerken ausgehalten, ohne Reaktionen zu zeigen. Als die Schädigungen sichtbar wurden, lagen die Einwirkungen schon längere Zeit zurück. Und es wird mit Sicherheit keine sofortige Besserung geben, wenn die Schadstoffemissionen drastisch vermindert werden. Diese Eigenschaften des Naturhaushaltes sind einerseits so grundlegend, daß sie jeder kennen sollte, andererseits aber so schwierig nachzuvollziehen, weil man nie genau weiß, wie lange die Zeitverzögerungen dauern und welche Regelkreise durch den menschlichen Eingriff beeinflußt werden. Das zeigt sich eben oft erst viel später.

Es kommt daher darauf an, schneller als die Natur zu reagieren, um die Verzögerungszeiten abzukürzen. Die Beachtung der ökologischen Gegebenheiten stellt keine weltfremde Philosophie dar, sondern eine überlebensnotwendige Strategie für eine Welt, die bald bis zum Bersten mit Menschen gefüllt sein wird. *Farbbilder S. 157–160.*

Diese Strategie erfordert eine Umstellung unseres Denkens. Nicht mehr das einfache »Ursache-Wirkung-Denken« darf unser Handeln leiten, sondern das Denken in »vernetzten Systemen«. Die Berücksichtigung der komplexen Zusammenhänge muß an die Stelle der Betrachtung einfacher Abhängigkeiten rükken. Nur dann werden wir in der Lage sein, schneller als die Natur zu reagieren und ihr Verhalten besser als bisher vorherzusehen – zu unserem eigenen Wohle! Die naturgegebenen Verzögerungszeiten können zu verantwortungsbewußtem Handeln genutzt werden. Dazu bedarf es der Beachtung der Warnsignale und nicht des Abwartens, bis sich wirkliche Schäden zeigen. Wir Menschen haben schon viele der lebenserhaltenden Kreisläufe aufgebrochen und geschädigt. Noch ist es Zeit, sie wieder zu ordnen. Wir sind dazu verpflichtet!

Der Süßwasserkreis ermöglicht die Lebensentfaltung auf dem Land

Turmfalke mit Beute

10. Fachbegriffe der Ökologie

Abundanz – Häufigkeit einer bestimmten Art von Organismen auf einer bestimmten Fläche; z. B. 12 Brutpaare Kohlmeisen auf 100 Hektar.

Adaptation – Anpassung der Lebewesen an die Umweltbedingungen. Sie kann kurzfristig durch Einstellung der Körperleistungen auf bestimmte Anforderungen der Umwelt oder langfristig als Evolutionsprozeß erfolgen. Kurzfristige Anpassungen sind z. B. die Erhöhung der Zahl der Roten Blutkörperchen beim Leben im Hochgebirge als Antwort des Körpers auf die geringe Sauerstoff-Versorgung in größerer Höhe. Sie werden nicht vererbt. Dagegen sind die im Zuge der Evolution aufgebauten Anpassungen erblich; so etwa die Ausbildung der Schwimmhäute an den Füßen des Bibers oder des Fischotters. Anpassungen dieser Art entstehen unter dem Selektionsdruck der Umwelt.

Aggregation – Ansammlung von Organismen der gleichen Art auf engem Raum; z. B. in Brutkolonien oder in Baumgruppen.

Alpine Zone – Höhenstufe im Gebirge, die sich zwischen der Baumgrenze und der Schnee- und Gletscherstufe *(der nivalen Zone)* erstreckt. Hier befinden sich die natürlichen Bergwiesen, die alpinen Matten, mit ihren Polsterpflanzen, Gräsern und Zwergsträuchern.

Areal – geographischer Bereich des Vorkommens einer Art. Innerhalb ihres Areals biesedelt sie die ihr zusagenden *Biotope*. Das Areal ist ein wichtiger Begriff der Tier- und Pflanzengeographie.

Artenschutz – Teilgebiet des Naturschutzes, das den Schutz einzelner Tier- und Pflanzenarten zum Ziel hat. In der Regel ist *Biotopschutz* die Voraussetzung für einen wirksamen Artenschutz.

Assoziation – Form der Vergesellschaftung von verschiedenen (Pflanzen-)Arten mit ähnlichen Umweltansprüchen. Die Artenkombination enthält mindestens eine regelmäßig vorhandene Charakterart. Die natürlichen Pflanzengemeinschaften werden auf der Basis solcher Assoziationen gegliedert und bezeichnet.

Autökologie – Teilbereich der *Ökologie*, der sich mit den Umweltbeziehungen einer bestimmten Art, z. B. der Eiche oder des Feldhasen befaßt. Die Autökologie bearbeitet die »Rahmenbedingungen« für Vorkommen und Existenz einer Art. Vielfach wird sie der *physiologischen Ökologie* gleichgestellt, welche die Mechanismen und Strategien der Anpassung einer Art an ihre unbelebten Umweltbedingungen studiert.

Autotrophie – Fähigkeit zur selbständigen Erzeugung von Nährstoffen. Die *photo-autotrophen* grünen Pflanzen stellen ihre organischen Nährstoffe durch Photosynthese, also unter Ausnutzung des Sonnenlichtes her. Die *chemo-autotrophen* Bakterien hingegen benutzten bestimmte chemische Reaktionen dazu.

Bathyal – Tiefwasserzone in stehenden Gewässern und im Meer. In diese Zone gelangt keine für die Photosynthese ausreichende Lichtmenge mehr hinab, so daß die im Bathyal lebenden Organismen auf Nahrungsnachschub von oben angewiesen sind.

Bergmannsche Regel – bei warmblütigen Tieren (Säugetieren und Vögeln) häufig zu beobachtende Zunahme der Körpergröße in den Arealteilen höherer Breiten. So sind die Braunbären in Südosteuropa erheblich kleiner als die mitteleuropäischen und diese wiederum werden von den nordischen Braunbären erheblich an Größe übertroffen.

Biogeochemische Zyklen – Kreisläufe lebenswichtiger Stoffe wie Wasser, Stickstoff, Kohlenstoff, Phosphor u. a. unter Beteiligung der Organismen. So setzen die grünen Pflanzen regelmäßig einen Großteil des freien Sauerstoffes in der Erdatmosphäre um, indem sie das durch die Atmung entstandene Kohlendioxid für die Assimiliation benutzen. Dabei wird der Sauerstoff wieder frei. Zwischen einem erdgebundenen (geochemischen) und einem von den Organismen benutzten Teil der Stoffe gibt es also einen Austausch, der in Form von Kreisläufen vollzogen wird.

Biom – Formation von Großlebensräumen wie Steppe, Wüste, Savanne, Tundra oder Taiga. Die Biome lassen sich in zahlreiche *Biotope* untergliedern.

Biomasse – Lebendgewicht von Organismen oder die Menge organischer Substanzen, die von Organismen erzeugt worden sind. Neuerdings wird viel von *Biomasse-Produktion* als Ersatz für Pflanzen, welche der unmittelbaren Ernährung dienen, gesprochen. Die beispielsweise von schnellwüchsigen Pflanzen erzeugte Biomasse kann zu Alkohol vergoren werden und als Ersatz für Erdölprodukte dienen.

Biosphäre – die von Leben erfüllte äußere Hülle der Erde. Die Biosphäre bildet das globale *Ökosystem* der Erde. In ihr laufen alle Prozesse ab, an denen Organismen beteiligt sind. Sie reicht also von den Tiefen der Ozeane bis in die oberen Luftschichten. Dennoch stellt sie nur eine dünne, überaus empfindliche »Haut« dar, von deren Zustand und deren Unversehrtheit der Fortbestand allen Lebens der Erde abhängt.

Biotop – Lebensraum, Lebensstätte; die »Adresse«, unter der bestimmte Arten zu finden sind. Biotope werden zwar oft durch Pflanzenbestände gekennzeichnet, aber diese gehören genau genommen bereits zur *Biozönose*, also zu den Organismen, die den Biotop besiedeln. Die unbelebten Umweltfaktoren wie Wasser, Licht, Relief, Temperaturen u. a. sind die eigentlichen Kenngrößen für die verschiedenen Biotope und ihre Lebensgemeinschaften.

Biotopschutz – Erhaltung von Lebensräumen *(Biotopen)* als Grundlage für den Artenschutz. Die Ausweisung von Schutzgebieten stellt die übliche Form des Biotopschutzes dar.

Biozönose – Artengemeinschaft, welche sich in einem *Biotop* befindet. Biotop und Biozönose bilden zusammen eine funktionelle Einheit, ein *Ökosystem.*

Demökologie – Teilgebiet der *Ökologie,* welches sich mit den Lebensbedingungen von *Populationen* und den Vorgängen in den Populationen von Organismen beschäftigt. Gleichbedeutend ist *Populationsökologie.*

Destruenten – Mikro-Organismen, die organische Substanzen abbauen und zersetzen (»Abbauer«, »Zersetzer). Geschieht dies unter Einsatz von Sauerstoff, so sind die Destruenten gleichbedeutend mit den *Reduzenten.* Destruenten und Reduzenten bilden die außerordentlich wichtige Gruppe der zersetzenden Mikro-Organismen, ohne die kein *Ökosystem* »funktionieren« könnte.

Detritus – totes organisches Material, das erst teilweise zersetzt ist und von Mikro-Organismen noch weiter abgebaut wird. Es bildet in den Gewässern eine bedeutende Grundlage für Nahrungsketten. Im Boden fördert der organische Detritus die Humusbildung.

dichteabhängige Reaktion – Art der Reaktion einer Population auf Änderungen der äußeren Bedingungen. So wirken Einflüsse der Witterung in der Regel dichteunabhängig, d. h., es fallen die Organismen dem ungünstigen Wetter zum Opfer, ganz gleich, wie viele von ihnen vorhanden sind.

Hingegen bestimmt die Häufigkeit (Dichte) ganz entscheidend, ob ein Feind eine bestimmte Beute sucht oder nicht. Erst ab einer gewissen Mindesthäufigkeit der Beute wird sie attraktiv und mit zunehmender Häufigkeit steigert sich die Ausrichtung des Feindes auf diese Beute immer stärker. Änderungen der Dichte nehmen einen sehr starken Einfluß auf die Abläufe und Geschehnisse zwischen zwei oder mehr verschiedenen Arten. Man bezeichnet diese Zusammenhänge als Dichte-Abhängigkeit.

Dispersion – Art oder Muster der Verteilung der Organismen in ihrem Lebensraum, z. B. ob regelmäßig (in Revieren),

Die Eutrophierung von Gewässern führt zu starkem Algenwuchs und Sauerstoffmangel

zufallsgemäß oder konzentriert an einigen wenigen Punkten.

Diversität – Mannigfaltigkeit natürlicher (oder vom Menschen beeinflußter) *Biozönosen* oder Gebiete. Als Maß für die Mannigfaltigkeit wird häufig der Artenreichtum herangezogen. Da die einzelnen Arten in recht unterschiedlicher Häufigkeit vorkommen, errechnet man die Diversität nach der SHANNON-WIENER-Formel, in der beides berücksichtigt wird: die Zahl der Arten und ihre Häufigkeitsverteilung.

Energiefluß – Austausch von (chemisch gebundener) Energie über die Stufen von *Nahrungsketten.*

Euphotische Zone – oberste, für das Pflanzenwachstum ausreichend durchlichtete Zone in stehenden Gewässern.

euryök – Bezeichnung für Organismen, die eine große Bandbreite von Lebensbedingungen akzeptieren und daher in mehreren bis vielen verschiedenen *Biotopen* zu finden sind. Gegensatz dazu: *stenöke* Organismen.

Eutrophierung – Anreicherung von Nährstoffen in einem Lebensraum, z. B. Eintrag von Phosphaten in Gewässer oder Nitratdüngung in den Boden. Die moderne Intensivlandwirtschaft und die Abgase von Kraftfahrzeugen und Kraftwerken mit fossilem Brennstoff haben nicht nur zu einer Belastung der Landschaft mit Schadstoffen, sondern auch zu einem unnatürlich hohen Eintrag von Nährstoffen geführt. Sie verursachen eine Eutrophierung über weite Flächen.

Evolution – Vorgang der Entstehung und Entwicklung des Lebens auf der Erde von den ersten Anfängen bis zur Gegenwart.

Fauna – Bestand von Tierarten eines Gebietes oder eine Region.

Fitneß – (genetisches) Maß für die Eignung eines vererbbaren Merkmals oder eines fortpflanzungsfähigen Individuums als Träger des Lebens. Fitneß bedeutet in der *Ökologie* in der Regel der (langfristige) Fortpflanzungserfolg, der mit einem bestimmten Verhalten, einer Anpassung oder einer Leistung verbunden ist und an der Zahl der erfolgreichen Nachkommen gemessen werden kann.

GAUSE-VOLTERRA-Prinzip – ökologisches Prinzip, welches besagt, daß keine zwei verschiedenen Arten auf Dauer die gleiche ökologische *Nische* besetzen können. Würden sie das tun, müßte es über kurz oder lang zur Verknappung der Lebensgrundlagen kommen und die besser angepaßte Art würde die andere verdrängen. Das vom russischen Biologen GAUSE und vom italienischen Biomathematiker VOLTERRA entdeckte Prinzip wird auch als *Konkurrenz-Ausschluß-Prinzip* bezeichnet.

Generalist – Art mit großer ökologischer Toleranz (Bandbreite), die demzufolge in den verschiedensten Lebensräumen oder von unterschiedlicher Nahrung leben kann. Gegensatz: *Spezialist*. Generalisten und Spezialisten sind die beiden Enden eines ökologischen Spektrums; man kann sie auch ganz allgemein als »Ökotypen« bezeichnen.

Genpool – Gesamtbestand des Erbgutes einer Art, das sich in einer *Population* befindet und daher zwischen den Individuen der Population ausgetauscht werden kann. Ein großer Genpool umfaßt mehr Anpassungsmöglichkeiten als ein kleiner, aber er kann nicht so schnell verändert werden. Kleine, isolierte Genpools sind die »Schrittmacher« der *Evolution*, weil sich in ihnen die Veränderungen nicht nur schneller vollziehen, sondern weil die Änderungen auch leichter gefestigt werden können, wenn es nicht beständig zu Rückkreuzungen mit Artgenossen kommt.

Gradation – Massenvermehrung einer Tierart, die zu wirtschaftlichen Schäden führt. Bekannte Gradationen verursachten die Eichenwickler und die Nonnen-Falter, deren Raupen ganze Eichen- bzw. Kiefernwälder entlaubten. Auf die meist kurzen Phasen der Massenvermehrung folgen dann mehrere bis viele Jahre, in denen die betreffenden Arten kaum in Erscheinung treten oder ganz zu fehlen scheinen.

Gründer-Prinzip – neue Vorkommen einer Art werden in aller Regel nur von einigen wenigen Individuen begründet, die es schafften, ein neues, geeignetes Gebiet zu entdecken. Da es sich eben nur um wenige Tiere handelt, bringen sie in die neu entstehende *Population* nur einen Ausschnitt aus dem Erbgut der Ausgangspopulation mit. Damit können rein zufällig Unterschiede zutage treten, die in der individuenreichen Stammpopulation nicht zu erkennen sind, weil sie von den anderen Erbanlagen überdeckt werden. Kleine, isolierte Vorkommen

weichen daher oft in verschiedenen Merkmalen von der Ursprungs- bzw. Hauptpopulation ab. Gerade an solchen »Abweichern« kann die Evolution ansetzen und neue Linien auslesen. Für die Aufspaltung der Arten und die Einpassung in neue Lebensbedingungen spielen solche Gründer-Populationen eine wichtige Rolle.

Habitat – Lebensraum einer bestimmten Art; oft, aber nicht zutreffenderweise mit *Biotop* gleichgesetzt. Der Biotop bezeichnet die Lebensstätte einer Artengemeinschaft, setzt sich also aus den Habitaten verschiedener Arten zusammen.

Heterotrophie – Form der Ernährungsweise von Organismen, welche nicht in der Lage sind, selbständig *(autotroph)* organische Nahrungsstoffe zu erzeugen. Außer den grünen Pflanzen und einigen Gruppen *chemo-autotropher* Bakterien sind alle übrigen Lebewesen heterotroph, also auf die Produktion der Autotrophen angewiesen.

Hyperparasit – Parasit, der in einem anderen Parasiten schmarotzt.

Indikatoren – Tier- und Pflanzenarten, die durch ihr Vorkommen oder leicht erkennbares Verhalten bestimmte Umweltzustände anzeigen, werden Indikatorarten oder Bioindikatoren genannt. Sie spielen in der modernen Umweltüberwachung und bei der Beurteilung von Qualitäten der Lebensräume eine zunehmend wichtigere Rolle.

Interaktion – Wechselwirkung zwischen einem Organismus und seiner Umwelt oder zwischen zwei verschiedenen Organismen wie »Feind-Beute« oder »Parasit-Wirt«.

Klimax – Endstadium einer Entwicklungsserie von *Biotopen*. So geht aus einem brachliegenden Acker im Laufe vieler Jahre über verschiedene Zwischenstadien *(Sukzessionen)* unter mitteleuropäischen Flachlandbedingungen ein Eichen-Hainbuchen-Mischwald hervor. Dieser Waldtyp bildet ein Klimaxstadium, das sich über Jahrhunderte wenig verändert oder einen langdauernden Kreislauf durchmacht, der letztendlich

Brutkolonie von Dünnschnabelmöwen

immer wieder zum Klimax-Stadium führt. Die großen *Biome* der Erde stellen solche Klimax-Stadien dar.

Koevolution – Abstimmung der Entwicklung und der Anpassungen zweier oder mehrerer verschiedener Gruppen von Organismen aufeinander. So haben sich insbesondere Blüten und blütenbesuchende Insekten in jahrmillionenlanger Feinabstimmung so sehr aufeinander eingestellt, daß sie regelrecht voneinander abhängen. Die Koevolution ist ein ganz wesentlicher Entwicklungsvorgang, der das Bild unserer Natur geprägt hat.

Koexistenz – Möglichkeit zur dauerhaften, gemeinsamen Ansiedlung zweier oder mehrerer Arten im gleichen Lebensraum. Die Nischentrennung sorgt für die Koexistenz, indem sie ausreichend große Unterschiede bei den beteiligten Arten ausbildet. Sie erlauben es, miteinander auszukommen, ohne daß es zu intensiver Konkurrenz kommt.

Kolonie – Ansammlung gleichartiger Organismen auf engem Raum zum Zweck der Fortpflanzung oder gemeinsamen (festsitzenden) Lebensweise. So bilden manche Vogelarten zur Brutzeit Kolonien, aber auch Kleintiere des Meer- und Süßwassers, wie etwa Korallen und Schwämme. Die Bildung von Kolonien kann mehrere Vorteile aufweisen; so etwa die Abwehr von Feinden oder zumindest die Verminderung der Gefahr für das einzelne Koloniemitglied, der Austausch von Information über günstige Nahrungsquellen oder die Beeinflussung der Umweltbedingungen zur besseren Nutzung der Lebensgrundlagen.

Kommensale – »Mitesser« in einer Artengemeinschaft, der von der Ernährung anderer profitiert, ohne sie zu schädigen. So beteiligen sich manche Kleintiere an Mahlzeiten größerer, nehmen aber nur, was ohnehin übrig bleiben würde. Der Übergang zum *Parasitismus* ist je-

Der Goldröhrling geht mit der Lärche eine Symbiose in deren Wurzelbereich ein (Mykorrhiza)

doch fließend, da es schnell zur Schädigung des »Wirtes« kommen kann.

Konsumenten – Verbrauchergruppe in einem Ökosystem. So sind die Schwäne und Bläßhühner Konsumenten von Wasserpflanzen, die Zaunkönige und viele Grasmücken Konsumenten von Insekten und der Mensch Konsument vieler unterschiedlicher Formen von Nahrung. Konsumenten sind auf Produktion angewiesen, die sie nutzen können.

Konvergenz – gleichartige Ausrichtung von Entwicklungen oder körperbaulichen Eigenschaften auf bestimmte Umweltbedingungen. So ist die Fischform verschiedentlich konvergent entwickelt worden, beispielsweise von Schwimmsauriern (Ichthyosaurier), Meeresvögeln (Pinguine und Alken), Delphinen und anderen Tieren. Oder Anpassungen an extreme Umweltbedingungen, wie etwa an das Leben in Wüstengebieten, führten zu mitunter außerordentlich ähnlichen »Lösungen«, so daß man daraus nicht ohne weiteres auf nahe Verwandtschaft schließen kann. Delphine und Haie sind nur insofern miteinander verwandt, als sie beide zu den Wirbeltieren gehören, aber eben nicht enger, obwohl sie sich äußerlich in vielen Eigenschaften und Merkmalen ähneln.

Lebensgemeinschaft – *Biozönose.*

Lebensraum – *Biotop.*

Massenwechsel – Wechsel zwischen Phasen von Seltenheit und großer Häufigkeit in der *Populationsdynamik*; insbesondere angewandt auf land- und forstwirtschaftliche Schäden verursachende Arten (Feldmäuse, Forstinsekten).

mesotroph – mittlerer Zustand zwischen Nährstoffarmut und -reichtum. Mesotrophe Zustände verändern sich meist rasch zum *eutrophen* Zustand, lassen sich hingegen nur schwer in den *oligotrophen* Zustand zurückführen (der z. B. für reines Trinkwasser Voraussetzung ist).

Minimalareal – kleinste Fläche, die noch das Überleben einer *Population* einer Art ermöglicht.

Minimum-Gesetz – von Justus von Liebig entdeckte Gesetzmäßigkeit, derzufolge jener Faktor der Umwelt das Wachstum oder die Entwicklung am stärksten bremst oder gar verhindert, der gegenüber den anderen lebensnotwendigen Faktoren im Minimum vorhanden ist. Auf diese Erkenntnis geht die Entwicklung des systematischen Düngens der Felder zur Steigerung der Produktion zurück.

Mortalität – Rate der Sterblichkeit in einer *Population.*

Mutualismus – Beziehung zwischen verschiedenartigen Organismen, die für alle Beteiligten Vorteile bringt (»Einer gibt dem anderen«).

Mykorrhiza – Symbiose von Pilzen mit Wurzeln höherer Pflanzen, insbesondere von Bäumen. Die Wurzelpilze liefern den Wurzeln Mineralien oder Stickstoffverbindungen, während sie im Gegenzug Zucker und andere Produkte erhalten, die sie zum Gedeihen benötigen. Eine gut funktionierende Mykorrhiza ist die Voraussetzung für eine gesunde Waldentwicklung.

Nahrungskette – Abfolge der Nutzung von Nahrung über verschiedene »Stufen«: Algen im See werden von Kleinkrebschen, diese von Kleinfischen, diese von größeren Fischen und die schließlich von fischfressenden Wasservögeln oder vom Menschen genutzt. Auf diese Weise entstehen kettenartige Verknüpfungen. Über sie verläuft die weitere Nutzung der organischen Substanzen, die von den grünen Pflanzen (im Beispiel die Algen) gebildet wurden.

Nahrungsnetz – Verknüpfung verschiedener *Nahrungsketten* untereinander.

Natalität – Geburtenrate in einer *Population*.

Netto-Produktion – verbleibende Produktion (von grünen Pflanzen) nach Abzug des Eigenverbrauchs (Atmung).

Nische – Stelle der Einordnung einer Art in eine Gemeinschaft verschiedener Arten. Die ökologische Nische kennzeichnet die »Planstelle« der betreffenden Art, bringt also auch ihre Funktion im Naturhaushalt zum Ausdruck, nicht nicht nur den genauen Platz, wo die Art zu finden ist. Die Nische umfaßt zahlreiche verschiedene Dimensionen wie die räumliche und die (jahres- oder tages-) zeitliche Einordnung, die Art der Nahrung oder Besonderheiten beim Nahrungserwerb. Die Nischentheorie besagt, daß keine zwei verschiedenen Arten die gleiche ökologische Nische besetzen können, wenn lebenswichtige Umweltfaktoren begrenzend wirken. Kommen verschiedene Arten zusammen im gleichen Lebensraum vor, so unterscheiden sie sich in ihrer ökologischen Nische. Das Ausmaß des für eine dauerhafte Koexistenz notwendigen Unter-schiedes (Nischentrennung) ist noch Gegenstand intensiver Forschungsarbeiten.

Ökologie – Gebiet der naturwissenschaftlichen Forschung, das sich mit dem Naturhaushalt und den Wechselwirkungen zwischen Organismen und Umwelt befaßt.

Ökosystem – Ausschnitt aus dem Naturhaushalt, der mit den Methoden der Systemforschung untersucht wird und lebende Organismen mit einschließt.

oligotroph – nährstoffarmer Zustand, z. B. von Gewässern oder Böden.

Fichtenspargel parasitiert Fichten

Parasiten – Organismen, die einen anderen, den Wirtsorganismus, als Lebensgrundlage benutzen und ihn dadurch mehr oder minder stark schädigen, aber nicht gleich töten. Parasiten sind im Gegensatz zu den »natürlichen Feinden« in der Regel kleiner als ihre Wirte. Viele Arten wechseln in verschiedenen Entwicklungsstadien mehrfach ihren Wirt, bis sie den Endwirt wieder erreichen, an oder in welchem sie sich fortpflanzen.

Polymorphismus – erbliche Vielgestaltigkeit von Organismen. So gibt es bei verschiedenen Schneckenarten bis zu fünf Bänder, die sich ums Gehäuse winden und zwei oder mehr Farbtypen. Bänderzahl und Farbe sind erblich und Ausdruck von genetischem Polymorphismus, so wie beim Menschen Haarfarbe, Nasenform etc. erbliche Unterschiede darstellen. Der Polymorphismus ist sichtbarer Ausdruck der Unterschiede im Erbgut einer *Population.*

Population – Gruppe gleichartiger Organismen, die ein bestimmtes Gebiet bewohnen und untereinander fortpflanzungsfähig sind. Die Mitglieder einer Population verfügen über einen gemeinsamen *Genpool.*

Populationsdynamik – Veränderung der Häufigkeit *(Abundanz)* und der Verteilung *(Dispersion)* in einer *Population.* So führen die jährlichen Geburtenzugänge zu einem Anstieg des Bestandes, der häufig durch entsprechende Verluste wieder ausgeglichen wird. Sie entstehen durch Abwanderung oder Sterbefälle. Zuwanderungen hingegen wirken ähnlich wie Geburten, so daß sich die Rate der Veränderung (als Maß für die Populationsdynamik) r aus diesen vier Grundvorgängen zusammensetzt: r = Geburtenrate (b) – Sterberate (m) + Zuwanderungsrate (I) – Abwanderungsrate (E). Die Ursachen der Dynamik liegen einmal in den sich ändernden Außenbedingungen, und zum anderen in der Population selbst, die häufig in so kleine (Unter-)Einheiten gegliedert ist, daß es zu keinem stabilen Altersaufbau und Geschlechterverhältnis kommt.

Prädatoren – »Räuber«, »Raubtiere«, »natürliche« Freßfeinde einer Art.

Produzenten – »Erzeuger« von organischen Stoffen, also in erster Linie die grünen Pflanzen.

Recycling – Rückführung bereits genutzter Stoffe in die Stoffkreisläufe; ein »Urprinzip« des Naturhaushaltes.

Reduzenten – Abbauer von organischem Material mit Hilfe des Sauerstoffs (Bakterien, Pilze).

Schlüsselfaktor – Umweltfaktor, der am stärksten auf die Populationsentwicklung einer Art einwirkt.

Selektion – natürliche Auslese von Eigenschaften; also einer der beiden Grundmechanismen der Evolution. Die Selektion bringt »Richtung« in die ungerichtete Variation des Erbgutes der Arten und bewirkt auf diese Weise die genetische Anpassung und Weiterentwicklung. Das Ausmaß der Selektion wird mit dem sogenannten HARDY-WEINBERG-Gesetz ermittelt, wonach die Anteile zweier einander entsprechender Erbeigenschaften ohne Selektion nach wenigen Generationen ein festes Verhältnis zueinander aufweisen. Es bleibt so lange konstant, bis Selektion einsetzt und eine Eigenschaft gegenüber der anderen bevorzugt wird. Aus der Veränderung der Häufigkeiten der untersuchten Erbeigenschaften läßt sich dann die Stärke des Selektionsdruckes bestimmen.

$p^2 + 2 pq + q^2 = 1$ (ohne Selektion keine Änderung in den nächsten Generationen)

Mit Selektion x: $p^2 + 2 p(q-x) + (q-x)^2$

SHANNON-WIENER-Formel – aus der Informationstheorie stammende mathematische Formel zur Beschreibung der *Diversität* von Artengemeinschaften. Die Arten werden dabei als »Informationsträger« gewertet.

Die Diversität ist somit ein Maß für die natürliche Artenmannigfaltigkeit in einer Lebensgemeinschaft oder in einem bestimmten Gebiet.

$H' = -\Sigma p_i \log_2 p_i$

(p_i = relative Häufigkeit der einzelnen Arten.)

Spezialisten – an ganz bestimmte Umweltbedingungen angepaßte Arten. Gegensatz: *Generalisten (siehe Bild).*

Stabilität (von *Ökosystemen*) – Dauerhaftigkeit (Persistenz) oder Widerstandsfä-

Der Säbelschnäbler ist ein Spezialist

Das Wintergrün lebt in Symbiose mit Kiefern

higkeit gegen Störeinflüsse von außen aber auch Gleichmäßigkeit des Energieflusses oder Wirksamkeit der Nährstoffkreisläufe sind als Ausdruck der Stabilität von Ökosystemen gewertet worden. Eine umfassende Definition ist bislang nicht gelungen. Die Stabilität läßt sich nicht messen!

stenök – an enge, besondere Umweltbedingungen angepaßte Art, z. B. auf eine geringe Schwankungsbreite der Wassertemperatur oder ein geringes Nährstoffangebot.

Symbiose – dauerhaftes Zusammenleben verschiedenartiger Organismen zu wechselseitigem Vorteil. So stellt die *Mykorrhiza* eine Symbiose dar *(siehe auch Bilder auf Seite 218)*.

sympatrisches Vorkommen – Existenz verschiedener Arten (zumeist nahe verwandter) im gleichen Gebiet. Sympatrie bedeutet, daß die Arten die Fähigkeit zur *Koexistenz* entwickelt haben.

Trophie-Ebenen – Stufen in den *Nahrungsketten*. Die unterste Stufe ist die Trophie-Ebene der *Produzenten*. Auf sie folgen die Primär- und dann die Sekundär- und Tertiär*konsumenten* und manchmal noch eine vierte und fünfte Trophie-Ebene.

Ubiquisten – »Allerweltsarten«, die unter sehr verschiedenen Bedingungen leben können. Viele Kulturfolger sind Ubiquisten; daher ist ihnen die Anpassung an den neuen Lebensraum, den der Mensch geschaffen hat, gelungen.

Lachmöwen sind Ubiquisten

Literatur

DYLLA, K. & G. KRÄTZNER (1972)
Das biologische Gleichgewicht
Quelle & Meyer Verlag, Heidelberg.
146 Seiten.

ENGELHARDT, W. (1980)
Umweltschutz
Bayerischer Schulbuch-Verlag, München. 211 Seiten.

Evolution und Ökologie (1985)
C. Bertelsmann Verlag, München. 159
Seiten (mit weiterführender Literatur;
Konzeption von J. REICHHOLF)

FALKENBERG, H. (1968)
**Lebensgemeinschaften
in der heimatlichen Natur**
Neue Brehm-Bücherei Bd.312. A.
Ziemsen Verlag, Wittenberg–Lutherstadt. 184 Seiten.

KLÖTZLI, F. (1983)
Einführung in die Ökologie
Pawlak Verlag/Herrsching und Hallwag Verlag/Bern. 320 Seiten.

NACHTIGALL, W. (1977)
Funktionen des Lebens
Hoffmann und Campe Verlag,
Hamburg. 355 Seiten.

NACHTIGALL, W. (1979)
Unbekannte Umwelt
Hoffmann und Campe Verlag,
Hamburg. 310 Seiten.

ODUM, E. P. & J. REICHHOLF (1980)
Ökologie
BLV Verlag, München. 208 Seiten.

REICHHOLF, J. (1977)
Tierfamilien
Belser Verlag, Stuttgart. 222 Seiten.

REMMERT, H. (1984)
Ökologie
Springer Verlag, Berlin. 3. Aufl. 334
Seiten.

STEINBACH, G. (1979)
Das Schöpfungs-Karussell
Kreisläufe erhalten das Leben. Meyster Verlag, München. 304 Seiten.

TISCHLER, W. (1979)
Einführung in die Ökologie
2. Auflage. G. Fischer Verlag,
Stuttgart. 306 Seiten.

Bildquellen

Farbteil: **Dr. B. P. Kremer:** S. 79 M. r.;
H. Lex: S. 158 o.; **A. Limbrunner:**
S. 65 o., 65 u., 67 o., 67 u., 72 o., 73 o.,
73 u., 74 o., 75 M., 77 u., 152 o., 156 o.,
156 u., 159 u.; **Prof. Dr. J. Reichholf:**
S. 77 u., 160 u.l., 160 u.r.; **M. Rösler:**
S. 149 o, 149 u., 157 u., 160 o.; **W. Zepf:**
S. 70, 71; alle übrigen Fotos **G. Steinbach.**
Grafik S. 145 **H. Diller.**

Schwarzweißteil: **Dr. H. Bellmann:**
S. 95 o.l., 95 o.r., 143 o., 143 u., 174 o.,
174 M.o., 174 M.u., 174 u.; **Foto Berger,**
Prien a. Chiemsee: S. 165; **X. Finkenzeller:** S. 125 u.; **A. Limbrunner:** S. 11,
33, 39, 43, 44, 45 l., 45 r., 46 o., 47 l.,
47 r., 48 l., 48 r., 49, 57 o., 58 o., 85, 100,
113, 136, 137 u., 193 o., 193 M., 193 u.,
194 M.l., 194 u.l., 197, 198 o, 198 u., 200,
201 o.r., 202, 205, 209, 212, 217, 220,
221 u.; **A. Riedmiller:** S. 108, 109, 119,
123 o., 123 u., 141, 190, 191; **M. Rösler:**
S. 195 u.; **H. Schrempp:** S. 2, 118, 127,
140, 162, 167, 196, 218 o.l., 219, 221;
K. Wothe: S. 116 o., 130 u., 137 o.; **USIS:**
S. 188; alle übrigen Fotos **G. Steinbach;**
Grafiken der Seiten 108/109 und 161:
Ruth Kühbandner.

Der Autor **Prof. Dr. Josef Reichholf,** geboren 1945, studierte an der Universität München Naturwissenschaften mit Schwerpunkt Zoologie. Seit 1974 ist er an der Zoologischen Staatssammlung in München tätig, wo er die Ornithologische Sektion und die Abteilung für Faunistik und Ökologie leitet. An der Technischen Universität München und an der Ludwig-Maximilians-Universität München lehrt er Landschaftsökologie, Stadtökologie, Gewässerökologie, Naturschutz, Ornithologie und Zoogeographie. Schwerpunkte seiner wissenschaftlichen Arbeit sind die Ökologie von Flußstauseen, Wasservögel, Schmetterlinge und Verbreitungsmuster der Tropenfauna. Professor Reichholf ist »Fellow« der Linnean Society of London, der Royal Entomological Society of London sowie »Scientific Fellow« der Zoological Society of London und Vorsitzender des Wissenschaftlichen Beirates beim World Wildlife Fund (WWF) Deutschland. Er publizierte zahlreiche Fachbücher und viele Beiträge in wissenschaftlichen Zeitschriften. Forschungsreisen führten ihn in alle Kontinente.

Der Zeichner **Fritz Wendler,** geboren 1941, erhielt seine Ausbildung in Stahl- und Kupferstich bei Freiherr von Wackerbarth, München, und Professor Bajardi, Mailand. Er arbeitete zunächst als Kartograph, erregte aber bald Aufsehen durch seine minutiös durchgearbeiteten Tier- und Pflanzenzeichnungen. F. Wendler illustrierte zahlreiche populärwissenschaftliche Werke der Flora und Fauna Europas, unter ihnen viele Bände der Reihe »Steinbachs Naturführer«. Besondere Anerkennung fand er für seine farbigen Lebensbilder (Rekonstruktionen) aus der Urzeit Deutschlands (C. Bertelsmann).

Der Herausgeber **Gunter Steinbach,** geboren und aufgewachsen im Oberallgäu, war nach seinem Studium in Hamburg 15 Jahre lang im Verlagswesen tätig. Seit 1978 bewirtschaftet er einen 10-ha-Grünlandhof in über 900 m Höhe mit vielfältiger Tierhaltung und biologisch orientiertem Gartenbau. Pflanzen, Tiere und Fragen des Naturschutzes bilden auch die Themenkreise seiner Veröffentlichungen. 1985 rief Steinbach die »Aktion Ameise« ins Leben, eine Gemeinschaft junger Naturschützer mit zahlreichen Mitwirkenden, Helfern und Arbeitsgruppen in allen Ländern der Bundesrepublik sowie einem umfangreichen Buchprogramm. Steinbach gehört dem Naturschutzbeirat seines Landkreises an.

Steinbachs Biotopführer

Steinbachs Naturführer